篮球教程

主编　徐　艳

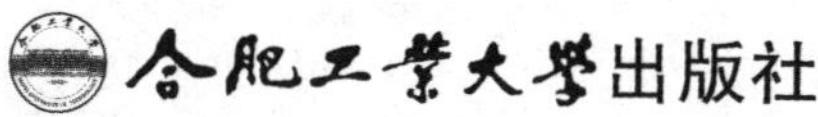

合肥工业大学出版社

编 委 会

主 编 徐 艳

副主编 殷 俊 蒋治华

编 委 （按姓氏笔画）

王厚民 尹文龙 朱五一

孙洪涛 郑星超 程天豹

前　言

在学习贯彻党的二十大精神的浓郁氛围中，我们迎来了《篮球教程》这本教材的出版。这不仅是一次体育知识与技能的传承，更是一次以党的二十大精神为引领，推动篮球运动在新时代蓬勃发展的积极探索。二十大报告明确提出了“加快建设体育强国”的目标，为我们指明了前进的方向。篮球，作为深受人民群众喜爱的运动项目之一，承载着竞技、健身、教育、外交、文化、商业等多重属性，成为人民群众追求美好生活的重要载体。编写组总结我校数十年教学、科研和训练经验，完成了《篮球教程》的编写，旨在积极响应党的号召，推动篮球运动在中国的普及，为体育强国建设贡献一份力量。

本书除了遵从核心要求“科学性、先进性、适用性”之外，还遵从人才培养是高校的根本任务、提高人才培养质量是新时代高等教育发展的永恒主题。在教材的编写过程中，我们始终坚持以人民为中心的发展思想，注重篮球运动的普及性和群众性。篮球运动不仅是一项竞技活动，更是一种健身方式、教育方式和文化交流的重要载体。首先，在内容的编排上，本教材注重整体的逻辑性和内在联系性，力求做到全面、系统、实用。在体育理论知识的基础上，从篮球的基本规则、技术动作、战术配合，到篮球运动员的身体素质训练、心理素质培养，再到篮球比赛的观赏与分析，都进行了详细的阐述和讲解。在语言上，本书力求深入浅出，通俗易懂，还结合了大量的图片和实例，力求让读者在轻松愉快的氛围中，掌握篮球运动的精髓。其次，篮球运动的发展日新月异，新的技术、战术和理念层出不穷，在编写这本教材时，编写组也特别注意了内容的时效性和前瞻性，这不仅有助于提升篮球运动的科技含量和竞技水平，还能够拓宽篮球运动的受众面，增强影响力，推动篮球运动向更加智能化、现代化的方向发展。最后，在教材的编写中，我们还特别强调了守正创新的重要性。守正，即坚持篮球运动的基本规律和传统优势；创新，即紧跟时代潮流，推陈出新，不断探索新的技术和战术，丰富和发展我国篮球教材体系，推动篮球运动不断向前发展。

本书在编写过程中查阅了大量资料，力争在内容、形式等方面体现当今篮球运动的先进水平，更加贴近篮球群体的实际需要。合肥工业大学的沈湛甚、夏孝宇、罗光萍、安格尔等同学参与了教材技术动作图片拍摄与制作工作，在此对他们的辛勤工作表示感谢。作为篮球运动项目的教材，本书如有不足之处，恳请得到同人和读者斧正，今后我们将不断修订和完善。

编写组

2024 年 10 月

目　录

第一章　篮球运动概述 ……………………………………………… (001)

第一节　篮球运动的起源与发展 …………………………………… (001)
第二节　现代篮球运动的特点及发展趋势 ………………………… (006)
第三节　中国篮球运动发展与现状 ………………………………… (008)
第四节　篮球场地与器材 …………………………………………… (011)

第二章　篮球基本技术教学与训练 …………………………………… (015)

第一节　移动技术及训练方法 ……………………………………… (015)
第二节　传接球技术及训练方法 …………………………………… (026)
第三节　运球技术及训练方法 ……………………………………… (038)
第四节　投篮技术及训练方法 ……………………………………… (051)
第五节　持球突破技术及训练方法 ………………………………… (065)
第六节　防守技术及训练方法 ……………………………………… (071)
第七节　抢篮板球技术及训练方法 ………………………………… (085)

第三章　篮球基本战术教学与训练 …………………………………… (091)

第一节　场上队员的位置与分工 …………………………………… (091)
第二节　攻守战术基本配合 ………………………………………… (092)
第三节　快攻与防守快攻 …………………………………………… (106)
第四节　人盯人防守与进攻人盯人防守 …………………………… (120)
第五节　区域联防与进攻区域联防 ………………………………… (140)

第四章　篮球竞赛组织、规则与裁判法 ……………………………… (148)

第一节　篮球竞赛组织方法 ……………………………… (148)

第二节　竞赛规则及裁判法 ……………………………… (158)

第三节　三人篮球竞赛规则 ……………………………… (180)

第五章　篮球身体素质教学与训练 ……………………………… (185)

第一节　力量素质训练与方法 ……………………………… (185)

第二节　速度素质训练与方法 ……………………………… (201)

第三节　耐力素质训练与方法 ……………………………… (206)

第四节　灵敏素质训练与方法 ……………………………… (210)

第五节　柔韧素质训练与方法 ……………………………… (212)

第六节　弹跳素质训练与方法 ……………………………… (217)

第六章　常见运动损伤的预防与处理 ……………………………… (220)

第一节　运动损伤概述 ……………………………… (220)

第二节　篮球运动中常见损伤的种类与处理 ……………………………… (225)

第七章　体育礼仪和体育欣赏 ……………………………… (236)

第一节　体育礼仪 ……………………………… (236)

第二节　体育欣赏 ……………………………… (241)

第三节　篮球重大赛事与联赛 ……………………………… (245)

参考文献 ……………………………… (250)

第一章　篮球运动概述

篮球运动作为深受广大群众喜爱的体育项目之一，以其独特的魅力和价值，在推动体育强国建设、增强人民体质、丰富群众文化生活等方面发挥着重要作用。篮球事业承载着人民的期望，党的二十大报告明确提出“加快建设体育强国”的目标，为篮球运动的发展指明了方向，篮球运动应更加注重竞技水平的提高、群众体育的普及、体育产业的发展以及国际交流的深化。具体而言，篮球运动应积极响应社会需求，改革体制机制，努力探索具有中国特色的发展之路。同时，要解放思想、放眼世界，紧跟篮球运动国际发展趋势，将数字技术、人工智能等先进技术运用到篮球运动发展全过程，推动篮球运动向智能化、现代化的方向发展。

本章对篮球运动的起源与发展、现代篮球运动的特点及发展趋势、中国篮球运动发展与现状、篮球场地与器材等进行了全面深入的阐述，以期激发大学生拼搏进取和团队协作的体育精神，为篮球运动的发展提供新的思路和方向。

第一节　篮球运动的起源与发展

一、篮球运动的起源

篮球运动1891年起源于美国，由詹姆斯·奈史密斯（James Naismith）（图1-1，图1-2）发明。詹姆斯·奈史密斯是美国马萨诸塞州斯普林菲尔德学院（旧译春田学院）体育教师，该地区入冬较早，面临冬季体育课难以进行的困难，冬天参加青年会活动的人明显减少，主要是缺少一项适合在冬季进行的室内运动项目，因此奈史密斯产生了发明一种适宜冬季能在室内进行的体育活动的想法。由于当地盛产桃子，这里的儿童又非常喜欢玩将球投入桃子筐的游戏，这使他从中得到启发，并博采足球、曲棍球等其他球类项目的特点，创编了篮球游戏。在此基础上，篮球运动的技战术内容和比赛规则不断充实与完善，形成了现代的篮球运动。

图 1-1 詹姆斯·奈史密斯

图 1-2 奈史密斯篮球名人纪念堂

二、篮球运动发展演进过程

篮球运动已经有了 130 多年的历史，如今，篮球已经成为一项国际性运动，不仅在国际赛事中占据重要地位，更成为连接不同国家和地区人民友谊的桥梁。在中国，篮球运动同样具有广泛的群众基础和深厚的历史底蕴，从 CBA 联赛到街头巷尾的篮球场地，篮球运动已经成为人们生活中不可或缺的一部分。篮球运动的发展历程大致可以分为 5 个阶段。

（一）初创时期（1891 年—20 世纪 20 年代）

最早的篮球游戏，是在室内场地的两端各挂一个有底的桃篮，上端离地面 10 英尺。奈史密斯让学生拿足球往桃篮上扔，投球入篮得 1 分，得分多者获胜，这是最早的篮球比赛。奈史密斯定名这项运动为篮球（Basketball），在北美，篮球也叫 Hoops。接着，奈史密斯到美国各州院校积极推广篮球运动，这项运动也逐渐传到世界各地。由于桃篮底部是封闭的，每次投球进桃篮后，要爬梯子将球取出来才能继续比赛，开展起来十分不便，故桃篮也由有底变成无底。

早期的篮球场地和参加活动的人数无统一规定，只规定参赛人数必须相等。1891 年 12 月 21 日举行了第一场篮球比赛。1892 年，奈史密斯制定了 13 条比赛规则，主要规定是不准持球跑，不准有粗野动作，不准用拳击球，否则即判犯规，连续 3 次犯规判负 1 分；比赛时间规定为上、下半时，各 15min；对场地大小也作了规定，上场比赛人数逐步缩减为每队 10 人、9 人、7 人，并规定了 5 人两区制场地。（图 1-3）

到 1893 年后，进一步充实了规则、简化了竞赛程序，出现了真正的篮球（而不是用足球），比赛时间是上下半场各 20min，每队上场比赛的队员定为 5

人；取消了篮子的底部，使篮球能直接从篮筐中下落；在篮球场地上也增设了分区线、中圈及灯泡式的限制区（图 1 - 4），球场界限初步形成；逐渐形成了现代篮板、篮圈、篮网的雏形；比赛从中圈跳球开始，场上队员也有锋、卫的分工，至此现代篮球运动已基本形成。

1896 年，美国成立篮球规则委员会；1898 年，美国成立世界上第一个职业篮球组织“国家篮球联盟”（NBL），并开始了最早的职业篮球联赛；1904 年美国青年男子篮球队在第 3 届奥运会上进行了第一次国际篮球表演赛；1915 年在上海举行的第二届远东运动会将篮球列为正式比赛项目，篮球运动第一次成为国际体育竞赛正式项目。

图 1 - 3　5 人两区制场地（1892 年）

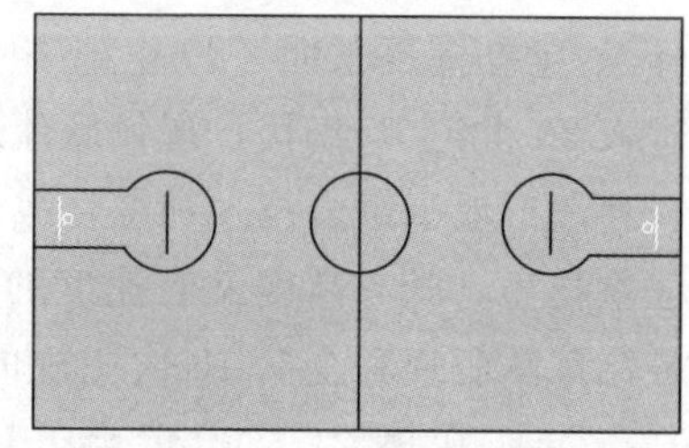

图 1 - 4　分区线、中圈及灯泡式限制区

（二）完善、推广时期（20 世纪 30—40 年代）

20 世纪 30 年代以后，篮球运动迅速向欧洲、亚洲、非洲、大洋洲等四个洲的多个国家推广开来，技战术水平不断提高。1932 年，葡萄牙、阿根廷等欧美 8 个国家的代表在瑞士日内瓦酝酿组织国际业余篮球联合会，联合会在美国大学生篮球竞赛规则的基础上，制定国际统一的 13 条竞赛规则：规定了竞赛人数为 5 人；场地增改了进攻限制区；进攻投篮时防守者犯规，若投中则加罚 1 次球，未投中则加罚 2 次球；竞赛时间改为 20min 一节，共赛两节；进攻队在后场得球必须在 10 秒钟内过中线，并不得再回后场等。

1932 年，国际篮球联合会（FIBA）在瑞士的日内瓦成立，其原名为国际业余篮球协会。1936 年，第 11 届奥运会上篮球运动被正式列为男子竞赛项目。同年，中国加入国际篮联，国际篮联制定了第一部国际统一的篮球规则。20 世纪 40 年代以后，随着篮球技术、战术的不断演进、发展，高大队员开始涌现，篮球规则也进行了补充和修改，攻防更强调集体战术，比赛更加精彩。1949 年，美国篮球联赛（BAA）与国家篮球联盟（NBL）合并成立美国国家篮球协会，即美国职业篮球联赛（NBA，National Basketball Association），统一领导当时全美 21 支职业篮球队，有力地推动了世界篮球运动的发展。

（三）普及、发展时期（20 世纪 50—60 年代）

20 世纪 50 年代以后，篮球运动在世界范围内广泛普及，国际篮联的会员国迅速增加，国际大型运动会都将篮球列为正式比赛项目。规则、比赛场地设施及罚则的不断完善，进一步促进运动技术战术的快速发展，形成了科学的攻防体系。1950 年和 1953 年，第一届世界男、女篮球锦标赛分别在阿根廷和智利举行。随后篮球运动技战术水平不断提高，出现大批 2m 以上的高大队员，高度成为决定篮球比赛胜负的重要因素。国际篮联多次修改比赛规则，篮球运动高度与速度、进攻与防守获得均衡发展，队员技术趋于全面，形成了欧洲、美洲、亚洲不同的篮球流派和打法。1960 年第一届男子篮球锦标赛在菲律宾举行；1963 年，亚洲业余篮球联合会成立；1965 年，第一届亚洲女子篮球锦标赛在韩国举行。

（四）全面提高时期（20 世纪 70—80 年代）

进入 20 世纪 70 年代，现代篮球运动迎来了全面提高时期，运动员身高越来越高，逐渐形成了组合技术和综合战术，攻守对抗日趋激烈，并且朝着既注重力量又注重技巧，既有高度又有速度的方向发展。FIBA 修改规则，增加了球回后场、控制球队犯规和全队 10 次犯规的规则。1976 年，在第 21 届奥运会上，女子篮球被列为正式比赛项目。1984 年 FIBA 又对规则进行了重大修改，球场面积扩大为 28m×15m，设定了 3 分投篮区（如图 1-5），鼓励外线队员投篮；调整了进攻时间，提高了队员攻防转换速度，构建了篮球技战术新体系。本次规则的修改对篮球运动的迅速、全面发展起了决定性的作用。

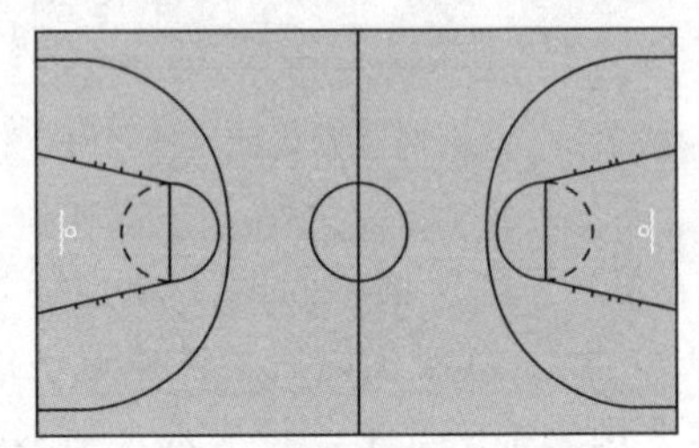

图 1-5　1984 年增划 3 分线

（五）创新与攀高峰时期（20 世纪 90 年代后）

20 世纪 90 年代以后，现代篮球运动进入创新与攀高峰的黄金发展时期。国际业余篮球联合会更名为国际篮球联合会，取消了对职业球员参加国际篮球大赛的限制，众多优秀的职业球员给国际篮坛带来了新观念、新技术和新战术。篮球运动融竞技化、智谋化和艺术化于一体，向着职业化、商业化和社会化迈出新的步伐。1994 年国际篮联简化中枢脚规定，掷界外球可在端线执行。1998—2002 年，《篮球竞赛规则》对比赛中附带的身体接触用“有利、无利”的原则加以区分，并增设违反体育道德的犯规。2000 年，3 人裁判法开始执行。2010 年开始，国际篮联对场地和竞赛规则再次进行重大改革，包括三分线外延、三秒区改变及设立合理冲撞区。（如图 1-6）

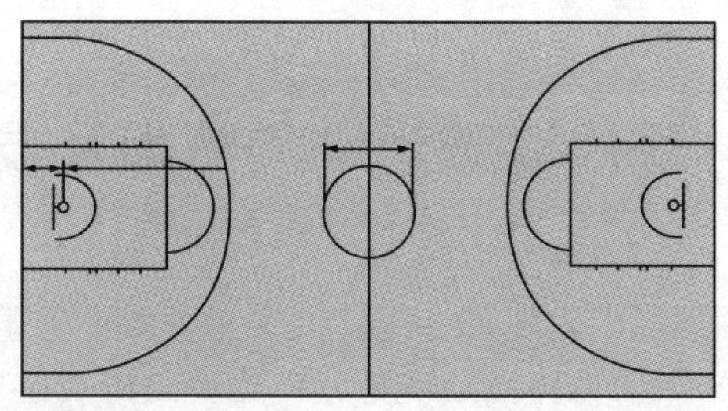

图 1-6　2010 年三分线外延、三秒区改变及设立合理冲撞区

三、篮球运动的价值

篮球运动不仅是一项体育项目，更承载着丰富的社会价值。它是人们健身娱乐的重要方式，也是传承文化、凝聚人心、促进交流的重要载体。在实践中，篮球运动不断探索新的技术和战术，提升竞技水平；同时，也在不断创新中拓展其社会功能和影响力。

（1）竞技价值。篮球运动以其激烈的对抗性、高超的技艺性和团队协作的精神，成为国际体育赛事中的重要组成部分。高水平的竞技比赛，可以展示运动员的技艺和风采，提升国家的体育形象和软实力。

（2）健身价值。篮球运动是一种全身性的有氧运动，可以锻炼人体的速度、力量、耐力、灵敏度和协调性等多方面素质。参与篮球运动不仅可以增强体质、提高免疫力，还可以促进心理健康和社交能力的发展。

（3）教育价值。篮球运动具备显著的教育功能。篮球运动可以培养青少年的团队精神、合作意识和竞争意识，还可以培养青少年的规则意识、道德观念和自我管理能力等。

（4）外交价值。篮球运动是国际交流的重要平台之一。举办国际篮球赛事、组织国际篮球交流活动等，可以促进不同国家和地区人民之间的友谊与合作，增进相互理解和信任。

（5）文化价值。篮球运动蕴含着丰富的文化内涵和人文精神。篮球运动所体现的拼搏精神、进取精神、团队精神等价值观念，已经成为社会主流文化的重要组成部分。同时，篮球运动还促进了篮球文化的传播和发展，丰富了人民群众的精神文化生活。

随着科技的不断进步和人们健康意识的不断提高，篮球运动将更加注重科技化、智能化和个性化的发展。同时，篮球运动也将更加注重与旅游、文化、教育等产业的融合发展，推动篮球产业链的延伸和拓展。此外，篮球运动还将积极融入国际交流与合作的大潮中，为推动构建人类命运共同体贡献自己的力量。

第二节　现代篮球运动的特点及发展趋势

篮球运动是在特定规则限制下，在对抗中争夺球权，将球投入对方球篮得分，并阻止对方得分的一项集体性运动项目。比赛是围绕空中篮圈展开的空间与地面立体型竞争，竞争的手段与方法多样而多变，具有对抗性、集体性、健身性、娱乐性、趣味性、观赏性，深受世界各国人民的喜爱，是世界上开展得最为普及的运动之一。

一、篮球运动的特点

（一）特殊空间对抗特点

篮球运动有其自身的特殊高空性特点，由于篮圈高 3.05m，控制并协调地向高空投篮进攻与防守是其特点，因此瞬时主动拼争控制球与控制空间，需要特殊的制空条件与制空能力，促使参与篮球竞赛的双方展开多方面不同战术阵形与技术手段的立体型进攻、防守，并在对抗中不断转换，从而体现出现代篮球运动的特殊空间对抗性特点。

（二）专项内容多元特点

现代篮球运动内容结构的多元性、综合化，使它形成了自己独特的理论体系和技术、战术系统，已成为一门多学科交叉的新型边缘性运动和科学学科。其具体内容包括：专项理论基础；特殊的运动意识、气质，身体形态条件，生理机能、心理修养、意志品质、道德作风；专门的基本功、专项技术动作与战术配合方法体系及其实战能力等等，从而使篮球运动内容结构更趋科学化、独特化、多元化。

（三）比赛过程多变性、综合性特点

篮球运动是在动态中发展进化，不断创新发展，已成为一项综合竞技艺术。篮球比赛过程较其他球类更加复杂，技术动作繁多，战术阵形多样，明星队员掌握与创造性地运用篮球技术巧妙配合已达到艺术化的程度，篮球比赛的过程充满生气和活力。而围绕空间瞬时变化开展的争夺，反映出个体单兵作战与协同集体配合相结合，空间攻守与地面攻守相结合，空间与时间相结合，对抗性与计谋性、技艺性相结合，由此综合显示出世界各强队主体型的、各种类别的多变性攻守风格形式和打法特点。因此，在千变万化的情况下，以不变应万变，掌握自主变化的主动权，去扰乱对手，就能从变化中赢得主动，也使比赛更为精彩，扣人心弦。

（四）篮球的健身性、增智性特点

篮球运动作为一项普及度极高的综合性运动，运动持续时间可长可短，参与者需要快速奔跑，突然或连续起跳，敏捷反应与力量抗衡。参加篮球比赛和各种篮球活动，有助于增进身体健康，活跃身心，增长知识，起到强身健体、娱乐身心的作用。

（五）篮球运动的群众性、教育性特点

篮球运动普及于世界一百多个国家和地区，不仅是一项开展广泛、具有群众性和特殊社会影响的体育项目，也是全球性的社会文化、体育学科门类，还是现代人类社会活动的一种形式。通过变换各种活动方式，篮球运动更加便于吸引人们的参与，以达到活跃身心、健身强体的目的，进而提升社会的文明氛围，充实人们的业余文化娱乐生活。篮球竞赛和各种篮球活动中，充满着团结、友谊、民族自尊心和自信心等因素，充分显示着其特殊的社会教育价值。

（六）商业价值特点

自 20 世纪 90 年代国际奥林匹克委员会允许职业篮球运动员参加奥运会篮球赛后，篮球运动和篮球竞赛在世界范围内加速职业化和商品化。随着 21 世纪以来世界范围内篮球运动职业化程度的进一步发展，必将使职业篮球比赛、职业篮球运动员和运动队的运动技能水平和运动成绩商业化。国内外重大篮球比赛组织者以电视转播、广告、饮料、食品、运动服装、体育器材、发行彩票、转让队员和球队等各种形式，开展商业化营利性经营。

二、篮球运动的发展趋势

（一）世界强队普遍重视运动员平均身高

现代篮球运动对抗范围扩大到球场的各个区域和空间，攻、守转换都在高速移动中进行，位置瞬时变化，要求高大队员速度快，动作灵巧，技术全面，能里能外地进行攻防。由于篮球项目具有场地面积小、篮筐高度高等特点，高大队员在争抢篮板、封盖等技术运用中具有高空优势，攻、防面积扩大，对抗中更具有威力。

（二）在高速、强对抗中完成技术动作

现代篮球比赛既强调攻、守阶段的速度，更强调有节奏地加快攻、守转换速度，提高快攻得分率；比赛时运动员是在高速度、高强度对抗中进行的，技战术运用是在充满身体接触和对抗中完成的。

（三）战术的简练性、实效性增强

比赛中，攻击性与多变性防守策略的运用愈发普遍，贴身防守也愈发凶狠。随着队员身体素质和技术的进一步提升，快攻形式日益多样化，攻守转换意识也逐步增强，进攻战术的运用将愈发简练且实用。

（四）更注重教练员选用

篮球比赛的结果是球队综合实力的反映，既反映运动员综合能力和水平，又反映教练员的智慧谋略、专业能力等水平。选用具备高智慧、高修养、高水平的教练员，不仅直接关乎队伍的组建和凝聚力，还影响着战术风格的形成和发展，特别是在比赛决战的关键时刻，教练员综合能力对比赛结果起到决定性作用。

（五）更加注重变化和准确

世界强队普遍重视防守效果的研究和技战术的创新发展，防守区域不断扩大，防守阵型千变万化，防守变化中的攻击性和破坏性普遍提高，如进攻转换中发动攻击，并随机应变，在局部两三人配合时机动灵活，善于变化。“小球时代”是一场篮球史上的革命，不同于传统的半场攻防和以中锋为轴的打法，小球打法注重快攻和三分投射，要求球员三分投篮精准，攻守转换迅速，且在激烈对抗中展现出多样的投篮方式、高出手点、快速出手和高命中率。

第三节　中国篮球运动发展与现状

中国的现代篮球运动，是 1895 年由美国国际基督教青年会派往中国天津青年会的第一任总干事来会理（David Willard Lyon）介绍传入中国的（图 1－7）。篮球首先在天津基督教青年会内开展，1896 年，天津基督教青年会举行了我国第一次篮球游戏表演（图 1－8），后相继在上海、北京等大城市基督教青年会流行，以后在大、中学校相继开展。此后逐步由天津向全国传播、推广。一百多年来，篮球运动逐渐成为广大人民群众喜闻乐见的体育运动项目。

图 1－7　David Willard Lyon

图 1－8　20 世纪初期的天津篮球场

根据篮球运动在中国的传播与普及过程，我们将篮球运动在中国的发展划分为三个阶段。

一、传入与缓慢传播阶段（1895—1948 年）

这是篮球传入中国后的第一个时期，当时中国正处于半封建半殖民地时期，篮球运动未能得到当局的重视，缺乏有组织的传播、普及，基本处于自流状态。篮球运动起初主要在天津、上海及北京等城市的青年会组织和部分学校中开展。经过近十年的传播，篮球运动才逐渐成为 20 世纪初大、中学校的主要体育活动并从学校传入社会，1910 年旧中国第一届全国运动会上男子篮球被列为表演项目，1914 年列为正式比赛项目；1930 年，女子篮球被列为正式比赛项目。男子参加了 10 次远东运动会篮球比赛，在 1921 年的第五届远东运动会上获得了一次冠军。另外，在 1936 年和 1948 年曾派队参加了第 11 届和第 14 届奥运会篮球赛，都未能进入决赛，但这些对外交往在一定程度上对推动我国篮球运动的发展起到了作用，尤其是 1936 年奥运会期间加入了国际篮球联合会，篮球运动在我国受到更多人的关注，社会篮球竞赛也因此比过去更加活跃。

二、普及、停滞、复苏阶段（1949—1995 年）

新中国成立后，由京津两地大学生组队参加了匈牙利举行的第 10 届世界大学生运动会篮球赛，获第 10 名，篮球运动在中国传播、普及、发展进入了一个新阶段。在“发展体育运动，增强人民体质”的感召下，篮球运动以其简便易行、富有对抗性、趣味性、健身性和教育性的特点，迅速成为广大人民喜闻乐见的体育项目。

20 世纪 50 年代初期，篮球管理机构逐步建立；为了加速我国篮球运动水平的提高，1950 年在北京成立了中央体训班篮球队，学习苏联先进经验、先进打法，并积极参加国际比赛，加强国际交往。50 年代中期，首次邀请外国专家在上海体育学院招收首批篮球专项研究生班；到了 60 年代中期，中国篮球事业、竞技水平、社会普及、科学研究及篮球观念与理论体系都达到了一定的水平。

从 20 世纪 60 年代中期到 70 年代中期，篮球运动在中国经历了 10 年左右的低潮期。20 世纪 70 年代中后期，中国恢复了在国际篮球组织的合法席位，从此走上国际竞技舞台。改革开放以后，中国篮球事业进一步得到了全面的普及、发展、提高：篮球运动理论与应用研究日益深入，成果显著；篮球竞技水平有了历史性突破，国家男女队曾接连居亚洲榜首并达到世界先进水平；其中女队在 1983 年第 9 届世界锦标赛和 1984 年第 23 届奥运会中均获得第 3 名，进入了世界强队行列，1992 年第 25 届奥运会上又获得亚军；1994 年第 12 届世界锦标赛上获亚军。男队则在蝉联亚洲榜首的基础上，在 1994 年第 12 届世界男子篮球锦标赛上第一次进入了世界前 8 名，表明我国篮球运动竞技水平向世界最高水平冲击，跨入了百年来发展的黄金时代。各类篮球职业俱乐部相继成立，篮球竞赛的文化氛围和职业化、商业化气息渐浓。

三、改革创新与快速发展阶段（1995 年至今）

中国篮球协会于 1995 年首先改革传统的竞赛体制，先后举办了甲 A、甲 B 和乙级队主客场制联赛，逐步推动篮球运动的职业化、产业化进程。1997 年篮球运动管理中心成立，把传统的甲级联赛正式命名为“CBA 男子篮球联赛”，CBA 的英文全称是 Chinese Basketball Association。2002—2003 赛季，联赛更名为中国男子篮球职业联赛（CBA），是由中国篮球协会主办的跨年度主客场制篮球联赛，也是中国最高等级的篮球联赛，2004－2005 赛季 CBA 取消了升降级，诞生了姚明、王治郅等篮球明星。近年来，CBA 联赛不断开拓市场，推动营销品牌的发展，加强了社交媒体宣传力度，打造了更加多元化的经营模式。随着中国市场的不断壮大和产业的高速发展，CBA 将会更加完善，更加多样化，有更加广阔的发展空间。这些无疑给中国篮球事业带来了新的生机和活力，中国篮球运动即将进入一个全新的发展阶段。2018 年，中国女篮获得亚运会冠军（图 1－9），中国女篮在 2022 年女篮世界杯比赛中获得亚军，李梦、韩旭等球员在世界杯赛上的出色表现，展现出的高超技艺和团队协作能力，让世界看到了中国女篮的崛起和进步，也为中国篮球运动的发展注入了新的活力和动力，并且用实际行动诠释了顽强拼搏、坚忍不拔的体育精神；三人篮球在 2020 年东京奥运会上被列为正式比赛项目，在 2019 国际篮联三人篮球世界杯比赛中，中国女篮荣膺冠军。中国男篮在 2004 年雅典奥运会和 2008 年北京奥运会均获得前八名（图 1－10）。

图 1－9　中国女篮获得亚运会冠军（2018 年）

图 1-10　中国男篮获得北京奥运会第八名（2008 年）

第四节　篮球场地与器材

一、比赛场地

比赛场地应是一块平坦且无障碍物的硬质地面。其尺寸为长 28m、宽 15m，从界线的内沿丈量（图 1-11）。

（一）后场

某队的后场由该队本方的球篮、篮板的界内部分，以及由该队本方球篮后面的端线、两条边线和中线所界定的比赛场地部分组成。

（二）前场

某队的前场由对方的球篮、篮板的界内部分，以及对方球篮后面的端线、两条边线和距离对方球篮最近的中线内沿所界定的比赛场地部分组成。

（三）线

所有的线应颜色相同，且应用白色或其他能明显区分的颜色画出，宽度为 5 厘米并清晰可见。

1. 界线

比赛场地是由两条端线和两条边线组成的界线所限定。这些线不是比赛场地的部分。

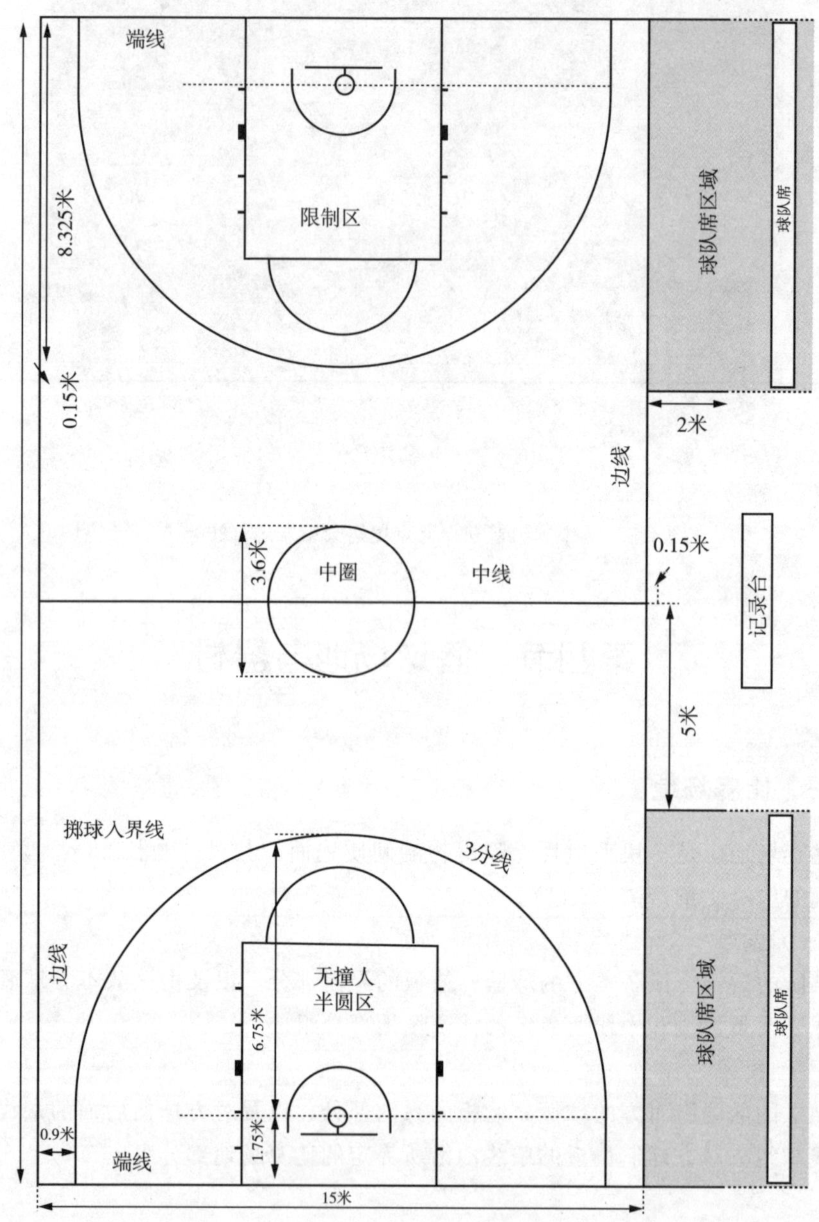

图 1－11　比赛场地的全部尺寸

任何障碍物包括在球队席就座的人员距离比赛场地应至少 2m。

2. 中线、中圈和罚球半圆

中线应从两条边线的中点画出并平行于两条端线。它向每条边线外延伸

0.15m。中线是后场的一部分。

中圈应画在比赛场地的中央，半径为1.8m（从圆周的外沿丈量）。

两个罚球半圆应画在比赛场地上，半径是1.8m（从圆周的外沿丈量），它的圆心在两条罚球线的中点上。

3. 罚球线、限制区和抢篮板球分位区

罚球线应画成与每条端线平行。从端线内沿到它的最外沿应是5.8m，其长度是3.6m。它的中点应落在连接2条端线中点的假想线上。

限制区应是画在比赛场地上的一个长方形区域，它由端线、延长的罚球线和起自端线（外沿距离端线中点2.45m）终于延长的罚球线外沿的线所限定。除了端线外，这些线都是限制区的一部分。

4. 3分投篮区域

某队的3分投篮区域是除对方球篮附近被下述条件限制的区域之外的整个比赛场地的地面区域。这些条件包括：

（1）从端线引出的两条垂直于端线的平行线，其外沿距离边线的内沿0.9m。

（2）以对方球篮中心正下方场地的点为圆心，画一个半径（圆弧外沿）是6.75m的圆弧。此圆心距离端线中点的内沿是1.575m，且该圆弧与两平行线相交。

（3）3分线不是3分投篮区的一部分。

5. 球队席区域

球队席区域应由两条线在场外划出。

球队席区域内必须有16个座位提供给球队席人员使用，球队席人员包括教练员、助理教练员、替补队员、出局的队员和随队人员。任何其他人员就在球队席后面至少2m处。

6. 掷球入界线

2条0.15m长的掷球入界线应画在记录台对侧、比赛场地外的边线上，其外沿距离最近端线内沿是8.325m。

7. 无撞人半圆区

无撞人半圆区应在场地上画出，其界线是：

（1）以球篮中心正下方的场地上的点为圆心、以半径（半圆内沿）为1.25m的半圆；

（2）与端线垂直的两条平行线，内沿距球篮中心正下方的场地上的点距离是1.25m，其长度是0.375m并距离端线内沿1.2m。

无撞人半圆区由篮板前沿平行的假想线和上述平行线末端连接封闭构成。

无撞人半圆区的界线是无撞人半圆区的一部分。

二、器材

（1）篮球。

（2）球篮。球篮包括：篮板、含有抗压篮圈和篮网的球篮、篮板支撑构架（包括包扎物）。

（3）计时装备。包括：比赛计时钟、进攻计时钟、供暂停计时用的秒表或适宜的（可见的）装置（不是比赛计时钟）。

（4）记录表、记录屏、队员犯规标志牌、全队犯规标志牌、交替拥有指示器。

（5）2个独立的、截然不同的、非常响亮的声响信号，分别提供给进攻计时员、记录员/计时员。

第二章　篮球基本技术教学与训练

篮球技术是篮球比赛中运动员为了进攻与防守所采用的专门动作方法的总称，包括移动动作（指跑、跳、急停转身等无球的动作方法）、控制支配球动作（指接球、传球、运球、投篮等有球的动作方法）、争夺球动作（指抢球、打球、断球、抢篮板球等动作方法），以及由这些动作组成的动作体系。

篮球技术是篮球战术的基础，任何战术意图和战术方法的实现，都需要掌握相应熟练而准确的技术动作和应变能力来保证。同时，学习和掌握篮球技术对发展体力和智力、促进身心健康、获得科学锻炼身体和体育娱乐的方法，培养勇敢顽强、机智果断的优良品质和团结协作的集体主义精神有着重要的作用。

第一节　移动技术及训练方法

移动是队员在篮球场上跑、跳、停（急停）、变向等各种身体动作通过脚步移动形式所体现的一项技术动作，它是篮球技术的基础。在比赛中，各种攻防技术的应用都与移动技术有关。因此，在安排篮球教学与训练课时，移动技术通常作为首先学习的内容。

一、移动技术分类与分析

（一）移动技术分类

移动是篮球运动中队员为了改变位置、方向、速度和争取高度、空间所采用的各种脚步动作方法的总称。移动技术是完成各项技术动作的基础，也是实现篮球战术目的的重要因素。移动技术的分类如图 2－1 所示。

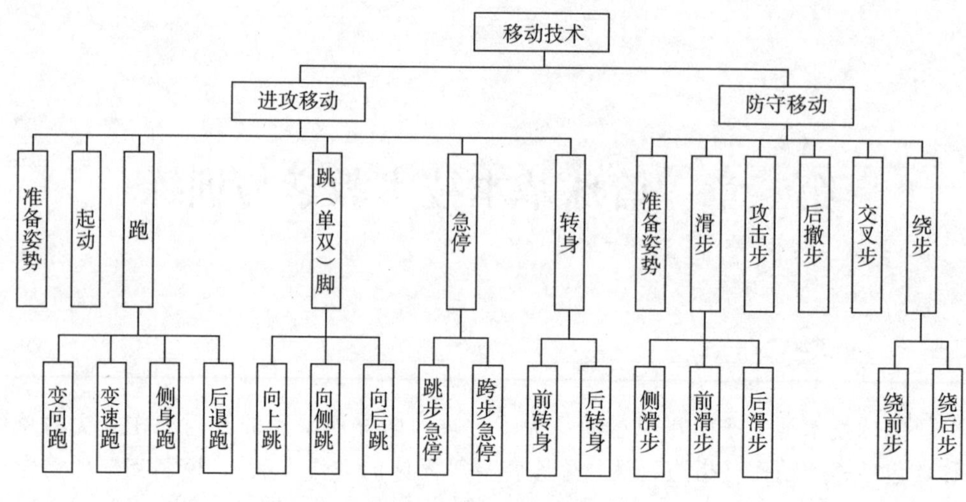

图 2－1　移动技术分类

（二）移动技术分析

移动技术是篮球运动的基础技术，没有移动技术，其他技术和战术几乎就无法进行。移动技术在一定程度上反映了一名篮球运动员的技术水平，其核心是对身体重心的控制和对身体平衡的维持。

人体相对于地面所做的任何移动，都取决于人体对地面的作用力以及地面对人体的反作用力。人体对地面施加力的时间、大小、方向不同，地面对人体的反作用力的时间、大小、方向也不同，而正是不同的作用时间、大小、方向的作用力和反作用力的合力，才产生了不同的移动效果。

移动中对身体重心的控制和转移是很重要的。快速有力的腿部蹬跨能力和维持身体平衡的能力，是掌握移动技术的根本因素。这两种能力发挥得如何，决定着移动技术动作速度、稳定和变化的程度。移动的动作主要是以身体不同部位的动作协调完成的。为了保证以上两种能力得以充分发挥，更好地掌握移动技术，必须掌握以下两点。

1. 合理的准备姿势

队员在场上需要保持一个既稳定又灵活的准备姿势，以便保持身体平衡，增强应变能力从而能够迅速、协调地在移动中完成各种动作。合理的进攻准备姿势为：两脚左右（或前后）开立，约与肩同宽，两膝弯曲，大、小腿之间的角度大约 135°；脚掌着地，两臂屈肘，置于身体两侧，上体微向前倾；两眼平视（图 2－2）。合理的防守准备姿势为：两脚平行站立，两膝较深弯曲，上体保持正直，身体重心的投影置于两脚之间，两臂侧伸呈半伸展状态并保持一定的紧张度，两眼平视。这样的姿势既能维持身体平衡，又能快速转移重心，迅速移动。

图 2-2　进攻准备姿势

2. 身体协调用力

脚步移动是通过脚前掌的蹬地、碾地或脚跟先着地后的抵地制动等动作，使力作用于地面，利用地面的反作用力来实现的。而脚对地面的作用力和来自腿部的伸展力是分不开的，即踝、膝、髋关节预先弯曲到一定的角度，然后主动伸展，使力通过脚步动作施加于地面，与此同时，腰胯协调用力，配合或加大对地面的作用力，并利用地面支撑反作用力来克服人体重力和惯性力，以保持身体平衡和重心的控制和转移，从而使人体获得起动、奔跑、起跳、旋转、滑动、制动等能力。各种脚步动作虽然主要是下肢踝、膝、髋关节和肌肉合理的动作过程，但也离不开身体其他部位的协调配合，特别是腰、髋的配合，它对带动上体使动作协调配合，调整或转移身体重心，保证人体诸力集中并与地面的反作用力很好地结合，起着重要的作用。同时，上肢的协同动作，能更好地保证各种脚步动作的协调性、快速性和实效性，并有利于维持身体的平衡。

二、移动技术动作方法

（一）起动

起动是队员在球场上由静止状态变为运动状态的一种动作，是获得位移速度的方法。进攻时，突然快速地起动，是摆脱防守的有效手段之一。防守时，突然快速地起动，可以抢占有利位置，有效防守对手。

1. 动作方法

从基本站立姿势开始，向前起动时以后脚、向侧起动时以异侧脚的前脚掌短促有力地蹬地，同时上体迅速前倾或侧转向跑的方向移动重心，手臂协调地摆动，充分利用蹬地的反作用力，迅速迈出步伐向跑的方向前进。

2. 动作要点

快速移动重心，用力蹬地，大步快跨，保持高频率步伐。

（二）跑

跑是为了完成攻守任务而争取时间的脚步动作。比赛中，经常运用的跑有以下几种：

1. 变向跑

变向跑是队员在跑动中利用突然改变方向完成攻守任务的一种方法。

（1）动作方法：从右向左变向时，最后一步（身体重心在右脚上）用右脚前脚掌内侧用力蹬地，同时脚尖稍内扣，迅速屈膝，头部、腰部随之左转，上体向左前倾，移重心，左脚向左前方跨出，然后加速前进。

（2）动作要点：变向时，前脚掌内侧用力蹬地，另一脚迅速朝变向方向迈出第一步。

2. 变速跑

变速跑是队员在跑动中改变速度，摆脱防守时的一种跑动方法。

（1）动作方法：跑动中加速时要降低重心，用力蹬地，用力加速摆臂；减速时要重心升高并后移，控制并降低摆臂速度。

（2）动作要点：全身协调用力，控制身体重心的平衡。

3. 侧身跑

侧身跑是指队员在跑动中为了摆脱防守，占据有利接球位置，准备接侧向或侧后方传来的球而采用的一种跑动方法。

（1）动作方法：跑动时，头部和上体转向侧面或有球的一侧，脚尖朝着跑动方向。跑动时，既要保持奔跑速度，又要保持身体平衡，密切观察场上情况。

（2）动作要点：上体自然侧内转，脚尖朝前。

4. 后退跑

后退跑是在进攻或防守时背向跑动方向的一种跑动方法。

（1）动作方法：脚跟提起，脚前掌向前蹬地，重心后移，双臂摆动维持身体平衡。

（2）动作要点：后退时，脚跟一定要提起，以避免摔倒。上体后倾，后倾角度（在可能的范围内）越大，获得的后退速度越大。

（三）急停

急停是指队员在快速移动中突然制动速度的一种方法，是各种脚步动作衔接和变化的过渡动作。比赛中，急停多与其他技术结合在一起运用。急停分跳步急停（一步急停）和跨步急停（两步急停）两种。

1. 跳步急停（一步急停）

（1）动作方法：跑动中用单脚或双脚起跳，使双脚稍有腾空，上体稍后仰，身体重心置后，两脚脚跟着地过渡到脚全掌着地，落地时两脚平行（略宽于肩），形成进攻基本站立姿势（如图 2-3）。

（2）动作要点：落地时动作轻盈，以缓和前冲速度。落地后迅速降低重心，保持身体平衡。

图 2-3　跳步急停

2. 跨步急停（两步急停）

（1）动作方法：急停时，先向前跨出一大步，用脚跟先着地并迅速过渡到全脚抵住地面，降低重心，身体稍后仰。第二步落地的同时，两膝深屈并内扣，身体稍侧转，两脚尖自然转向前方，前脚掌内侧用力抵住地面制动向前的冲力，上体稍后仰，两臂屈肘自然张开，然后上体迅速自然前倾帮助控制身体平衡（图 2-4）。

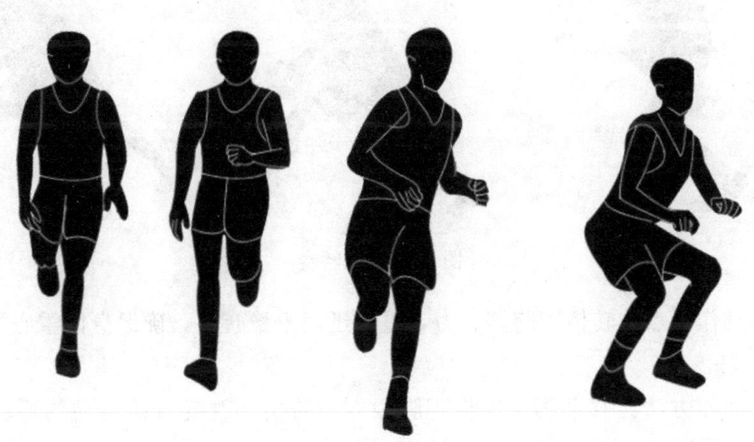

图 2-4　跨步急停

（2）动作要点：第一步要用脚跟着地过渡到脚前掌，膝微屈。第二步落地时，用前脚掌内侧蹬地制动前冲速度，屈膝降低重心，腰胯用力。

（四）转身

转身是指队员以一脚做中枢脚进行旋转，另一脚蹬地向前后跨出，改变原来身体方向的一种动作方法。它可与急停、跨步、持球突破结合运用，有效地摆脱防守，创造传球、投篮机会。转身分为前转身和后转身。

1. 前转身

（1）动作方法：移动脚向中枢脚脚尖方向跨出改变身体方向为前转身。转身时，中枢脚前掌用力碾地，同时转头转腰肩，移动脚蹬地并迅速跨步，保持身体平衡（图 2－5）。

图 2－5　前转身

（2）动作要点：转体蹬跨需有力，重心迅速平稳转移，确保身体重心不起伏。

2. 后转身

（1）动作方法：移动脚向中枢脚脚跟方向跨出，改变身体方向为后转身。转身时，中枢脚碾地旋转，同时转头转腰肩，移动脚蹬地并向自己身后撤步，腰胯主动用力旋转，身体重心随着转移，保持身体平衡。后转身可在原地或行进间运用（图 2－6）。

（2）动作要点：腰胯带动躯干旋转，蹬跨有力，保持身体平衡，重心不要起伏。

图 2-6 后转身

（五）滑步

滑步是防守移动的主要方法之一。它易于保持身体平衡，可向侧、向前、向后方向滑动。

1. *动作方法*

两脚平行站立，两膝较深弯曲，上体保持正直，身体重心的投影置于两脚之间，两臂侧伸成半伸展状态并保持一定的紧张度。向左侧滑步时，左脚向左迈出后，右脚蹬地滑动，向左脚靠近，两脚保持一定距离，左脚继续跨出，右脚跟上（图 2-7）。向后滑步时，一只脚向后撤步着地的同时，前脚紧随着向后滑动，保持前后开立姿势。与前脚同侧的手臂扬起，手掌向前，成封堵投篮状，另一只手

图 2-7 侧滑步

侧下举，呈封堵突破状。向前滑步时，前脚向前迈出一步，后脚紧随着向前滑动，保持前后开立姿势，手臂姿势同后滑步。在整个动作过程中，务必注意保持屈膝状态，以降低身体重心。

2. 动作要点

滑步时，保持屈膝，降低重心，重心投影保持在两脚之间，身体不要上下起伏，两腿不要交叉，两臂伸开，两眼注视对手。

（六）撤步

撤步是前脚向后撤回的一种方法。

1. 动作方法

撤步时，用前脚的脚前掌内侧蹬地，同时腰部用力向后转动，后脚碾蹬地面，前脚快速后撤，随后滑步调整防守位置（图 2-8）。

图 2-8　后撤步

2. 动作要点

前脚蹬地后撤需迅速，后脚碾地有力，扭腰转髋充分用力，后撤角度适中，保持身体重心平稳。

（七）跳

跳是指队员在场上争取高度或远度的一种动作方法。跳有双脚跳和单脚跳两种方法。

1. 双脚跳

（1）动作方法：起跳时，两膝弯曲降低重心，两脚用力蹬地，同时提腰摆臂向上起跳，空中时身体自然伸展，保持平衡。落地时，前脚掌先落地，屈膝缓冲重力，注意保持身体平衡，以便衔接下一个动作。双脚起跳多在原地运用，也可在上步、并步、跳球或助跑情况下运用。

（2）动作要点：两膝弯曲降低重心，用力蹬地，向上摆臂，充分伸展，落地屈膝，保持身体平衡。

2. 单脚跳

（1）动作方法：起跳时，踏跳脚脚跟先着地，迅速过渡到脚前掌用力蹬地，同时提腰摆臂，另一腿快速屈膝上提，当身体达到最高点时，摆动腿自然伸直与起跳腿合并。落地时，双脚要稍分开，注意屈膝缓冲，以便衔接其他动作。单脚起跳多在助跑情况下运用。

（2）动作要点：踏跳脚用力蹬地，起跳腿上摆，身体充分向前上方伸展，注意控制身体平衡。

三、移动技术教学与练习

（一）移动技术教学步骤

移动技术教学顺序：基本站立姿势－起动－跑－急停－转身－跳－滑步。

在教学与训练中，应先在原地练习，让学生体会动作难点和控制重心的方法，然后用慢速进行完整技术动作练习，再用快速练习各种脚步变化。在掌握各种移动技术之后，要结合一对一的攻守对抗练习，提高学生运用移动技术的意识和能力。

（二）移动技术练习方法

1. 起动和跑的练习

（1）成基本站立姿势（面向、背向、侧向），听或看信号做起动跑的练习。

（2）在各种情况和状态下（蹲着，坐地，原地各种跑动中，原地向上、向侧跳起时，滑步中，急停以后），听或看信号向不同方向做起动跑的练习。

（3）自己或同伴抛球，球离手后起动快跑接球，不让球落地，把球接住。

（4）原地运球，听或看信号做起动快速运球的练习。

（5）利用篮球场的圈、线做侧身跑和对角折线跑。

（6）两人一组做侧身跑。

（7）两人行进间传球练习侧身跑。

2. 急停练习

（1）保持基本站立姿势，慢跑 2～3 步接着做跳步急停和跨步急停。

（2）以稍快节奏跑 3～5 步接着做跳步急停和跨步急停。

（3）快跑中听或看信号做跳步急停和跨步急停。

（4）跑动中做接球急停，然后传球。

（5）运球结束时做急停，接着传球或投篮。

3. 转身练习

（1）保持基本站立姿势，分别以左、右脚为轴，做前、后转身 90°、180°、

270°的练习。

（2）慢跑中急停，做前、后转身 90°、180°起动快跑。

（3）原地持球，分别以左、右脚为轴，做前、后转身练习。

（4）跳起接球后，做前、后转身传球、运球或投篮。

（5）在一对一攻守中，做前、后转身护球练习。

4. 跳的练习

（1）原地听信号向上或跨步向前、侧、后上方做双脚起跳练习。

（2）助跑 2～3 步后，做单脚或双脚起跳。

（3）结合跨步、转身、急停等动作练习起跳动作。

（4）助跑单脚起跳做手摸篮板、篮圈的练习。

（5）单、双脚起跳后做接球、传球或断球等动作练习。

5. 防守步法练习

（1）听和看手势做向左、向右、向前、向后滑步。

（2）向前滑步，变后撤步接侧滑步。

（3）向前或向后滑步，接攻击步变后撤步接侧滑步。

（4）按照规定路线或依据标志物进行之字形、三角形、小 8 字形滑步以及 T 字形碎步练习。

（5）在一对一攻守中，迎上做碎步堵截对手移动路线练习；做攻击步抢球、打球练习。

6. 移动技术综合练习

（1）由攻转守综合性脚步练习（图 2 - 9）。

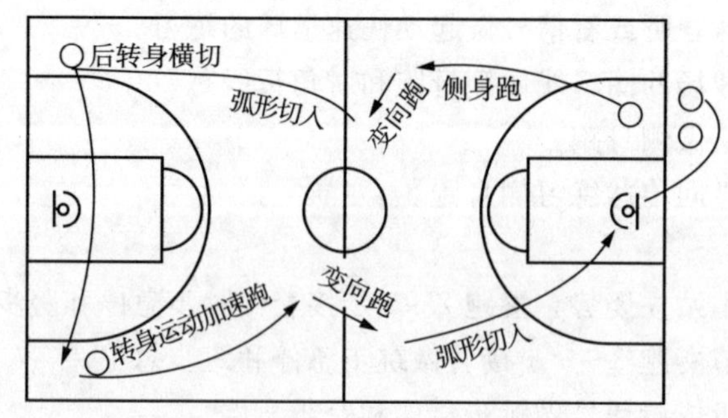

图 2 - 9　由攻转守综合性脚步练习

（2）进攻跑动及换位综合性移动练习（图 2 - 10）。

（3）半场摆脱与防摆脱练习（图 2 - 11）。

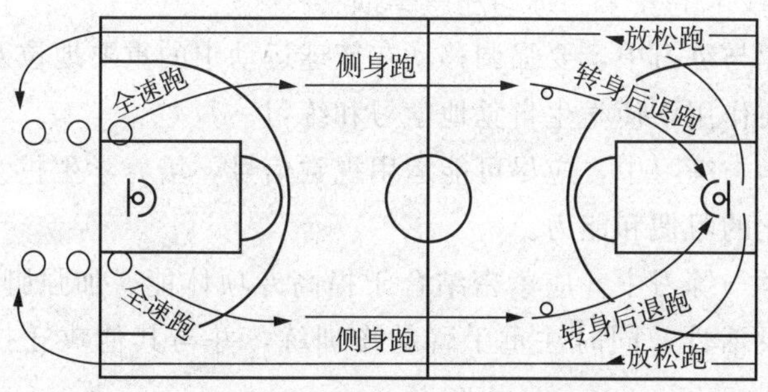

图 2-10　进攻跑动及换位综合性移动练习

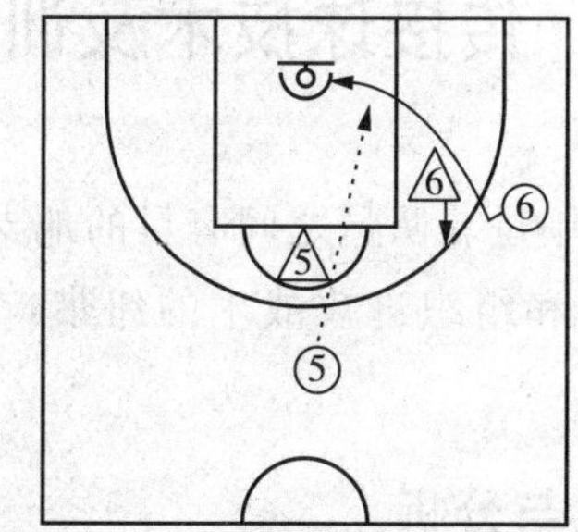

图 2-11　半场摆脱与防摆脱练习

（三）移动技术易犯错误与纠正方法

1. 易犯错误

（1）起动前身体重心过高，两膝弯曲程度不够，导致难以迅速蹬地发力。

（2）侧身跑时上体转体不充分，动作不协调，转身时腰胯部位发力不足。

（3）急停时，身体松软造成停不稳，重心前倾，缺乏制动和身体自然调整重心的动作。

（4）转身时，中枢脚未用前脚掌做轴旋转，身体上下起伏，重心不稳。

（5）滑步时，两脚并步，身体重心上下起伏。

2. 纠正方法

（1）加强髋关节的灵活性练习。

（2）加强腿部肌肉力量练习。在一定的高度下做移动练习，强迫屈膝降低重心。

（3）教师用正确的示范动作引导学生练习，在练习中经常用语言提醒。

（4）为了使学生规范地掌握动作，在教学方法上可以用技术分解进行练习，练习中由慢至快，由简至繁。

（四）移动技术的教学与练习注意事项

（1）在教学与练习中，要强调移动在篮球运动中的重要地位及其对提高其他各项技术的重要作用，使学生自觉地学习和练习。

（2）在教学与练习中，应尽可能运用视觉信号，培养学生扩大视野，时刻观察场上情况变化的习惯和能力。

（3）在教学与练习中，应紧密结合于提高专项体能，加强脚部力量以及踝、膝、髋关节的灵活性，同时注重手臂动作训练，并与其他攻守技术、基础战术配合。

第二节　传接球技术及训练方法

传接球是指在篮球比赛中进攻队员之间有目的地支配球、转移球的方法。它是进攻队员在场上相互联系和组织进攻战术的纽带，也是实现战术配合的具体手段。

一、传接球技术分类与分析

（一）传接球技术分类

根据篮球运动的基本特征，传球技术和接球技术可分别做如下分类（图 2－12，图 2－13）。

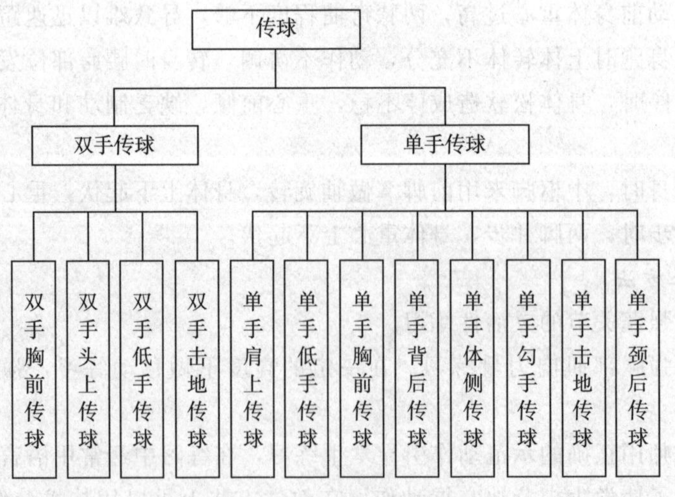

图 2－12　传球技术分类

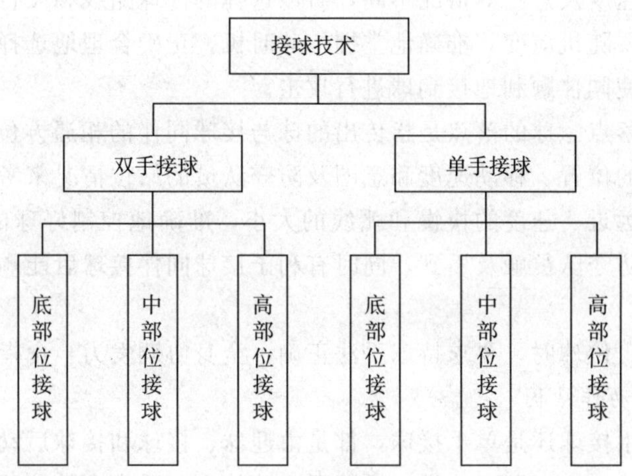

图 2－13　接球技术分类

（二）传接球技术的基本特点

随着篮球运动技术和战术的迅速发展，防守的攻击性和进攻的高效性日益成为篮球队获胜的关键。在现代篮球运动中，运动员通过运用隐蔽、及时、多变且准确的传接球技术，能够巧妙地打乱对方的防守和进攻部署，从而创造良好的进攻机会，提升防守的攻击性，提高攻击的效率。

（三）传接球技术分析

1. 传球的动作结构

无论采用哪一种传球方式，从整个传球过程来看，都是由传球的持球手法、传球的用力、球的飞行路线和球的落点等四个要素组成的。其中，传球的用力是主要的，它决定着球的飞行路线、飞行速度和落点的准确性。

(1) 持球方法。持球方法是指手持握球的方法，分双手持球和单手持球两种。

双手持球方法：两手手指自然分开，拇指相对成八字形，用指根以上部位持球的两侧后下方，掌心空出，两臂屈肘，自然下垂，持球于胸腹之间。

单手持球方法：手指自然分开，用手掌外沿和指根以上部位托球，掌心保持空出。

(2) 传球用力方法。通常，短距离传球主要靠手指、手腕和手臂协调用力将球传出，远距离传球时要通过下肢蹬地、跨步、腰腹综合发力及上、下肢协调配合而产生的合力，最后通过手臂手腕和手指拨球的力量将球传出。

(3) 球的飞行路线。传球时，手指和手腕的用力程度、速度以及触球部位的不同，决定了球的飞行路线，包括直线、弧线和折线。由于攻守队员站的位置、距离和移动的速度及意图等情况不同，所以选择的传球路线和飞行的速度也有所不同。总之，要随机应变，准确地掌握传球时机，正确合理地选择传球方法和球的飞行路线，使同伴顺利地接到球进行攻击。

(4) 球的落点。球的落点是指传出的球与接球同伴的相遇方位。传球时，要根据接球队员的位置、移动速度和意图及防守队员的站位情况来考虑传球力量的大小、距离的远近、速度的快慢和弧线的大小，准确地控制好球的方向和落点。传出的球要使防守队员触及不到，同时有利于接球同伴接球后能顺利地衔接下一个动作。

动作要点：传球时，要求持球手法正确，全身协调发力，食指、中指拨球。

2. 接球的动作结构

不论是双手接球还是单手接球，都是由迎球、接球和接球后动作组成。接球时眼睛要注视球，肩、臂要放松，手臂要迎球伸出，手指自然分开。当手指触球时，屈肘，手臂后引，以此增加作用力时间，从而缓冲来球的力量。如果来球力量较大、速度较快，则要加大迎球幅度，以便有更长距离来缓冲。

动作要点：接球后，呈基本持球姿势，保持身体平衡，以便衔接下一个攻击动作。

二、传接球技术动作方法

(一) 传球技术的动作方法

1. 双手胸前传球

双手胸前传球是篮球比赛中最基本、最常用的一种传球方法，具有传球快速有力、准确性高、容易控制、便于与其他动作相结合的优点。

动作方法：双手持球于胸腹之间，两肘自然弯曲于体侧，身体成基本站立姿势，眼平视传球目标。传球时，后脚蹬地发力，身体重心前移，两臂前伸，两手腕随之旋内，拇指用力下压，食、中指用力拨球将球传出。球出手后，两手略向外翻（图 2-14）。

动作要点：持球动作正确，用力协调连贯，食指、中指拨球。

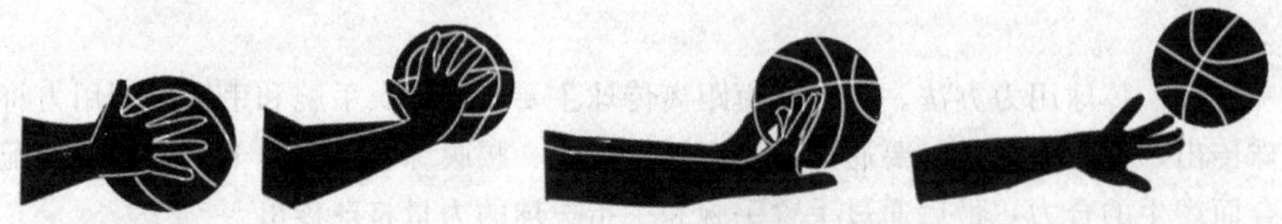

图 2-14 双手胸前传球

2. 单手肩上传球

单手肩上传球是一种常用于中远距离传球的方法，传球时用力大，球飞行速度快，常在发动长传快攻时运用。

动作方法：双手持球于胸前，两脚平行开立，右手传球时，左脚向传球方向跨出半步，右手靠左手拨送球的力量将球引至右肩上方，右肩关节引展，大、小臂自然弯曲，手腕稍后屈，持球的后下方，左肩对着传球方向，重心落至右脚上。传球时，右脚蹬地发力同时转体带上臂，以肘领先前臂，手腕前屈，食指、中指、无名指用力拨球将球传出（图 2－15）。

图 2－15　单手肩上传球

动作要点：自上而下发力，蹬地、扭转肩、挥臂扣腕动作连贯。

3. 单手体侧传球

单手体侧传球是一种近距离隐蔽传球的方法。外围队员传球给内线同伴时常用这种方法。与跨步、突破等假动作结合，运用效果较好。

动作方法：两脚开立，双手持球于胸前。右手传球时，左脚向左侧前方跨步的同时将球引至身体右侧呈右手单手持球，出球前的一刹那，持球手的拇指在上，手心向前，手腕后屈。传球时，前臂向前作弧线摆动，手腕前屈，食指、中指、无名指拨球将球传出（图 2－16）。

图 2－16　单手体侧传球

动作要点：跨步与向体侧引球须同时进行，前臂摆动要快，传球时手腕要用力。

（二）接球技术的动作方法

接球是篮球运动的主要技术之一，是获得球的动作，是抢篮板球和断球的基础。在激烈对抗的比赛中，能否采用正确的动作稳固地接球，对于减少传球失误、弥补传球不足以及截获对方的球等都是至关重要的。

1. 双手接中部位的球

动作方法：两眼注视来球，两臂迎球伸出，双手手指自然张开，两拇指成八字形，其他手指向前上方伸出，两手成一个半圆形。当手指触球时，双手将球握住，两臂顺势屈肘后引缓冲来球的力量，两手持球于胸腹之间，呈基本站立姿势（图 2-17）。

图 2-17　双手接中部位的球

动作要点：伸臂迎球，在手接触球时收臂后引缓冲，握球于胸腹之间，动作连贯。

2. 双手接高部位的球

这种接球方法与双手接中部位高度的球相同，但要求两臂必须向前上方迎球伸出（图 2-18）。

3. 双手接低部位的反弹球

动作方法：接球时要及时迎球跨步，上体前倾，眼睛注视来球方向，两臂迎球向前下方伸出，掌心斜对来球的反弹方向，五指放松，自然张开，手指触球后，两手握球顺势将球引至胸腹之间，保持身体平衡，呈基本站立姿势。

动作要点：跨步迎球要及时，手臂下伸要快。

4. 单手接球

单手接球范围大，能接不同部位和方向的来球，有利于队员接球后的快速行

图 2－18　双手接高部位的球

动。接高部位、中部位、低部位的来球的动作方法基本相同，只是在接高部位的球时，掌心向上。

动作方法：原地单手接球时，接球手向来球方向伸出，五指自然分开，掌心正对来球，手腕、手指放松。当手指触球时，顺球的来势迅速收臂，置球于身体前方或体侧，另一手迅速扶球，保持身体平衡，做好下一个进攻动作的准备姿势。在移动中接球时，要判断来球的时间和落点，及时向来球方向跨步移动，接球后要迅速降低重心，衔接下一个进攻动作（图 2－19）。

图 2－19　单手接球

动作要点：手指自然分开，伸臂迎球，触球后引动作要快，另一手及时扶球。

三、传接球技术教学与练习

（一）传接球技术教学步骤

传接球技术教学步骤应从原地开始，掌握动作规范。在掌握动作规范的基础上再进行移动传接球的教学，然后进行与其他技术相结合教学，最后再进行有防守情况下的练习，提高在实战中运用的能力。

（二）传接球技术练习方法

1. 熟悉球性的练习方法

（1）用双手手指、手腕连续拨翻球（手指弹拨、手腕翻转）：两手持球，手臂伸直于身前，用手腕、手指连续拨动球，使球在两手之间快速移动。两手之间要保持一定的距离，练习时节奏可由慢至快再由快至慢，并不停改变球和两臂的高度（上至头部、下至脚部），反复练习。

（2）双手胸前抛接球：两腿开立，双手持球向空中抛球，并在胸前或身后把球接住。待动作熟练后，可以跳起接球或接不同方向的地面反弹球。

（3）球绕身体交换球：两脚开立，两手持球于腹前。两手交替使球绕腰、绕头，然后绕腰、绕腿、绕踝，反复练习。

（4）单、双手体后抛球接球：两脚左右开立，左手持球于身后，然后抛球过异侧臂前方，右手迎上接球后用同样的方法从背后抛球至异侧肩前方，左手迎上接球。也可以双手背后抛球过顶双手胸前接球。

（5）环绕双腿交接球：两脚开立，约与肩同宽，上体前屈，右手将球从两腿间传递给左腿后方的左手，左手持球绕过左腿外侧至前方，再用左手将球从两腿间传递给右腿后方的右手，右手接球后绕右腿外侧回到起始姿势。反复练习。

（6）行进间胯下交接球：两脚左右开立，略宽于肩，持球于膝前。练习时，向前迈出右腿的同时，左手持球从两腿间传递给右手，左脚继续向前迈进，右手持球经右腿外侧在两腿间将球交左手，依此前进做胯下“8”字交叉接球。行进速度与方向可不断变换。

2. 原地传接球的练习方法

（1）两人一组对面站立，做各种传球练习，也可对墙进行练习，并用各种方法接反弹回来的球。间隔距离根据需要由近至远。

（2）原地跨步，跳起接不同方向的传球。

3. 移动传接球的练习方法

（1）两人一组一球，相距 4m 面对站立，一人原地传球，另一人向左右、前后移动接球。传接球一定次数后，互相交换练习。

（2）迎面上步传接球：练习者排成纵队，①持球距纵队 5～7m，②上步接①传来的球并回传给①，然后跑回队尾，接着③、④、⑤依次反复练习（图 2-20）。此练习还可要求练习者跑动接球、急停、上步传球、跑动，以加大练习的难度。

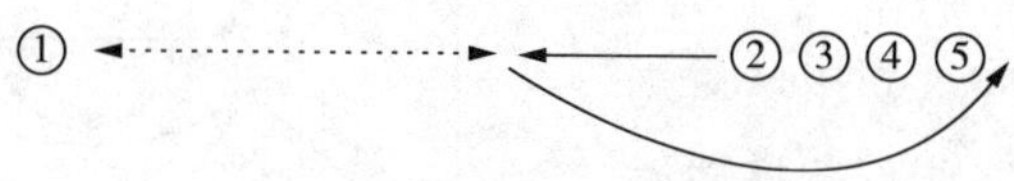

图 2-20 迎面上步传接球

（3）横向移动换位传接球：4 人一组两球，成口字形站立，相距 3～5m，④、⑤各持一球，④、⑤同时分别传直线球给⑥、⑦，然后两人立即横向移动换位接⑥、⑦回传球。⑥与⑦传球后，同样横向移动换位接球，依此反复练习（图 2-21）。此练习也可固定一组只传球，另一组移动。

（4）三角形移动传接球：站位呈三角形，①传球给②后迅速跑至②所在队伍的队尾，②立即将球传给③，后迅速跑至③所在队伍的队尾，③接球后迅速传给①组的第二名队员（图 2-22）。依次循环连续练习。

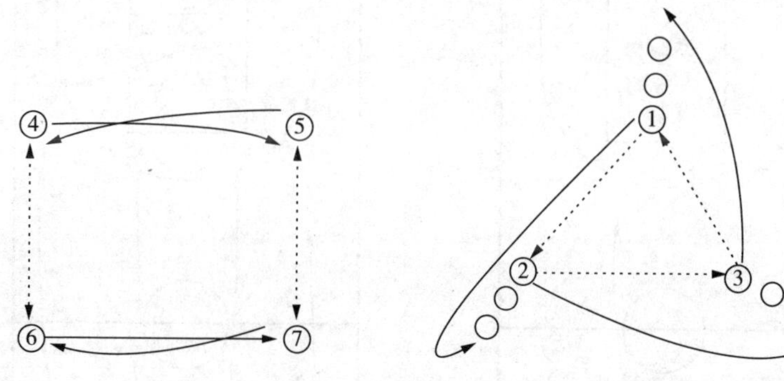

图 2-21 横向移动换位传接球　　图 2-22 三角形移动传接球

（5）半场四角弧线跑动传接球：站位成 4 组，⑤传球给⑥后，切入接⑥的回传球，再传给⑦，然后跑到⑦组的队尾。当⑤传球给⑦时，⑥立即起动切入，接⑦的传球并传给⑧，然后跑至⑧组的队尾，如此依次连续进行（图 2-23）。

（6）全场弧线侧身跑动传接球：⑤分别传球给⑥、⑦、⑧，并沿全场三个圆圈做侧身跑动传接球，最后投篮（图 2-24）。做一定次数后可换另一侧进行。

（7）两人全场行进间传接球：两人一组一球，⑤传球给⑥后立即起动向前跑动接⑥的回传球，⑥传球后向前跑动接⑤的回传球，如此反复传接球至前场篮下投篮，然后再传球返回（图 2 - 25）。人多时可在场地另一侧两组同时进行练习。

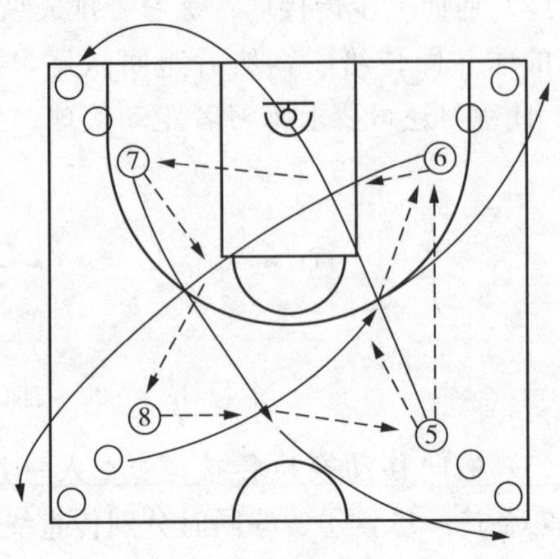

图 2 - 23　半场四角弧线跑动传接球

（8）三人直线跑动传接球：三人一组一球，开始由中间⑤持球，传球给向前跑动的⑥，⑥接球后立即回传给向前跑动的⑤，⑤接球后传给另一侧向前跑动的⑦，⑦回传球给⑤，依次推进到篮下投篮（图 2 - 26）。以同样的方法传接球返回。

（9）全场四角移动传接球：④传球给插中接球的⑤后快速跑至⑤组的队尾，⑤接球后将球快速传给⑥并跑至⑥组队尾，⑥接球后传给⑦跑至⑦组的队尾（图 2 - 27）。依次反复练习。

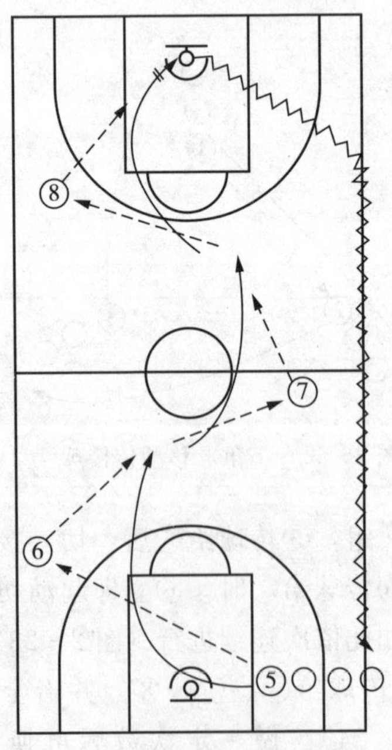

图 2 - 24　全场弧线侧身跑动传接球

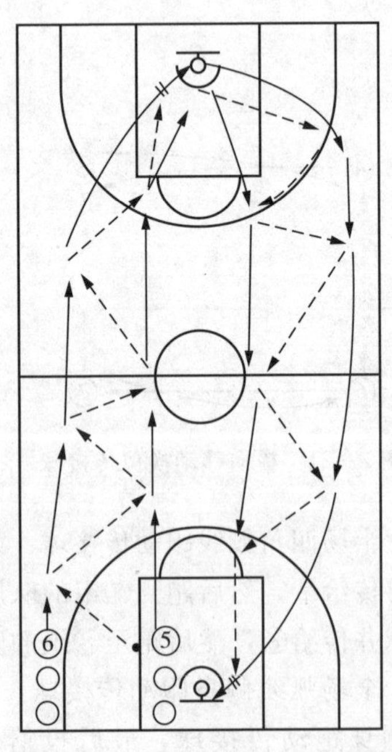

图 2 - 25　两人全场行进间传接球

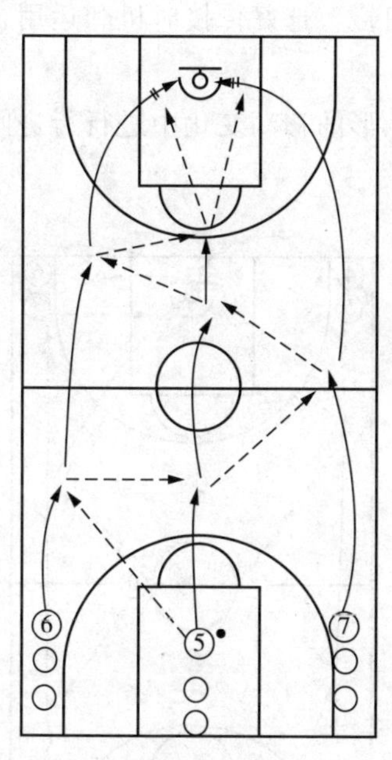

图 2-26　三人直线跑动传接球

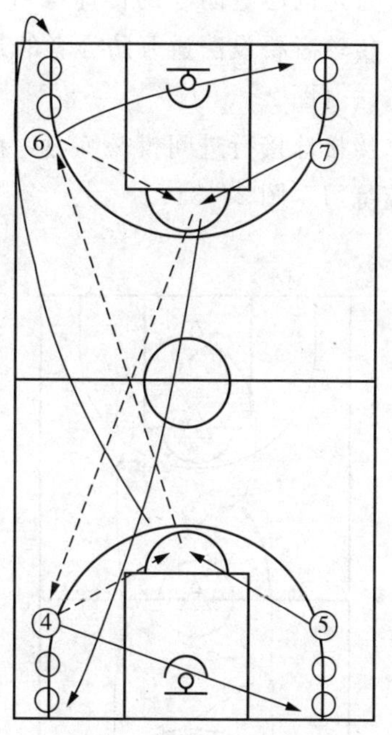

图 2-27　全场四角移动传接球

4. 传接球技术综合练习（有防守的练习方法）

（1）两人传球，一人防守：篮球半场，④和⑤相距 5m 互相传球，△4在两人中间防守，开始可消极防守，协助传球队员练习，逐渐转为积极防守（图 2-28）。如果④或⑤传出的球被防守人触到或抢获，则与传球人交换位置。

（2）三传二防守练习：篮球半场，5 人一组，三人站成三角形相互传球，两人居中防守，积极抢、断球，触到球的防守者即与传球者互换防守（图 2-29）。

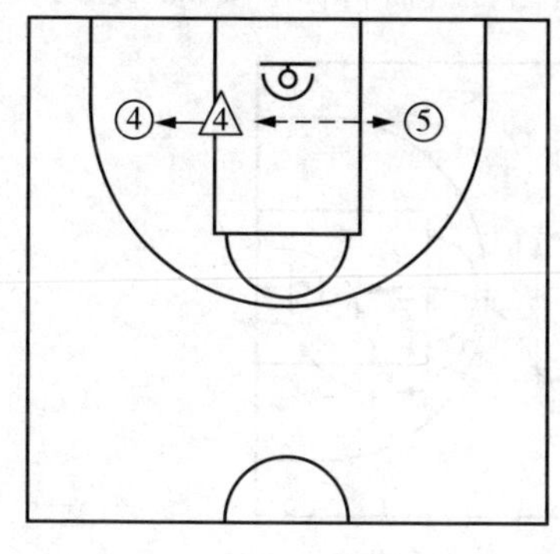

图 2-28　两人传球，一人防守

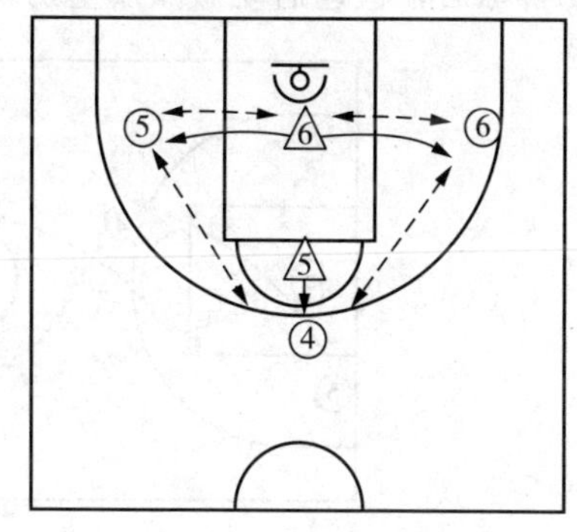

图 2-29　三传二防守练习

（3）行进间越过防守的传球练习：在全场三个圆圈内各站一人防守、封堵、抢断球，传球者要设法避开防守者的封堵与阻拦，选好传接时机和运用合理巧妙的传球方法（图2-30）。

（4）传接球接行进间投篮练习：在不同队形的移动变化中进行行进间传接球结合投篮练习（图2-31）。

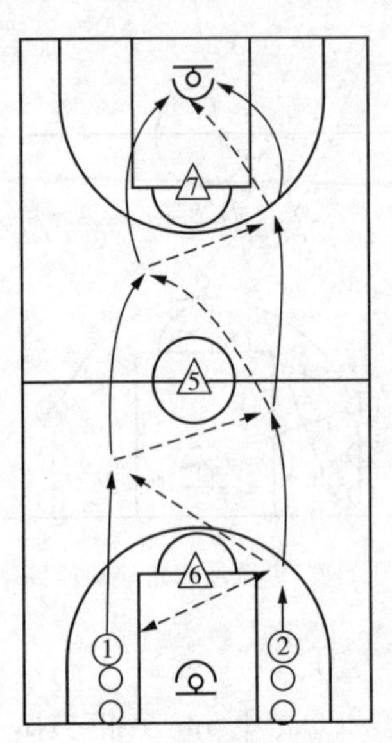

图2-30　行进间越过防守的传球练习

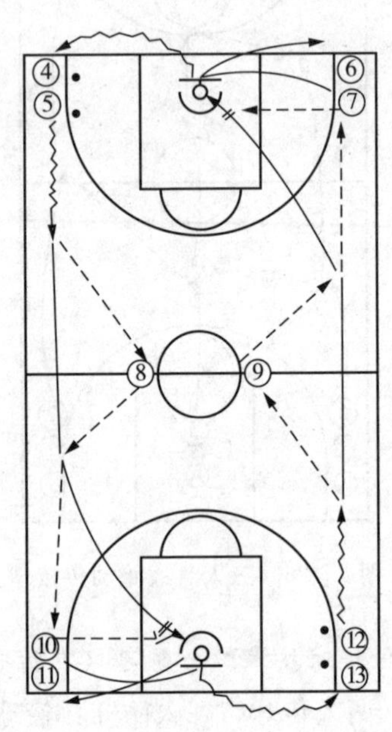

图2-31　传接球接行进间投篮练习

（5）交叉点拨传球练习：交叉后，空切队员⑤应伸手要球，运球队员④则须及时点拨传球，确保传球到位。⑤接球后迅速斜线运球，并用眼睛余光进行观察。④传球后，快速启动做弧线空切，跑到适当位置后再伸手要球（图2-32）。

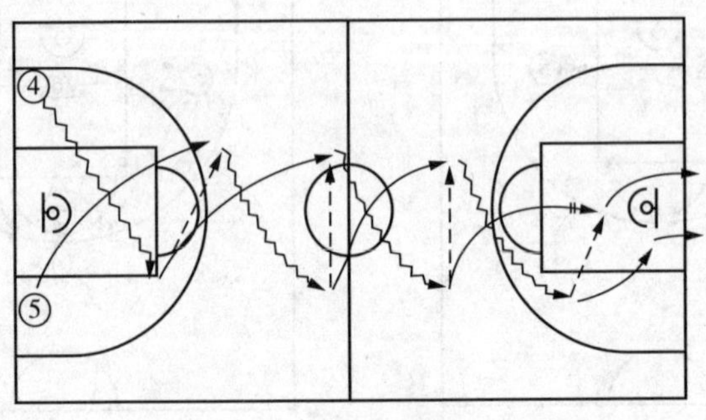

图2-32　交叉点拨传球练习

(6) 接应交叉跟进传接球练习：④传球给⑤后斜插接应⑤的球，⑤传球后跟进交叉，④做向后反弹传球后加速快下，再接⑤的球后再回传，然后跑到对面一组的排尾。⑤传球给⑥后跑到⑥组的排尾。⑥和⑦以相同的形式传球，重复练习（图 2－33）。

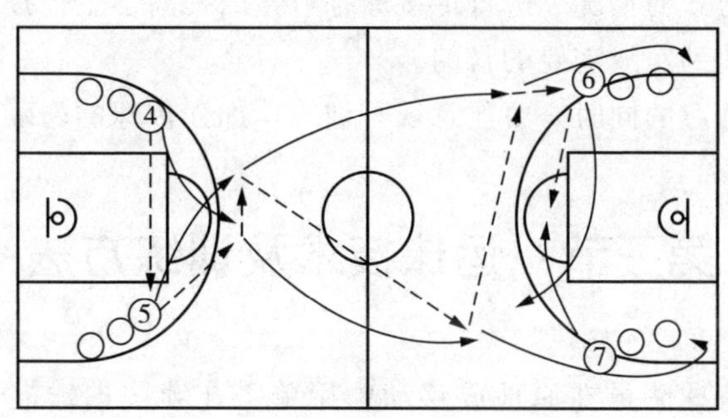

图 2－33　接应交叉跟进传接球练习

（三）传接球易犯错误与纠正方法

1. 易犯错误

(1) 双手胸前传球时，全手掌触球，手心没有空出，两拇指距离过大或过小，持球动作不正确。

(2) 双手胸前传球时，两肘外展过大，两臂用力不一，形成挤球，出手后两手上下交叉。

(3) 单手肩上传球时，没有摆臂、拨指、抖腕动作。

(4) 双手胸前接球时，两手指朝前，两手没有形成半圆；伸臂迎球时，臂、腕、指紧张，引球动作不及时。

(5) 接地滚球时，伸腿跨步不及时，重心过高。

2. 纠正方法

(1) 两人一组，面对站立，一人握球，一人做双手胸前传球的正确模仿练习。

(2) 两人一组，一人对墙传球，另一人纠正动作。

(3) 重复讲解双手接球的动作要点。

(4) 多做自抛自接球练习，养成张手、伸臂、迎球和及时屈肘引臂的习惯。

（四）传接球技术的教学与练习建议

(1) 在传接球教学中，应以双手胸前传球、单手肩上传球和双手接中部位高度的球为重点，严格动作规范，在掌握动作要领的基础上再进行其他传接球技术动作的教学。

(2) 重视接球技术的教学，形成正确的接球手法与持球手法。

(3) 加强熟悉球性的练习，增强手对球的感应能力和控制、支配球的能力。

(4) 传接球练习应先从原地练习开始，掌握正确的传接球动作后，与脚步动作配合，进行移动传接球练习，然后再将传接球与运球、突破、投篮等技术结合进行练习。在有防守的情况下进行传接球练习，以提高学生传接球技术的运用能力和应变能力，达到实战需要的目的。

(5) 传接球练习的同时，要注意视野训练，加强传球的隐蔽

第三节　运球技术及训练方法

运球技术是持球队员在原地或移动中用单手连续按拍球推进的一种动作技术。它不仅是个人摆脱防守、创造传球、突破、投篮得分的重要进攻手段，也是进攻队员发动快攻、组织全队战术配合的纽带。随着现代篮球技术的不断发展，运球的技巧有了很大提高。其特点是：身体重心低，侧身掩护球隐蔽性大，手臂控球范围大，手腕手指翻转时球停留手中的时间稍长。运球方式变化多，使运球技术更具有保护性、突发性和攻击性。

一、运球技术分类与分析

(一) 运球技术分类

运球技术按动作位置变化，可以分为原地运球和行进间运球两大类。运球技术分类，如图 2-34 所示。

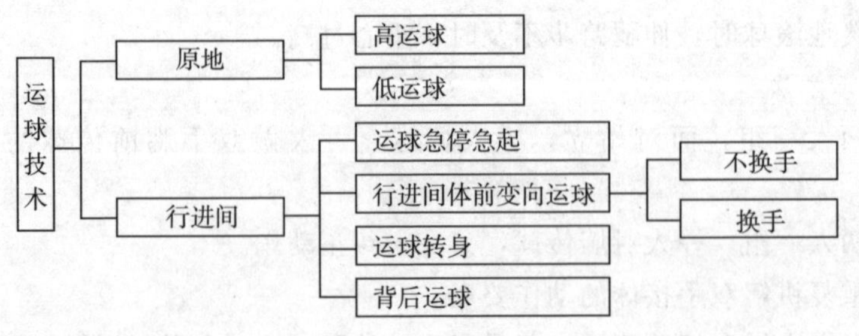

图 2-34　运球技术分类

(二) 运球技术分析

1. 运球技术的动作结构

运球技术的动作过程是由身体姿势、手臂动作、球的落点和手脚协调配合等

4个环节组成的。

身体姿势：两脚前后开立，约与肩同宽，两膝微屈，上体稍向前倾，抬头平视，非运球手臂屈肘平抬，肩向前，用以保护球。

手臂动作：手臂动作包括球接触手的部位、运球时的动作、按拍球的部位和力量的运用。运球时，五指自然张开，尽量扩大控制球面积，用手指和指根以上部位触球，掌心空出，手指、手腕放松。低运球时，主要以腕关节为轴，用手指和手腕的力量运球；高运球时，主要以肘关节为轴，用前臂和手指力量运球，这种运球动作幅度较小、灵活性大、速度快；体侧或侧后的提拉式高运球主要以肩关节为轴，用上臂、前臂、手腕和手指的力量运球，这种运球方式控球时间长、活动范围大、便于保护球；按拍球时，前臂应随球上下迎送，尽量延长控球的时间，以利于保护球、改变动作和观察场上的情况。按拍球的部位是由运球的方向和速度来决定的。按拍球的部位不同，球的入射角和球反弹的反射角也不同。按拍球的力量不同，球从地面反弹的高度与速度也不同。当手与球接触时，要屈前臂、伸手腕、手指放松，缓冲球向上的反弹力量，控制球的反弹高度和速度；当球在手中短暂停留后，应迅速伸前臂、屈手腕、手指柔和地按拍球，使球向前进的方向运行。

球的落点：运球的速度、方向和防守情况不同，球的落点也不同。在无人防守或对方消极防守情况下的直线高运球，球的落点在运球手的同侧前外方，速度越快，落点越靠前，离自身越远，反之越近；在对方积极防守情况下运球的落点应在体侧或后方，以便保护球；变向运球时，其落点基本位于异侧体侧或侧前方；胯下运球的落点位于胯下两脚之间的地面上。

手脚协调配合：运球时，既要使移动速度和运球速度协调一致，又要保持合理的运动节奏，并注意身体重心的控制。在移动速度不变的情况下，能否保持脚部动作和手部动作协调一致并在速度上同步进行，关键在于按拍球的部位、落点选择和力量大小的运用。脚步移动越快，按拍球的部位越靠后下方，落点越远，反弹起来的力量越大；反之，按拍球的部位越靠上，落点越近，力量越小。

2. 运球技术的动作要点

运球技术的关键，是手对球的控制能力、脚步移动的熟练程度以及手、脚的协调配合。只有熟练地掌握运球技术，才能更好地控制球的反弹角度、高度、速度，做到得心应手，运用自如。

二、运球技术动作方法

运球技术按运动状态可分为原地运球和行进间运球两大类。按运球的方法又可以分为高、低运球，运球急停急起，行进间体前变向运球，运球转身，背后运球等。

（一）高、低运球

1. 高运球

高运球是进攻队员在没有防守干扰的情况下，为了加快向前场推进的速度，并在进攻中调整进攻速度和攻击位置时常采用的一种运球方法。其特点是按拍球的力量大、反弹高度高、便于控制、行进速度快（图 2-35）。

图 2-35 高运球

动作方法：运球时，两腿微屈，上体稍前倾，双目平视，以肘关节为轴，前臂自然屈起，用手腕、手指柔和而有力地按拍球的后上方，球的落点控制在运球手臂的同侧脚的外侧前方，球的反弹高度在腰与胸之间。

动作要点：手按拍球的部位要合理，手脚配合协调。

2. 低运球

进攻队员在受到对手紧逼或抢阻时，常采用低运球以保护球或摆脱防守。

动作方法：两腿应迅速弯曲，重心下降，上体前倾，球的落点在体侧，用上体和腿保护球。同时，用手腕和手指短促地按拍球的后上方，使球控制在膝关节的高度，两腿用力后蹬，继续快速前进。行进间低运球拍球的部位在球的后上方或后侧方（图 2-36）。

图 2-36 低运球

动作要点：重心降低，上体前倾，按拍球短促有力。

（二）运球急停急起

在运球推进过程中，进攻队员通过灵活的速度变化来摆脱防守，这是一种有效的运球方法。

动作方法：在快速运球中突然急停时，应采用两步急停技术，迅速降低重心，同时用手掌按拍球的前上方，使球停止前行。运球急起时，两脚用力后蹬，上体急剧前倾，迅速起动，同时按拍球的后上方，人、球同步快速前进（图2－37）。

图2－37　运球急停急起

动作要点：重心转移要快，脚蹬地要有力，按拍球的部位要正确，手、脚、躯干的动作要协调一致。

（三）体前变向运球

1. 体前变向不换手运球

体前变向不换手运球是当运球队员与防守队员接近时，为了摆脱和突破对手，运用上体的虚晃和左、右拨球动作不换手变向突破防守的一种运球方法（图2－38）。

图2－38　体前变向不换手运球

动作方法：以右手运球为例。当体前变向时，将球从身体右侧拍向体前中间的位置，再将球迅速拨回右侧，然后按拍球的后上方，左脚向右侧前方跨出，上体右转，侧肩挡住对手，从防守的左侧突破，继续运球前进。

动作要点：身体重心转移迅速，按拍球部位正确、熟练。

2. 体前变向换手运球

体前变向换手运球是当对手堵截运球前进路线时，突然换手运球，向左或向右改变运球方向，借以摆脱防守的一种运球方法（图 2－39）。

图 2－39 体前变向换手运球

动作方法：以右手运球为例。运球队员从对手右侧突破时，先向防守左侧做变向运球假动作。当对手向左侧移动堵截运球时，运球队员突然按拍球的右后上方，使球经自己体前右侧反弹至左侧前方，右脚向左前方跨出，上体向左转，侧肩挡住对手，同时换左手按拍球的后上方，左脚跨出并用力蹬地加速，从对手的右侧突破。

动作要点：变向时，重心迅速降低，转体探肩要到位，蹬跨动作需突然，还原时快速且有力，换手变向后加速要快。

（四）运球转身

当对手逼近，无法使用直线运球或体前变向运球突破时，可采用此方法摆脱防守。

动作方法：以右手运球为例。变向时，用左脚在前为轴，左后转身的同时，右手将球拉至身体的后侧方，并按拍球落在身体的外侧方，然后换左手运球，加速前进（图 2-40）。

图 2-40　运球转身

动作要点：最后一次运球要用力，转身迅速，重心不要起伏，按拍球的部位正确，转身、蹬地、转拍动作要协调连贯。

（五）背后运球

当对手堵截运球一侧、距离较近、不便运用体前变向运球时，运球队员可采用背后运球的方法来改变方向突破防守。

动作方法：右手运球从背后换左手时，右脚前跨，右手将球拉到右侧身后，迅速转腕按拍球的右后方，使球从背后反弹至左侧前方，左脚同时向左前方跨步，换左手运球加速前进（图 2-41）。

动作要点：拍球的方法正确，变化迅速，跨步及时，重心跟上。

图 2-41　背后运球

三、运球技术教学与练习

（一）运球技术教学步骤

1. 建立完整的运球技术动作表象和动作概念，形成正确的运球技术动力定型

（1）建立正确的运球技术动作表象和完整的动作概念。运用直观法，利用示范动作、图片、电影、录像、网络等演示运球技术动作，使学生了解运球技术动作的形象结构；向学生讲解运球的目的和作用，使学生对各种运球技术的运用时机、动作方法、动作要点及其关键环节有清楚的了解，指导其进行正确的运球技术学习。

（2）掌握运球技术动作，形成正确的运球技术动力定型。在初学阶段，把握由易到难、由简单到复杂的原则。先让学生掌握正确的运球手法和基本姿势，再教授不同的运球技术，如运球手法和身体协调及掌握重心变化，最后让学生反复练习各种运球技术（可采用交叉或轮换的方法练习）。运球的教学顺序是：原地运球—行进间直线高、低运球—运球急停急起—体前变向运球—背后运球—转身运球。

2. 掌握运球技术与其他动作技术的组合，学会组合技术的初步运用

（1）掌握运球技术动作和其他技术动作的衔接。学生在掌握各种运球技术后，可以和持球突破、投篮等技术动作衔接起来，或与各种运球技术动作衔接进行组合技术的练习。

(2) 提高完成组合技术的质量。在能衔接连贯组合技术动作的基础上，进一步掌握组合技术的节奏、速度和动作的准确性。如背后运球和转身运球的组合技术练习，转换动作间要有一定的时间停留。

(3) 提高应变能力。根据比赛实际需要，将运球、突破及投篮等动作结合起来练习，以提升运球的应变能力，增强战术意识。

3. 在攻守对抗条件下，提高运球技术的能力

在消极对抗的情况下，提升运球时机的把握及运用能力。

在积极对抗的情况下，提升在对手堵截、抢断、干扰下的运球能力。

(二) 运球技术练习方法

1. 熟悉球性练习

(1) 原地拍起静止不动的球：将球放在地上使之静止不动，然后用腕、指不断地拍球，利用球的反弹作用将球拍起，随后再把球拍至地上静止，再重新把球拍起。

(2) 固定手臂运球：准备姿势同上，把运球手的肘关节放在膝上固定不动，利用腕、指力量低运球。

(3) 直臂对墙运球：一手托球于头前上方，利用腕、指力量对墙进行运球。速度由慢到快，两手交替练习，最后双手同时对墙练习。

(4) 坐位运球：运球者坐在地上，两脚向斜前方分开，运球者沿腿的内外侧进行运球练习。

(5) 单臂支撑旋转运球：运球者单臂支撑成侧卧撑，以支撑手为轴，另一手运球旋转移动，然后换手支撑。反复练习。

(6) 双手运球练习：双手可同时进行体侧运球，也可依次交替进行，通过不同节奏的练习，提升双手控球能力。

2. 原地运球

(1) 原地高、低运球，左右手交替进行原地体前左右手变向运球：运球者两腿开立，约与肩同宽，右手运球按拍球的右上方使球弹向左侧，左手按拍球的左上方使球弹向右侧，反复练习。

(2) 原地体侧前后推拉运球：运球者两腿前后开立，运球手按拍球的后上方使球向前弹出，运球手迅速前移至球的前上方，按拍球的前上方使球弹回。熟悉后可加大动作幅度与速度，反复练习。

(3) 原地胯下左、右运球：运球者两脚前后开立成弓箭步，右手持球加力，使球从胯下向左反弹，左手迎引球后，再加力使球从胯下向右反弹，依次两手交替运球。动作速率可逐渐加快。

(4) 原地胯下绕“8”字运球：两腿左右开立，约与肩同宽，其他动作

方法基本同上。只是迎引球的手接触到球时，引球从腿外侧绕过来再推向另一侧。

(5) 原地背后换手变向运球：运球者两脚左右开立，约与肩同宽，左手持球向左挥摆至体侧，然后用手指、手腕加力，使球经身体左侧向后右下方落于体前，使球向右侧上方反弹，右手在背后右侧控制球，然后再加力向左运拍。依次在背后交替换手运球，反复练习。

3. 行进间运球

(1) 全场直线运球：学生分三组站立，做直线高、低运球练习（图 2-42）。

(2) 弧线运球：沿罚球圈中圈做弧形运球到对面的底线，再沿边线做直线运球返回（图 2-43）。

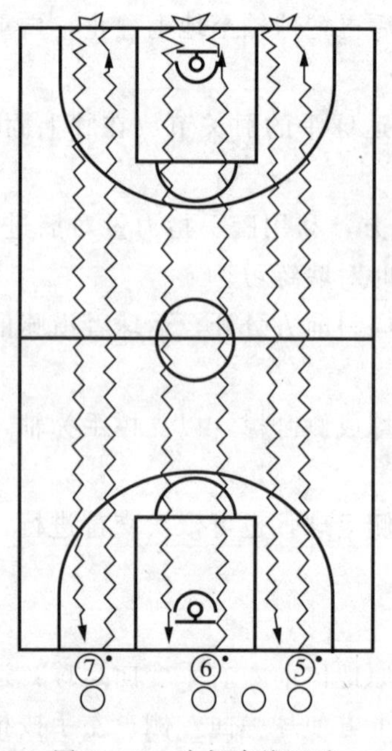

图 2-42 全场直线运球

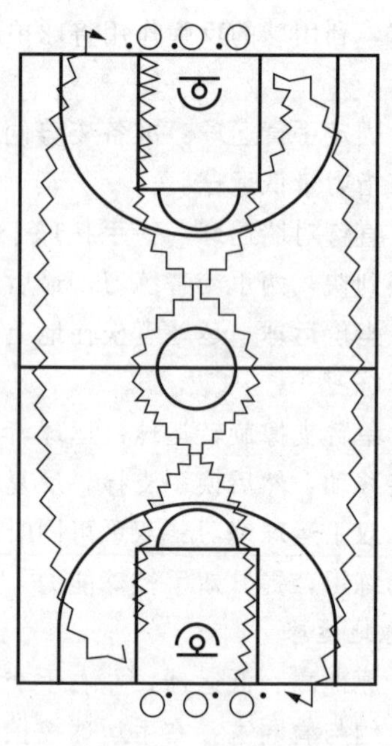

图 2-43 弧线运球

(3) 运球急停急起：每人一球，根据老师信号练习急停急起或变速运球（图 2-44）。

(4) 曲线运球：全场进行曲线变向运球练习（图 2-45）。

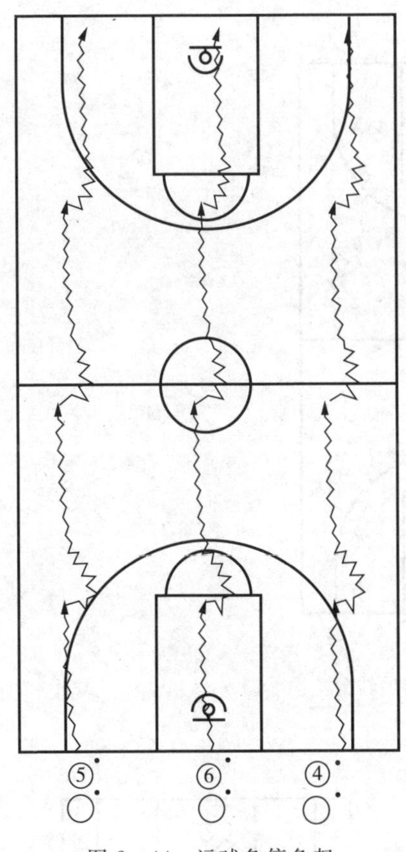

图 2-44　运球急停急起

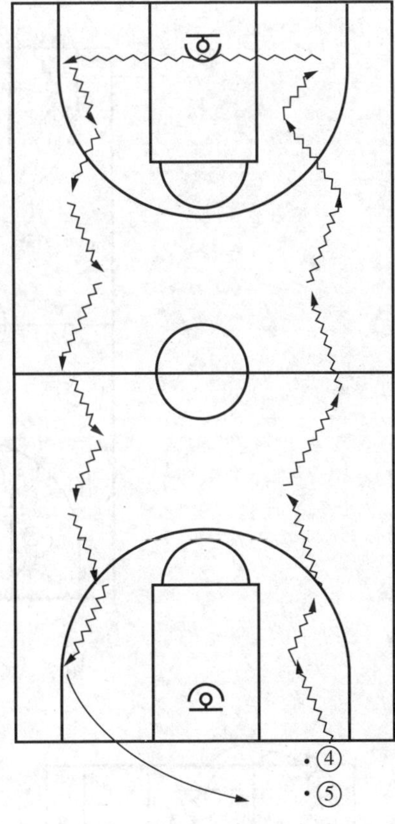

图 2-45　曲线运球

(5) 运球后转身或背后换手变向运球：按图示路线到障碍物后做后转身一次或背后运球一次，再换手加速继续前进。然后站另一组排尾，按顺序进行练习（图 2-46）。

(6) 领跑运球练习：一名队员不带球在前面快速或慢速行进，同时做出变向、急停、后转身等动作，另一名队员持球在后面跟随，并模仿前面队员的动作做相应的运球练习。

4. 运球对抗练习

(1) 全场一攻一守运球练习：两组同时进行全场一攻一守的练习，然后分别站到对组的排尾。依次轮流练习。要求：开始时只允许堵位，不准抢、打球，然后逐渐由消极到积极防守，最后到强烈对抗，实攻实守（图 2-47）。

(2) 全场二防一运球练习：一人运球，两人防守，进行全场攻守练习。要求：开始时只准堵位，然后逐渐由消极防守到积极防守，进行围堵、拼抢，以提高运球能力（图 2-48）。

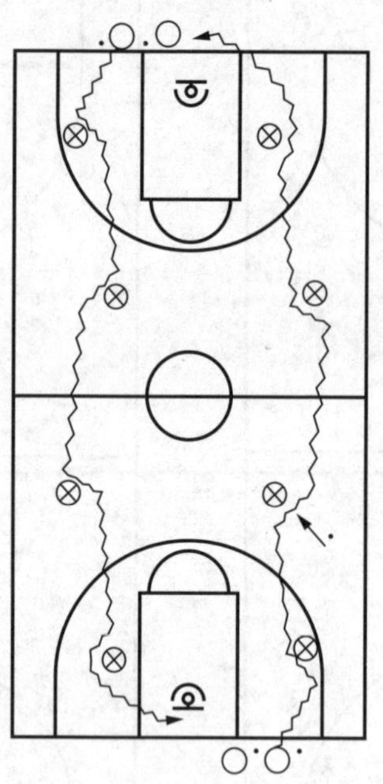

图 2-46　运球后转身

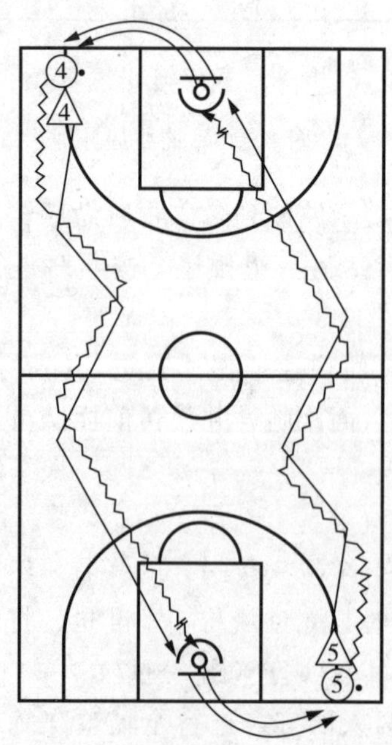

图 2-47　全场一攻一守运球练习

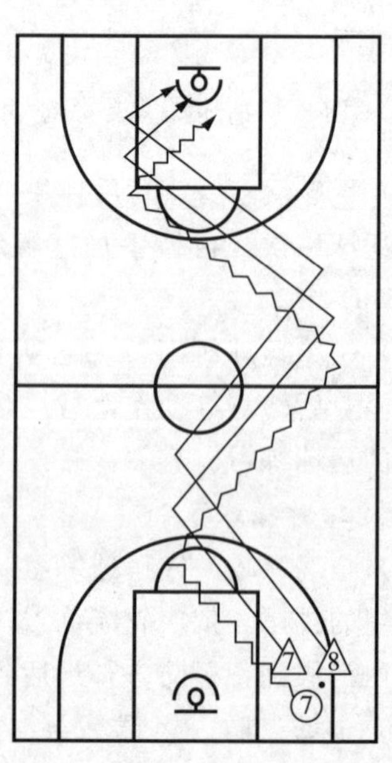

图 2-48　全场二防一运球练习

（3）在全场或半场比赛中练习，提高运球的能力。

（4）弱手攻防练习，半场二对二或三对三攻守练习时，所有参与者都要用弱手运球，否则视为违例。此练习旨在提高弱手的运球能力，进一步提高控制球的能力。

5. 运球技术综合练习

（1）运球与传、接球结合练习：②开始运球，在运球中将球传给③，然后跑至③排后。③接球后运球中把球传给④，然后跑至④排后。以此类推，连续练习（如图2－49）。

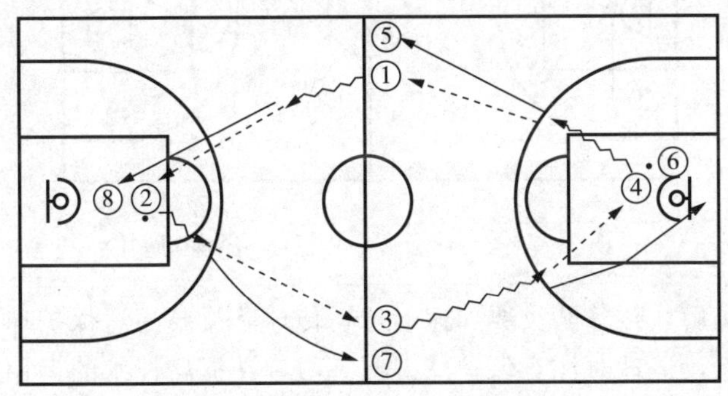

图2－49　运球与传、接球结合练习

要求：运球与传球的衔接要快速且协调，不能出现走步违例。此练习旨在提升运球和其他技术动作的衔接能力。

（2）运球、传接球、投篮练习：①和④各持一球，同时开始运球，运至罚球线延长线时，分别将球传给⑧和⑦，传球后迅速向篮下切进，途中再接⑧和⑦的回传球，快速运球上篮。投篮后自抢篮板球，分别传给⑤和②。依次练习（如图2－50）。

要求：技术动作的衔接要连贯且协调，不能出现走步违例。此练习旨在提高队员快速运球上篮和抢篮板球后第一传的技术。

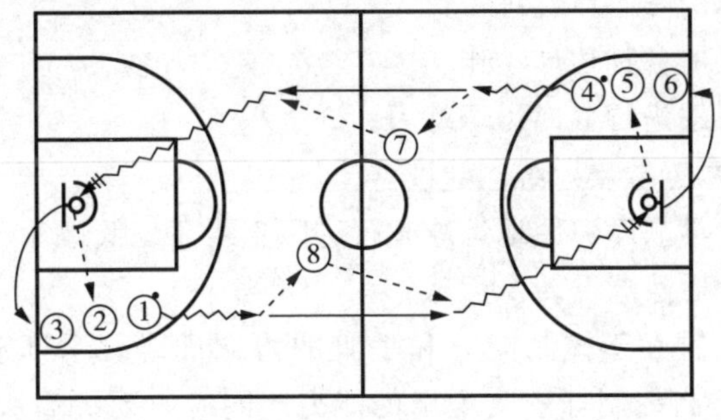

图2－50　运球、传接球、投篮练习

(3) 运球交叉、传接球、投篮练习：①运球与②交叉时，将球传给②，②运球中将球传给①，连续进行，接近篮下时，掩护投篮，然后交叉练习(图2-51)。

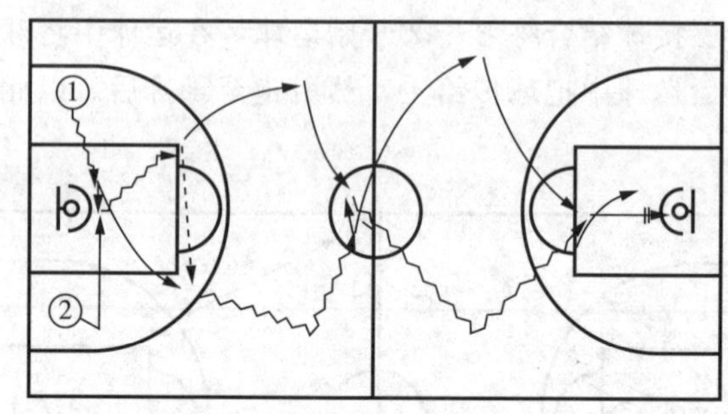

图2-51　运球交叉、传接球、投篮练习

要求：交叉后，接球队员要加速运球，传球队员要注意保护球，无球摆脱和运球变向要突然，运球时注意保护球。此练习旨在提高技术的运用能力，逐渐培养战术意识。

(三) 易犯错误与纠正方法

1. 易犯错误

(1) 运球时低头，不观察场上情况。

(2) 运球时掌心触球或单靠手指拨球。

(3) 手、脚、躯干配合不协调。

(4) 运球时用手打球，不是手腕、手指按拍运球，球在手上停留的时间过长。

2. 纠正方法

(1) 看教师示范运球，反复模仿正确技术。

(2) 进行运球的熟悉球性练习。

(3) 听信号练习各种运球动作。

(4) 设置障碍架进行变向运球练习。

(四) 运球技术的教学与练习建议

(1) 运球的教学顺序：原地运球－行进间直线高、低运球－运球急停急起－体前变向运球－背后运球－转身运球。

(2) 运球的关键在于控制能力和手脚的协调配合。手部动作要经常练习，从而熟悉球性，提高控制球、支配球的能力。同时，要提高脚步动作的速度和灵活性。

(3) 训练中要注意加强弱手的练习，使左右手运球的能力得到均衡发展。

(4) 训练中应培养队员屈膝护球的能力，强调运球时抬头，眼睛平视，注意养成时刻观察场上情况的习惯。

(5) 训练中要注意战术意识的培养，掌握好运球的时机，并及时变换和衔接下一个动作。

(6) 若已掌握运球的正确动作，便可逐渐加大训练的难度，如进行不看球的运球练习、攻守对抗（由消极到积极）练习、以少防多练习等。

(7) 在教学训练中，应及时对学生完成的技术动作进行评定，肯定优点，指出错误并分析错误原因，随后及时采取纠正错误的辅助练习和训练手段。

第四节　投篮技术及训练方法

投篮是篮球比赛中得分的唯一手段，是所有技术、战术运用的最终目的和全部攻守矛盾的焦点，是整个篮球技术体系的核心。随着现代篮球运动的发展以及运动员身体形态、运动能力和技术水平的提高，投篮技术也在不断发展，呈现出投篮难度增加、投篮技术复杂多变、投篮速度快、出手点高、远距离三分球投篮的次数增多且命中率提高等特点。因此，正确掌握并熟练应用投篮技术，不断提高投篮命中率，对于促进篮球技术技能的系统掌握具有十分重要的作用。

一、投篮技术分类与分析

投篮是指运动员通过协调有序地组合各种身体和肢体动作，采取投射、斜抛或扣篮等方式，使球从篮筐的上部自上而下地穿过对方篮筐而采用的各种专门动作方法的总称。投篮的技术动作方法很多，但是，各种投篮方法都必须遵循投篮动作原理的基本规律。

（一）投篮技术分类

投篮的动作方法很多，按照持球方法的不同，可分为双手投篮和单手投篮（图 2-52）。这两种投篮均可在原地和移动中完成。

（二）投篮技术分析

投篮技术主要由持球方法、瞄准点、协调用力、出手角度与速度、球的旋转、投篮弧线和入篮角等环节组成。

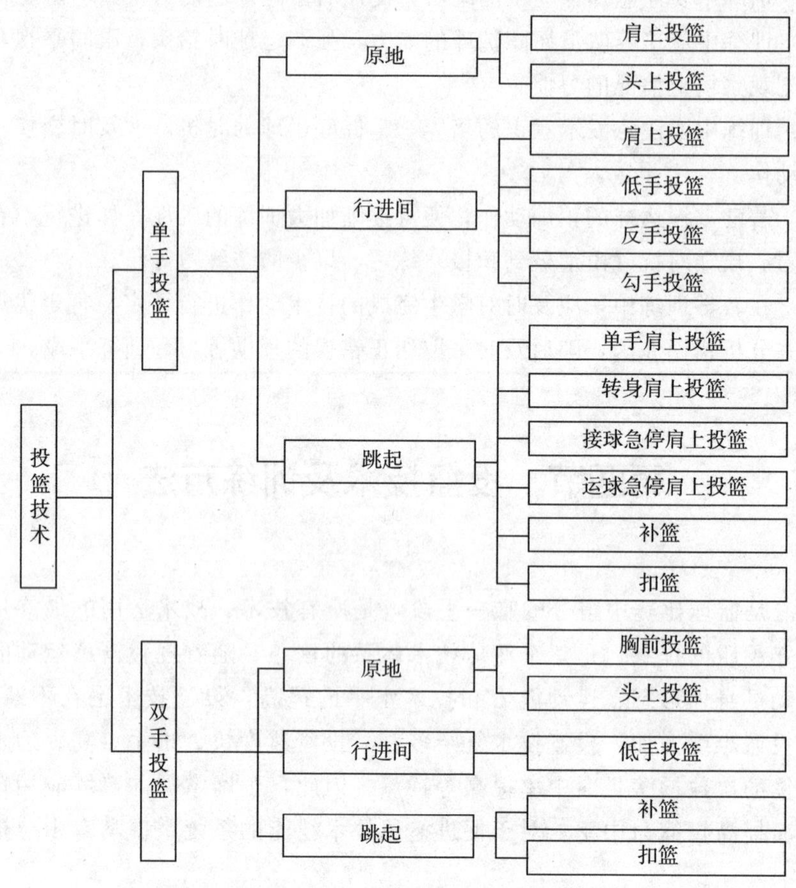

图 2－52　投篮技术分类

1. 持球方法

正确的持球方法是掌握和合理运用投篮技术的前提和重要条件。合理的持球手法应符合下列要求：球尽可能地在手中保持稳定，便于与其他进攻技术结合，有利于球出手时合理、准确地用力。

(1) 单手持球方法。以原地单手肩上投篮为例。投篮手五指自然分开，手心空出，手腕后仰，大、小拇指间的夹角约为 80°，以扩大对球的支撑面，用指根及其以上部位托球的后下方，球体的重力作用线落在食指和中指的指根部位，肘关节自然下垂，另一手扶球的侧上部，置球于同侧头或肩的前上方。

(2) 双手持球方法。以原地双手胸前投篮为例。两手手指自然分开，拇指成八字形，用指根以上部位握球的两侧后下方，掌心空出，两臂自然屈肘，肘关节下垂，置球于胸与颈部之间。

2. 瞄准点

瞄准点是指投篮时眼睛注视篮圈或篮板的某一点。正确的瞄准点能使运动员在瞬间精确地目测出投篮的方向、距离，从而决定投篮出手的角度、用力的大小、飞行弧线及球的落点等。

(1) 不碰板（空心）投篮的瞄准点。投空心球的瞄准点一般为篮圈前沿距运动员最近的一点，其优点是有实体目标，因此在场上任何地方投空心球都适用；也有人认为投空心球的瞄准点以篮圈的中心点为目标，因为这个目标与球的落点一致。

(2) 碰板投篮的瞄准点。碰板投篮的瞄准点是指在篮板上能够使球反弹进入篮圈的一个“点”。碰板投篮时，应根据投篮的位置、距离、球出手的力量、速度、球飞行的弧度和球的旋转等因素，选择适宜的瞄准点。一般而言，角度越小，距离越远，弧度越高，碰板点也就（瞄准点）越高；反之，则越近越低（图2-53）。

图 2-53　碰板点

3. 协调用力

投篮出手用力是指投篮时身体各部位综合、协调的用力过程，它是整个投篮动作的关键环节。以原地单手投篮为例，力的聚合是从投篮准备姿势开始的，力量的起点源于投篮前的基本站法和身体平衡，由下肢蹬地发力，然后沿着投篮出手的方向伸展身体，特别是借助脊柱伸展的惯性促使下肢、躯干和上肢连贯、协调配合，将身体各部位肌肉的力量最后积聚于手臂、手腕和手指部位，以伸展手臂、手腕的前屈及手指的弹压动作将球投出。

4. 出手角度与出手速度

出手角度是指投篮时球离手一瞬间球体重心飞行轨迹的切线与出手点水平面

所形成的夹角，它决定球在空中的飞行线和入篮角的大小，出手角度主要依靠手指最后作用于球体力的方向和作用点来调节。6～7m 外远距离投篮的出手角度为 50°～55°，5m 前后的中距离投篮出手角度约为 70°。应当注意的是，出手角度并非一成不变，它因投篮者的身高、投篮方法以及出手速度等不同而变化。

出手速度是指投篮出手的一瞬间，身体各部位的综合肌力经过手腕和手指的调节而使球离手进入空间运行的初速度。投篮出手速度首先取决于身体协调、综合用力的大小及腕、指用力的调控，而手腕的翻转、抖屈和手指弹拨球动作的柔韧性、突发性和连贯性是取得合理出手速度的关键。

5. 投篮弧线和入篮角

投篮弧线是指球离手在空间飞行时形成的一条运动轨迹，亦称抛物线。弧线高低取决于投篮的出手角度和出手速度，投篮距离和出手高度也与弧线高低有紧密关系。不同的投篮弧线产生不同的入篮角和入篮截面，因此，它对投篮命中率有直接影响。人们习惯将投篮弧线分为高、中、低三种。实践证明，中等投篮弧线是最理想的，它的入篮角适中，球与篮圈的径向间隙可达最大值，球心与篮心的偏差最小。中、远距离投篮一般应使球离手时上臂与身体的垂直线约呈 30°角，弧线最高点在篮圈水平面上方 1.2～2m 为宜（图 2－54）

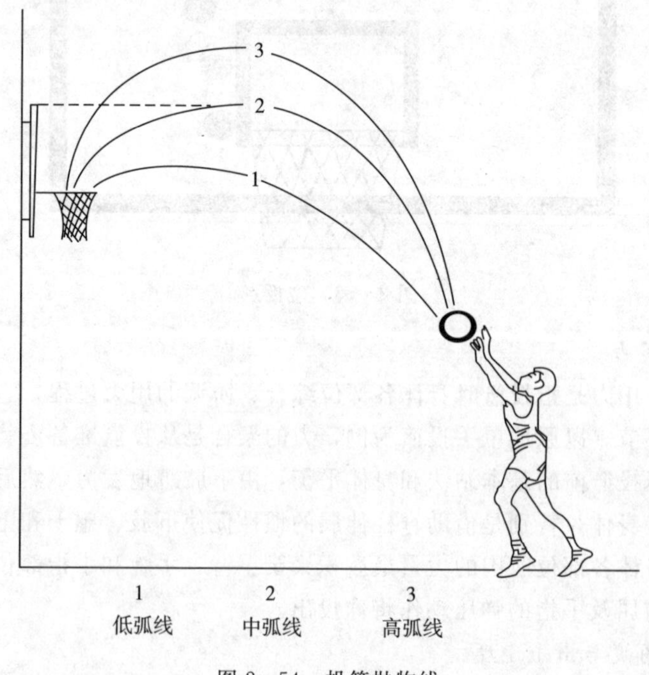

图 2－54　投篮抛物线

二、投篮技术动作方法

（一）原地投篮

1. 原地单手肩上投篮

原地单手肩上投篮是其他各种投篮方法的基础，具有出手点高、便于结合其他技术动作和不易被防守的特点，是应用较广泛的投篮方法。

动作方法：以右手投篮为例。右脚在前，左脚稍后，两膝微屈，重心落在两前脚掌上。右手五指自然分开，翻腕持球的后部稍下部位，左手扶在球的侧上方，举球于同侧头或肩的前上方，目视球筐，大臂与肩关节平行，大、小臂约成90°，肘关节内收。投篮时，下肢蹬地发力，身体随之向前上方伸展，同时抬肘向投篮方向伸臂，手腕前屈，手指拨球，将球柔和地从食指、中指指端投出。球离手时，手臂要随球自然跟送，脚跟提起（图 2－55）。

图 2－55　原地单手肩上投篮

动作要点：上下肢协调用力，抬肘伸臂充分，手腕前屈，手指柔和地拨球将球投出，中指、食指控制方向。

2. 原地双手胸前投篮

原地双手胸前投篮易于保持投篮前持球的稳定性，充分发挥全身的力量，也便于和传球、突破相结合，但由于投篮时持球和出手部位较低，容易被防守方干扰。

动作方法：双手持球于胸前，肘关节自然下垂，两脚左右或前后开立，两膝微屈，重心落在两脚之间，目视瞄准点。投篮时，两脚蹬地，上肢随着脚蹬地向前上方伸展，两手腕同时外翻，拇指下压，手腕前屈，食、中指用力拨球，使球通过拇指、食指、中指指端投出，球出手后，两手自然向下向外翻，脚跟提起，身体随投篮出手方向自然伸展。

动作要点：自然屈肘下垂，投篮时两臂用力均衡，前臂内旋，手指拨球用力与下肢动作要协调一致。

（二）行进间投篮

1. 行进间单手肩上投篮

行进间单手肩上投篮是在比赛中切入到篮下时常用的一种投篮方法。

动作方法：以右手投篮为例。右脚跨出一大步的同时接球，接着左脚跨一小步并用力蹬地起跳，右腿屈膝上抬，同时举球至头上方，当身体接近最高点时右臂向前上方伸展，手腕前屈，食、中指用力拨球，通过指端将球投出（图 2－56）。

图 2－56　行进间单手肩上高手投篮

动作要点：节奏清楚，起跳充分，举球、伸臂、屈腕、拨球动作连贯，用力适度。

2. 行进间单手低手投篮

行进间单手低手投篮是快速跑动中超越对手后，在篮下最常用的一种快速投篮方法，具有伸展距离远、动作速度快、出手平稳的优点，多在快攻和突破后使用。

动作方法：以右手投篮为例。右脚跨出一大步的同时接球，接着左脚跨一小步并用力蹬地起跳，右腿屈膝上抬，身体重心前移，双手向前上方举球。当身体接近最高点时，左手离球，右手外旋，掌心向上托球，并充分向球篮上方伸展，接着屈腕，食、中指用力拨球，通过指端将球投出（图 2－57）。

动作要点：腾空时，身体向前上方充分伸展，投篮出手前保持单手低手托球的稳定性，指腕上挑动作要协调。

图 2-57 行进间单手肩上低手投篮

（三）跳起投篮

跳起投篮，简称跳投，具有突然性强、出球点高和不易防守的优点，可与传球、运球突破等动作相结合，可在原地、行进间急停或背对球篮接球后转身等情况下运用。原地跳起单手肩上投篮是在原地单手肩上投篮基础上的一种投篮方式，也是现代篮球运动中普遍运用的投篮方式之一。其动作方法与原地单手肩上投篮相同，只是跳起在空中完成投篮动作。

动作方法：以右手投篮为例。两手持球于胸前，两脚左右或前后开立。两膝微屈，重心落在两脚之间。起跳时，迅速屈膝，脚掌用力蹬地，向上起跳，同时双手举球到右肩上方，右手持球，左手扶球的左侧方，当身体接近最高点时，左手离球，右臂向前上方伸展，手腕前屈，食指、中指拨球，通过指端将球投出。落地时，屈膝缓冲，保持身体平衡（图 2-58）。

图 2-58 跳起投篮

动作要点：跳起时垂直向上，起跳与举球、出手动作应协调一致，在接近最高点时出手。

三、投篮技术教学与练习

（一）投篮技术教学步骤

1. 建立完整的投篮技术动作表象和动作概念，形成正确的投篮技术动力定型

（1）使学生建立正确的投篮技术动作表象和完整的动作概念：运用直观法，利用示范动作、图片、电影、录像、网络等演示投篮技术动作，可使学生了解投篮的技术动作形象。对投篮的最后用力手法和全身的协调用力要做重点示范。向学生讲解学习投篮技术的目的性、重要性，使学生对各种投篮的动作特点、运用时机、动作结构及其关键环节有清楚的了解，指导其进行正确的投篮技术学习。在讲解与示范的基础上，让学生尝试做徒手或持球的投篮技术动作，使其获得投篮技术的运动感觉。

（2）使学生掌握投篮技术动作，形成正确的投篮技术动力定型：在初学阶段，可采用重复练习法，在简化条件下练习，以便有助于形成正确的技术动作动力定型。例如，学习原地单手肩上投篮时，要抓住动作的主要环节集中练习伸前臂、屈手腕、手指用力拨球动作（对准备姿势、全身协调用力等动作细节可暂不作要求）。通过反复练习，使学生掌握正确的单手投篮手法，在此基础上，再对原地单手肩上投篮动作的各个环节进行完整练习。然后采用变换练习法，在练习中变换完成技术动作的条件（如变换投篮的距离）和练习形式，达到巩固、改进和完善投篮技术动作的目的。

2. 掌握投篮技术与其他动作技术的组合，学会组合技术的初步运用

（1）掌握投篮技术动作和其他技术动作的衔接：在学生掌握了单个的投篮技术之后，必须把投篮与其他技术动作衔接起来，进行组合技术的练习。

（2）提高完成组合技术的质量：在连贯地完成组合技术动作的基础上，进一步掌握组合技术的节奏、速度与动作的准确性。如练习行进间运球投篮的组合技术时，要求行进间运球的速度稍快一些，跨步跳起接球的动作慢一些，上步起跳的步幅稍小一些，蹬地要有力，其目的是使人体向前的水平速度变为向上的垂直速度而腾空，以便在空中完成投篮动作。

（3）掌握假动作，提高运用投篮技术的应变能力：按照比赛实际，把投篮与各种脚步动作以及传球、运球、突破、假动作等结合起来练习，以提高投篮的应变能力和战术意识。

3. 在攻守对抗的情况下，提高运用投篮技术的能力及投篮命中率

（1）在有限定的防守条件下，进行投篮练习。

（2）在消极对抗的情况下，提高选择运用投篮时机及运用技术的能力。

（3）在积极对抗的情况下，提高在对手封盖堵截、干扰情况下的投篮技术和命中率。

（4）进行配合投篮的练习，培养学生配合意识：在进行配合投篮练习时，应对配合技术的一系列问题提出明确的要求。例如，移动接球的时机要与传球的配合相吻合，要求移动到位、传球到点、做到“人到球到”；接球的同时要调整好投篮的脚步，做好投篮准备，以便缩短投篮时间，加快投篮动作的完成。

（二）投篮技术练习方法

1. 模拟投篮

（1）徒手练习。做原地投篮动作，重点体会投篮的手法和用力过程。

（2）持球练习。两人一组一球，互相对投，体会原地投篮和跳起投篮的手法及身体各环节的协调配合（如图 2-59）。

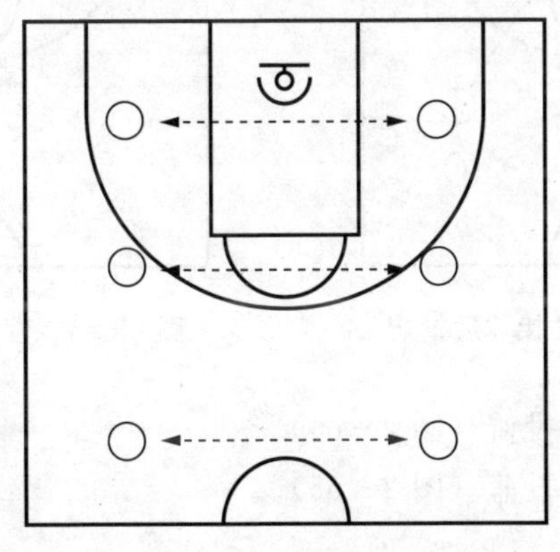

图 2-59　持球练习

2. 原地投篮练习

（1）正面定点投篮。每人一球，自投自抢，依次练习（如图 2-60）。

（2）不同角度投篮。学生列队站于投篮点，每人一球，排头自投自抢，并按顺时针方向换位至下一队队尾，依次连续练习（如图 2-61）。

3. 移动中投篮练习

（1）移动接球后投篮

① 斜线移动接球后投篮（图 2-62）。

② 直线移动接球后投篮（图 2-63）。

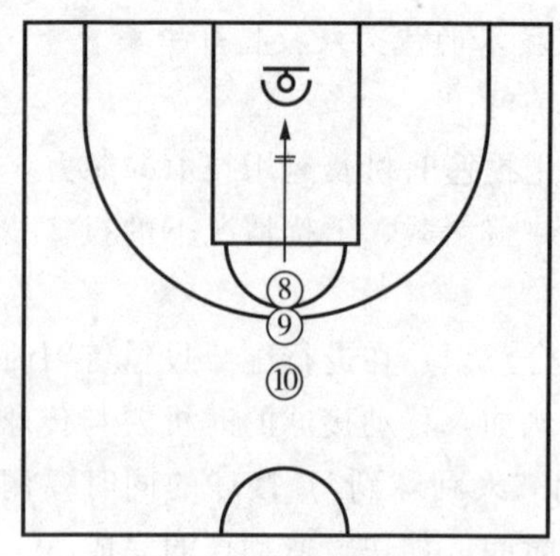

图 2-60　正面定点投篮

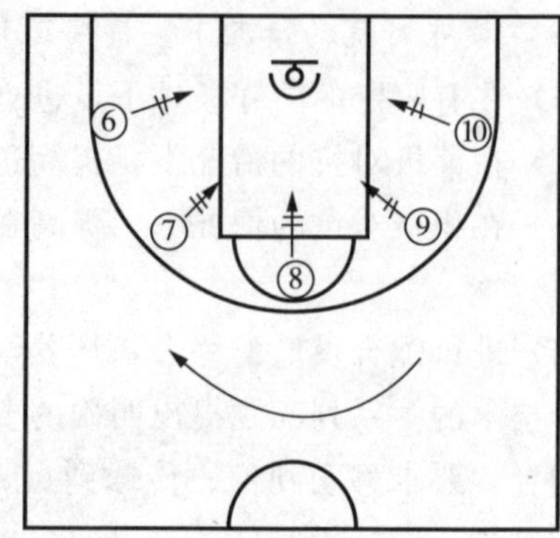

图 2-61　不同角度投篮

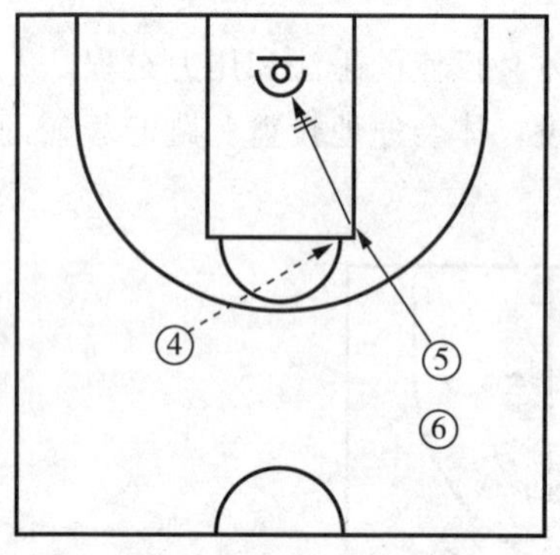

图 2-62　斜线移动接球后投篮

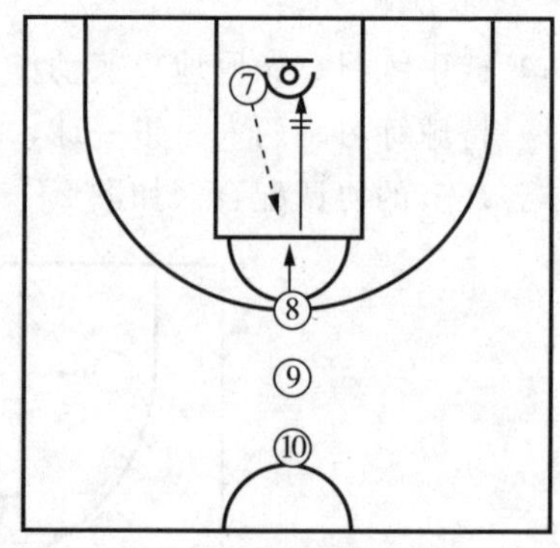

图 2-63　直线移动接球后投篮

③ 弧线移动接球后投篮（图 2-64）。

④ 折线移动接球后投篮（图 2-65）。

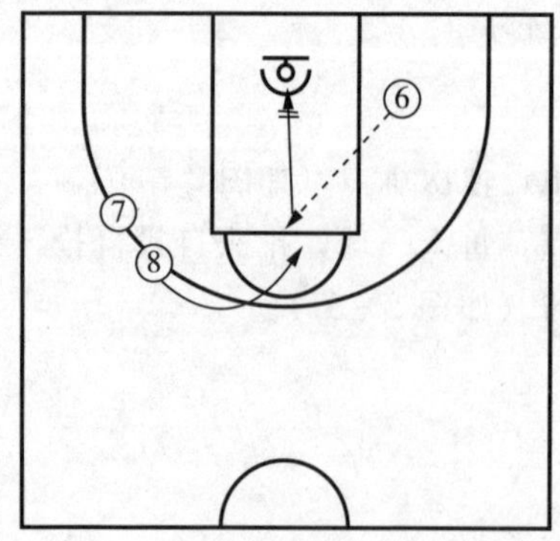

图 2-64　弧线移动接球后投篮

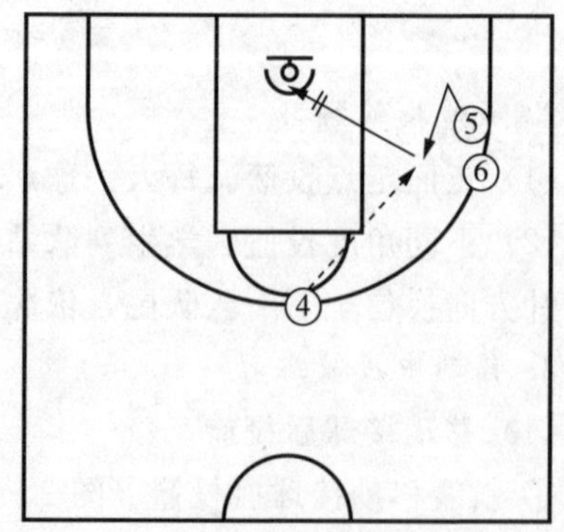

图 2-65　折线移动接球后投篮

（2）半场传、接球投篮。两人半场传球投篮，互换位置，依次练习（图 2－66）。

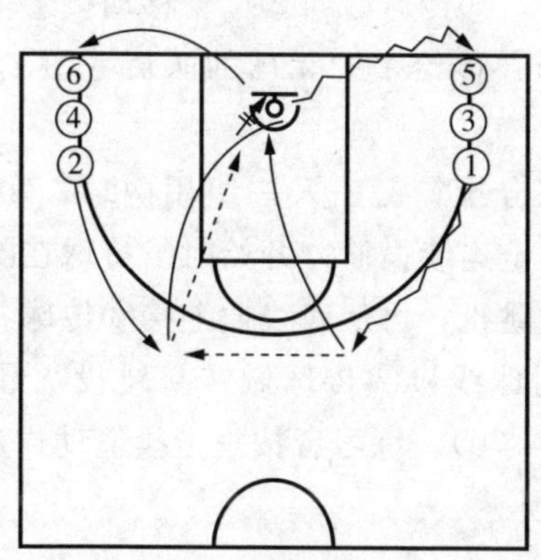

图 2－66　半场传、接球投篮

（3）全场运球投篮，投篮后自抢篮板球运球至另一组队尾（图 2－67）。

（4）全场运球、传球、接球投篮。学生分两组在两端线落位，Ⓐ为固定传球队员，练习开始，两边同时运球并传球给Ⓐ后切入接球投篮，自抢篮板球至另一队排尾，依次练习（图 2－68）。

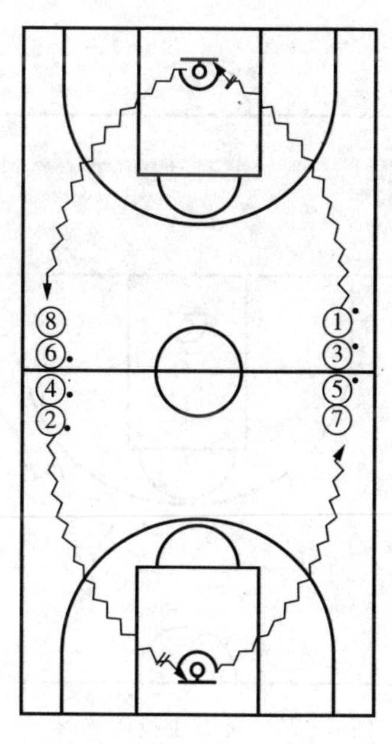

图 2－67　全场运球投篮

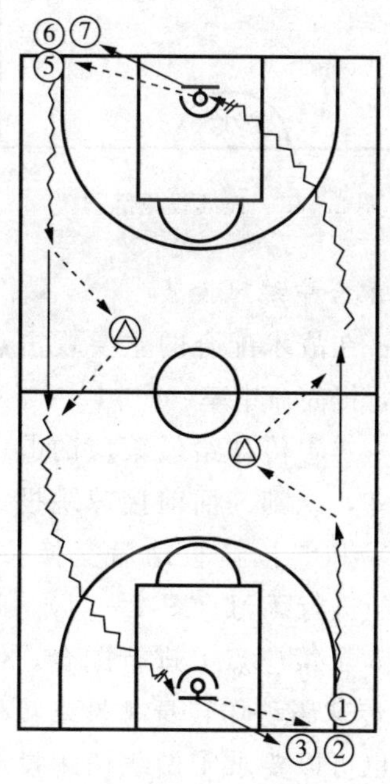

图 2－68　全场运球、传球、接球投篮

4. 投篮技术综合练习

(1) 连续投抢练习。三人一组用两球，①持球投篮后自抢篮板球，与此同时，②移动接③传球投篮，③传球后向②位置移动接①传球投篮。每个人移动接球投篮后，立即抢篮板球并传给手中无球的队员（图 2-69）。保持练习的连续性，依次进行。

(2) 5 点移动接球综合投篮。三人一组用两球，③在篮下接篮板球并传给②，②负责传球，①按规定连续投篮，开始时①持球在圈顶外做定位远投，然后移动到右侧底角接②传球跳投，再从底线插上接②传球急停，做撤步转身勾手投篮，然后从篮下绕出到罚球线接②传球做转身跳投，最后到罚球线左侧接球急停，做前转身跳投（图 2-70）。练习者按规定投篮动作连续移动到 5 个点上接球投篮，两组共 10 次后轮换。

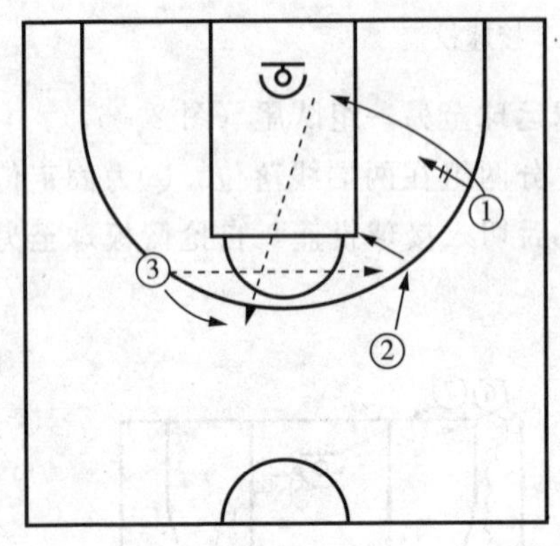

图 2-69 连续投抢练习

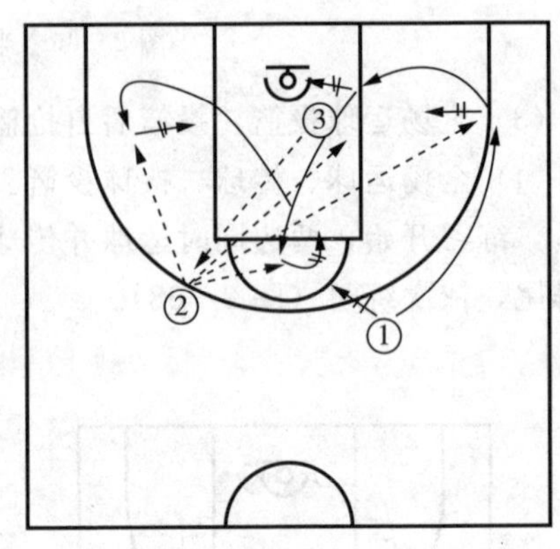

图 2-70 5 点移动接球综合练习

5. 在配合中练习投篮

目的：在战术配合的主要攻击点上练习投篮，提高命中率。

练习一：④传球给做策应的⑤，然后摆脱防守，绕到⑤面前接球跳投或突破上篮，④和⑤抢篮板球后交换位置，然后下一组进行练习（图 2-71）。此方法可以在 5 个策应点上进行配合，可以要求⑤做传球假动作转身跳投或转身突破上篮，也可以要求④做绕切跳投或突破上篮。

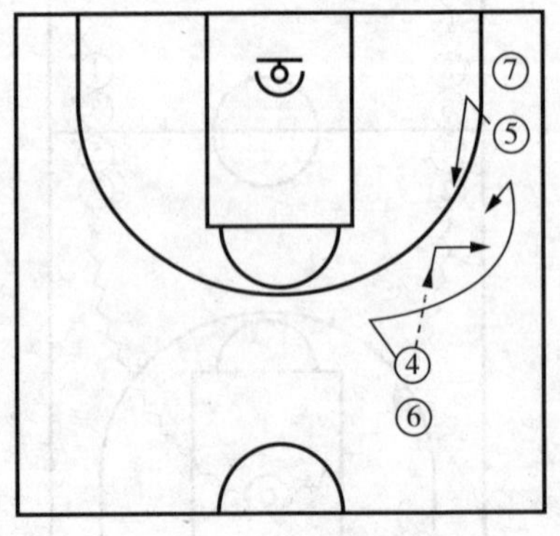

图 2-71 配合中投篮练习 (1)

练习二：④接球后从底线突破，根据情况分球给⑥或自己投篮。当④突破时，⑥及时从防守者的任一侧突然移动接球跳投。⑥要注意起动时机，不要过早或过晚，最好是④起动时⑥突然起动（图 2－72）。

练习三：限制区两侧各站一人，轮流迎上去做策应。外线两人一组用一球。⑥传球给迎上策应的④，然后⑥和⑦交叉切入，④根据情况传球给切入的⑥或⑦投篮或者自己投篮（图 2－73）。第二次由⑤做策应，然后下一组进行练习。

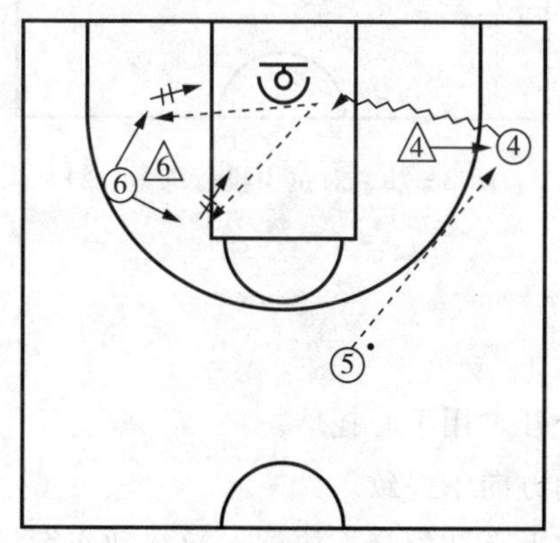

图 2－72　配合中投篮练习（2）

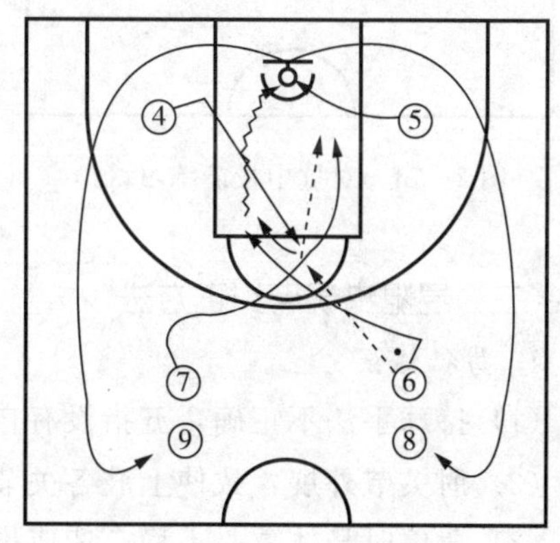

图 2－73　配合中投篮练习（3）

6. *在对抗中练习投篮*

目的：练习中投与突破，结合脚步动作，掌握突破时机，提高在对抗条件下的投篮命中率。

练习一：一攻一守，并在图示的区域内进行练习。外围三人传球，④根据球的位置，摆脱△4接球跳投或突破上篮，如没有投篮机会，就把球传给外线任何一人，然后再重新组织进攻（图 2－74）。④投进 5～10 球后，防守交换，外线传球人则适当轮换。

练习二：④摆脱△4接球后，根据△4的防守情况投篮或突破，或将球传给摆脱防守的⑤。⑤接到球后，根据防守情况投篮或突破，或再传给④。如果④、⑤都没有投篮机会，就把球回传给⑥重新进攻（图 2－75）。进攻组投进 5～10 球后，攻守交换。

练习三：三对三、四对四分组比赛。队员分为攻守两组，练习利用各种机会和简单配合进行投篮，投中的组继续进攻。可规定投中若干次为一次练习。要求必须在规定的时间内（如 10s 或 15s）投篮，否则算没有完成练习。

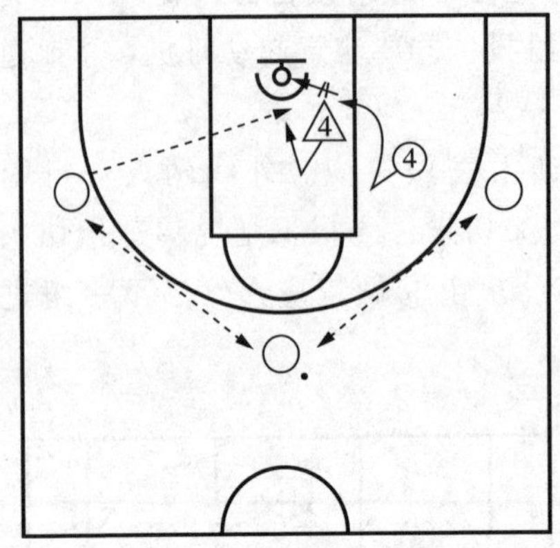

图 2-74 对抗中投篮练习（1）

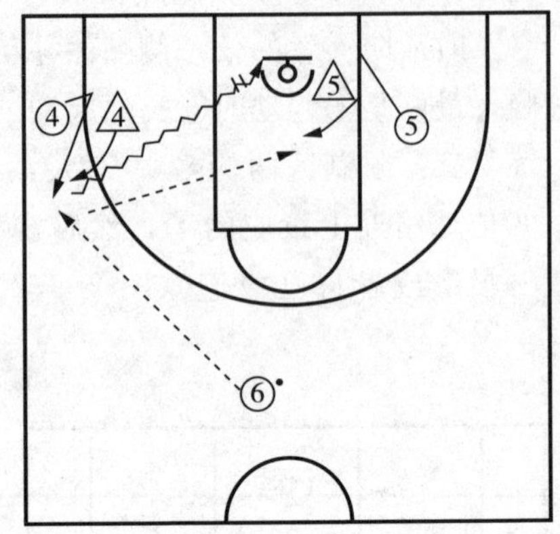

图 2-75 对抗中投篮练习（2）

（三）易犯错误与纠正方法

1. 易犯错误

（1）持球手法不正确，五指没有自然分开，用手心托球。

（2）肘关节外展，致使上肢各关节运动方向不一致。

（3）急停时身体重心不稳，造成投篮时上下肢配合不协调，导致动作衔接不连贯。

（4）投篮时，抬肘伸臂不够，导致手臂前推，形成抛物线偏低。

（5）双手投篮时，两手用力不均匀，伸臂不充分。

（6）行进间急停时，第一步幅度过小，第二步又未能缓冲，造成身体前冲，控制球能力差。

（7）跳起投篮时，身体前冲，投篮出手时间过早或过晚，上下肢配合不协调。

2. 纠正方法

（1）重复讲解和示范投篮的动作要点，使学生了解投篮动作的基本结构，建立明确概念。

（2）借助外部条件限制、信号刺激等手段，如让学生以投篮手臂靠近墙壁做徒手或持球的投篮模仿练习，纠正肘部外展。用信号刺激，如用“抬肘、伸臂、压腕”等口令纠正肘关节过早前伸、伸臂不充分以及屈腕、拨指不够或球不旋转等错误。用“跨步”“二步小”“提膝”“出手”等语言信号提示学生跨步接球、起跳、出手时机等。

（3）多做徒手练习，使学生体会协调用力和掌握动作节奏。

（四）投篮技术的教学与练习建议

(1) 首先要使学生了解正确的投篮技术方法要点，形成正确的动力定型。在初学阶段，重点掌握正确的投篮方法和全身协调用力。及时发现并纠正错误，使学生形成正确规范的投篮动作。

(2) 突出重点，合理安排，互相促进。教学中，应以原地单手肩上投篮和行进间单手投篮、跳起单手肩上投篮为基础，利用技能转移规律，带动其他投篮技术的学习。

(3) 根据各种投篮技术动作的内在联系，按照循序渐进的原则进行教学。投篮教学的一般顺序是：原地单手肩上投篮→行进间单手肩上低手、高手投篮→原地跳起单手肩上投篮和接球急停及运球急停跳投。

(4) 投篮技术的教学与训练应与脚步动作、传球、运球等其他技术结合练习，以提高学生的运用能力和应变能力。

(5) 在教学与训练中，要合理安排练习的密度和强度，加强对学生的心理训练，不断提高投篮命中率。

(6) 根据现代篮球运动的“对抗”特点，在学生掌握正确的投篮技术的同时，要安排对抗条件下的投篮练习，提高在有防守情况下运用技术的能力。还要进行配合投篮、投抢练习，培养学生的配合意识，对配合技术要提出明确的要求。

第五节　持球突破技术及训练方法

持球突破是持球队员运用脚步动作和运球技术等相结合，快速超越对手的一项攻击性很强的技术。持球突破技术若巧妙地与投篮、传球、假动作等技术动作有机结合起来，将使持球突破技术更加灵活多变，从而显示出持球突破技术的攻击性。

一、持球突破技术分类与分析

（一）持球突破技术分类

持球突破依据动作结构可分为交叉步持球突破和同侧步持球突破。

（二）持球突破技术分析

持球突破技术动作通常从接到球之后的“三威胁”动作开始，主要由持球动作、蹬跨脚步、转体探肩、推放球加速 4 个环节组成。“三威胁”指的是球员接球后作出的传球、投篮和运球突破的动作姿势。

1. 持球动作

持球队员从原地持球快速起动突破对手，主要是依靠两脚快速有力地蹬地和及时跨步抢位。因此，要求持球队员首先要保持屈膝降低重心，上体前倾，形成“三威胁”姿势。

2. 蹬跨脚步

突破时，中枢脚用力碾地发力，通过重心的快速前移和积极有力地蹬地，获得超越对手的加速度。突破时，跨出的第一步要稍大些，抢占有利的攻击位置，但身体要保持好平衡，以不失去重心为宜。跨出的脚要落在紧靠对手的侧面，脚尖指向突破方向，以便第二步蹬地加速，成功突破防守。

3. 转体探肩

随着脚的跨出，上体前移与转体探肩同时进行，重心向里靠，内侧手前摆，迅速占据空间有利位置，便于突破对手和保护球。

4. 推放球加速

在一脚突然蹬跨、转体探肩的同时，及时将球迅速向前下方推放。球的落点应在跨步脚外侧稍前方，并以身体和无球手保护球，球离手后，后脚（中枢脚）迅速蹬地发力加速超越对手。加速是突破技术的重要环节，对突破防守起着决定性作用。

二、持球突破技术动作方法

（一）交叉步持球突破

1. 动作方法

以右脚做中枢脚为例。突破时，左脚以刺探步的动作向前方跨出半步，做向左突破的假动作，当对手重心向右移动时，左脚前脚掌内侧迅速蹬地，随即向对手左侧跨出一大步，同时上体右转探肩，贴近对手；球移至右手，向左脚右斜前方推放球，右脚迅速蹬地跨步，加速超越对手（图 2-76）。

1

4

（2）每人一球，利用假动作做交叉步、顺步突破的脚步动作练习，主要体会持球动作、蹬跨脚步、转体探肩、推放球加速等技术环节的衔接和连贯动作。

2. 无防守情况下的突破练习

（1）行进间自抛自接，接球后做交叉步、同侧步突破练习（图 2－78）。

（2）原地持球突破练习：每人一球，位于 45°角处成一纵队。练习开始时，做原地持球交叉步和顺步突破后运球上篮。投篮后抢篮板球运球至队尾。依次练习（图 2－79）。

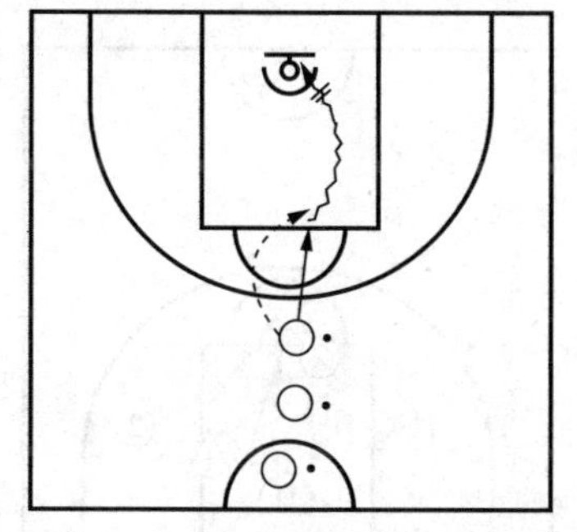

图 2－78　行进间自抛自接突破练习

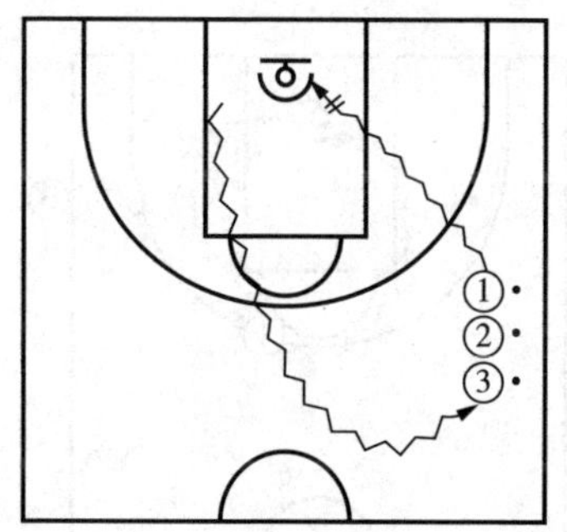

图 2－79　原地持球突破练习

3. 有防守情况下的突破练习

（1）在有防守情况下三人做连续突破练习：三人一组一球，①持球做投、突假动作吸引防守，然后做顺步或交叉步突破，向前运球传给③，并立即防守③，③接球后用同样的方法突破①，向前运球传给⚠并防守⚠（图 2－80）。三人轮换攻防，依次练习。

（2）接球急停突破上篮练习：Ⓐ为防守和传球队员。①传球给Ⓐ后，做跑上一步急停接球，根据的防守位置，用持球交叉步或顺步突破上篮，自抢篮板球后运球至队尾（图 2－81）。依次进行。

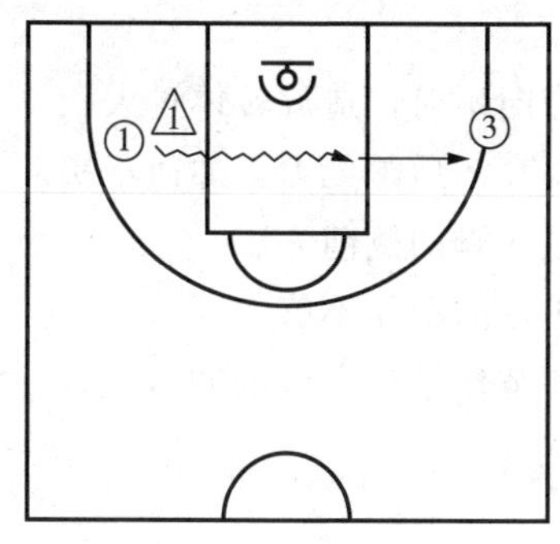

图 2－80　三人连续突破练习

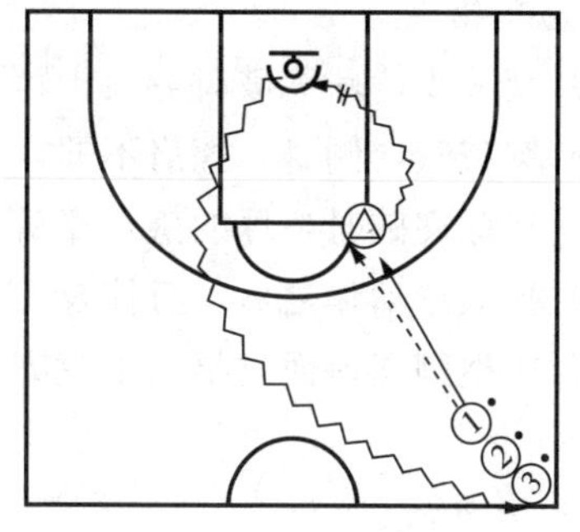

图 2－81　接球急停突破上篮练习

(3) 接侧向球急停突破上篮练习：②传球给①后上步接球急停，与△2错位或逼近，根据△2的防守情况，用交叉步或顺步迅速突破上篮。②投篮后至△2防守位置进行防守，抢篮板球后，运球至队尾（图 2 - 82）。依次练习。

(4) 插上接球后突破上篮练习：Ⓐ为传球者，△1为防守者，②摆脱△1背对球篮接球后，根据防守位置情况，可直接做前、后转身突破或转身做交叉步或顺步突破上篮。②投篮后至△1位置进行防守，△1抢篮板球后传给Ⓐ，至②队尾（图 2 - 83）。依次练习。

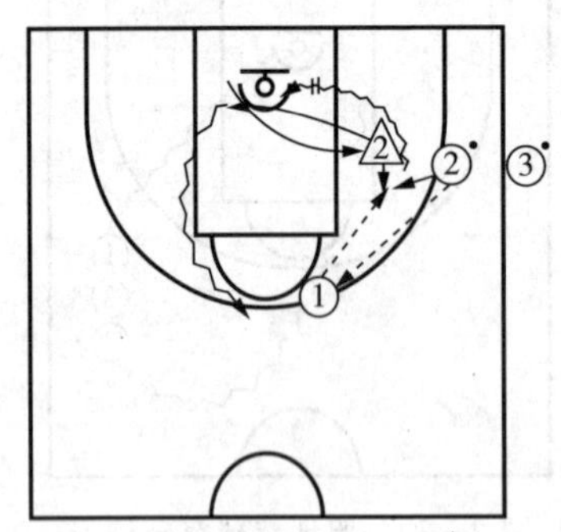

图 2 - 82　接侧向球急停突破上篮练习

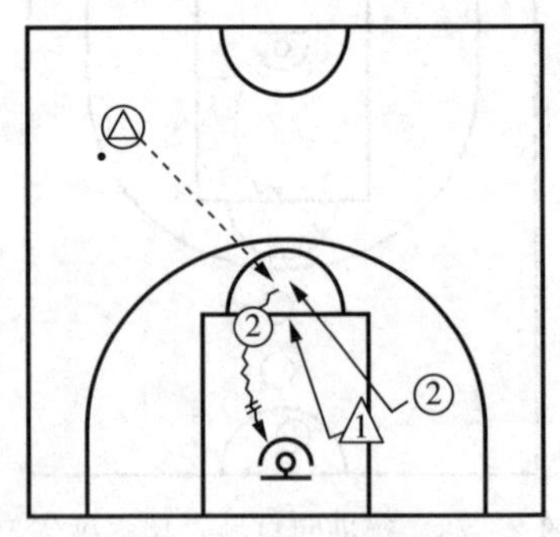

图 2 - 83　插上接球后突破上篮练习

4. 持球突破技术综合练习

(1) 一攻一守持球突破练习：两人一组一球，做半场的一对一“斗牛”练习。

(2) 半场三对三攻守练习：要求防守采用人盯人防守，不许换人。进攻队员不许掩护，主要利用投篮和突破结合技术来进攻。练习一定次数或成功一定次数后，攻守交换。

(三) 易犯错误与纠正方法

1. 易犯错误

(1) 交叉步持球突破时，由于跨步脚尖方向不对，造成转体过大。

(2) 突破时，侧身、探肩不够，身体重心高，后蹬无力，加速不快。

(3) 运球突破时，球的落点靠后，没有放在脚的侧前方。

(4) 推放球动作之后，身体及无球手保护球的动作不够。

(5) 中枢脚离地面过早或中枢脚不以前脚掌作轴，突破瞬间未提踵，造成走步违例。

2. 纠正方法

(1) 反复示范正确动作，讲清动作关键，明确中枢脚概念，剖析造成错误动作的原因，建立正确动作的表象。

（2）多做徒手模仿练习，体会动作要领，再在慢速中做持球突破练习，逐步提高突破速度。

（3）借助障碍架（或由他人用两手平举站立代替）进行练习，并提醒转体探肩和降低重心，强调加快速度和蹬地力量。

（四）持球突破技术的教学与练习建议

（1）持球突破教学，首先要讲清楚其动作结构特点与在竞赛中的作用，强调各技术环节间的相互联系及竞赛规则对持球移动的限制。

（2）通过教学使学生掌握两脚都能做中枢脚，并能及时合理地向不同方向突破。

（3）在掌握持球突破技术的基础上，要把突破技术与其他技术进行组合训练，提升突破与上篮、投篮、分球的结合运用能力。

（4）教学中要培养学生勇猛顽强、敢打敢拼的精神，加强突破意识和运用能力的培养。

第六节　防守技术及训练方法

防守技术是队员在防守时为了阻挠和破坏对手的进攻，达到夺球反攻目的所采取的各种专门动作方法的总称。重攻轻守曾经是篮球运动发展中的主要倾向，它影响了篮球的教学、训练、比赛和裁判工作，也阻碍了篮球运动向更高水平发展。以防为主和攻守平衡是对重攻轻守思想的反思和纠正，使人们对篮球运动攻守关系的认识逐步深化。当代篮球防守技术的发展，对每一个运动员的防守意识、身体和技术都提出了更高的要求。因此，提高防守技术和防守能力，成为当代篮球运动员亟待解决的问题。防守技术分类如图 2－84 所示。

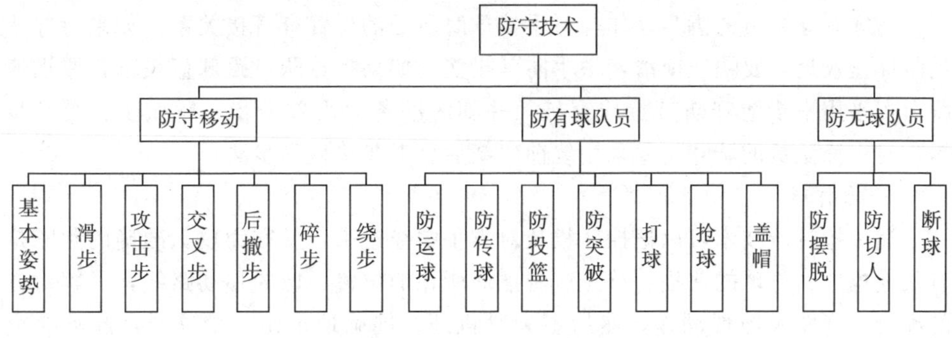

图 2－84　防守技术分类

一、防守有球队员

持球队员经常是最有威胁的队员。为了有效地抑制对方进攻，一旦对手接到球，防守者要及时调整与对手的位置和距离，干扰和破坏其投篮，堵截其运球突破，封锁其助攻传球，并积极地抢、打球以争取控球权。根据持球者所要进行的投篮、突破、运球、传球等不同的进攻动作，防守有球队员的技术可分为防投篮、防突破、防运球、防传球和抢打球（图 2-85）。

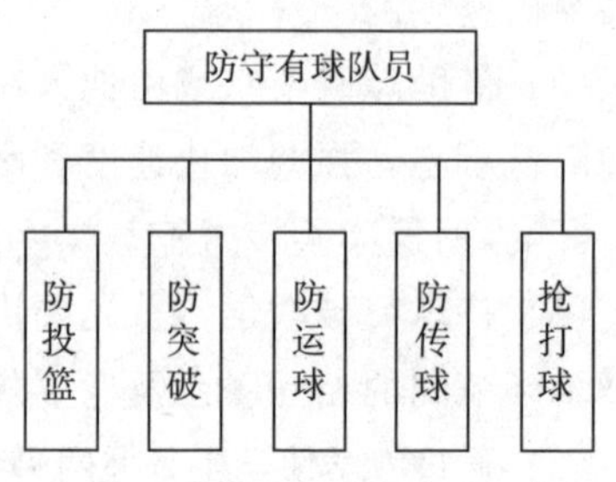

图 2-85　防守有球队员技术分类

（一）防守有球队员技术分析

防守有球队员由防守的位置与距离、防守姿势、移动步法和抢打球等环节组成（以人盯人防守为例）。

1. 防守的位置与距离

防守有球队员时，防守者应站在对手与球篮之间，使对方、自己和球篮保持在一条直线上。一般对手离篮近则防守者应离对手近些，离篮远则离对手远些。此外，还应根据对手的进攻技术特点（善投、善传或善突）以及防守战术的需要调整防守距离。

2. 防守姿势

防守姿势分为平步防守和斜步防守。平步防守时，两脚平行站立，两手臂侧伸不停挥摆。这种防守姿势占据面积大，攻击性强，便于向左右移动，适合于防守运球、突破。斜步防守时，两脚前后站立，前脚同侧手臂向前上方伸出，另一手臂侧伸。这种防守姿势便于前后移动，对防投篮比较有利。

3. 移动步法

防守有球队员的脚步动作与对手接球时所处的位置有直接关系。如果持球队员距球篮较近，要快速前滑，举手防其投篮；如果持球队员距球篮较远，要迅速跟上，采用平步防守防其持球突破，并随时准备运用攻击步、后撤步、交叉步等；对中锋队员的防守主要采用绕前、绕后、滑步堵截等步法。

4. 抢打球

运用抢打球技术可以把控球权从对方手中夺过来，反守为攻。准确的判断是有效地抢球、打球的前提。首先应看准球所在的位置、球的移动路线，了解对方的配合、意图及习惯动作，然后不失时机地、准确地出击。抢球时，起动要突然，移动的步频要快。不管抢球、打球或断球，突然性很重要，它是抢、打、断球成功与否的关键。突然跃出，才能使对方猝不及防。手部动作正确与否，是获得球的重要因素。手臂的伸展、拉拽、阻挡、截拦以及手腕和手指的拍击、点拨、扭转等动作要迅速果断。手臂动作幅度不要过大，身体不要过于用力，要控制身体平衡，以免犯规。

（二）防守有球队员的动作方法

1. 防运球

防运球时应遵循两条原则：一是堵中路迫使其向边、角运球；二是堵其强手迫使其用弱手运球。为了扩大防守面积，堵截对手向纵深方向运球时，应采取平步防守姿势。当对手开始运球时，防守者应将视线集中于对手运球的手和球上，并抢先快速向运球方向滑动，以身体的躯干对着球的着地点，阻止对手从中路运球突破。

2. 防传球

当对手善于传球助攻时，防守队员要积极阻挠其传球。防守时要根据其位置和视线，判断其传球意图。防守队员有时主动贴近对手，挥动手臂以封堵对方传球，力求将球打掉或干扰对方传球的路线、速度和落点，或迫使对方向攻击威胁弱的位置传球。

3. 防投篮

防投篮时，防守者要站在对手与球篮之间，采用斜步防守，同对手保持一臂的距离。防守者要全神贯注，注意对手眼神和重心位置的变换，判断对手的进攻意图，不要被其假动作迷惑。当对手举球准备投篮时，防守人应随之靠近并将前伸的手臂扬起，手掌对准球；当对手投篮刚出手，防守者要及时起跳，伸直手臂用手腕封球，干扰其投篮弧度，并争取“盖帽”。

4. 防突破

防对手持球突破，要根据对手习惯、技术特点（中枢脚、突破方向、假动作等）来采取相应对策。如对手以左脚为中枢脚，用交叉步从防守者的右侧突破时，防守者可稍偏于对手的左侧站立，以右脚在前的斜步（或平步）防守堵其左脚侧，与前脚同侧的手臂前伸指向球的部位，并伺机以小臂和手的短促动作挑打球，另一手侧伸防对手突破；当对手突破时，要及时用撤步、交叉步或滑步等动作继续防守。

5. 打球

打球是指击落对方手中球的方法，包括打原地持球队员的球、打运球队员手中的球和打行进间投篮队员手中的球三种情况。

（1）打原地持球队员手中的球。打原地持球队员手中的球有自上向下和自下向上两种打球方法。打球时，一般采用与球运动的逆向迎击，这样可借助反向合力增大击球力量，易将球击落。例如，当对手持球由胸以上部位向下移位时，宜采用自下向上的方法打球。打球时，多用手指、手掌击球，用手指、小臂与手腕的短促快速动作弹击，不可挥大臂上步抢打（图 2-86）。手臂出击动作要快，判断要准确。

图 2-86　打原地持球队员手中的球

（2）打运球队员手中的球。以右手运球为例，当运球队员向前推进时，防守者应在左脚向左滑步抢位堵截的同时，在球从地面弹起的瞬间，突然用左手，以短促有力的动作从侧面将球打出，并及时上前抢球。

（3）打行进间投篮队员手中的球。进攻队员运球上篮时，防守者侧身跟随运球队员，当对方起步上篮跨出第二步，把球由体侧移到腰腹部位的瞬间，防守者可用（右）左手自上向下的斜击方法将球打落。为了避免犯规，打球的手臂要迅速从对手身旁撤离，跟随移动快，找准时机，迅速出手，手臂撤离要快（图 2-87）。

6. 抢球

抢球是从进攻队员手中夺取球的方法，多在防守者离持球者近，而且持球者保护球不好时运用。当进攻队员停止运球、接球或抢到篮板球落地时，防守者趁其保护球不当出其不意地将球抢过来。抢球时动作要快而狠，果断有力，当手指接触球或控制住球的同时，利用拧、拉和身体扭转力量，同时手臂要迅速向腰腹回收，将球抢夺过来。抢球的手法一般是一手在上、一手在下直握。

图 2－87　打行进间投篮队员手中的球

7. 盖帽

进攻队员投篮或上篮时，当球刚离手的一刹那，防守队员跳起将球打落，称为“盖帽”。盖帽前，要根据进攻队员的投篮动作和身高、弹跳等特点，降低重心，迅速移动，选择有利位置，准确判断对手起跳及出球时机，当对手起跳投篮时，立即跟随起跳。此时，身体和手臂充分伸展，当对手举球到最高点或球刚出手的瞬间，迅速而果断地向侧或向前点拨球，将球打落。打球动作要小而突然，前臂不要下压，要尽量避免接触对手的身体，以免造成犯规（图 2－88）。判断要准确，起跳要及时，盖帽后要注意收腹以免犯规。

图 2-88　盖帽

（三）防守有球队员技术教学与练习

1. 防守有球队员练习方法

（1）一攻一守脚步移动练习：两人一组，一攻一守，相距 2～3m，进攻队员抛接球，防守队员迅速逼近对手，进攻者向左右运球突破，防守者做横滑步堵截；防守队员可以逐渐接近对手，进攻队员开始做投篮假动作，然后突然突破，防守者做撤步、滑步堵截。

要求：防守队员要做到判断准确、反应敏捷、移动快速。

（2）全场一攻一守练习：两人一组，一攻一守，进攻队员运球突破，防守队员运用各种防守步法积极移动，保持有利防守位置并伺机抢、打球。一旦防守者被进攻队员突破时，迅速运用撤步、交叉步追防，力争尽快重新占据合理防守位置。

要求：防守队员应始终与进攻队员保持一臂距离，遵循堵中路、防强侧手的原则。

（3）防中投练习：两人一组用一球。进攻者距篮 6m 站位，防守者将球传给进攻者后，立即进行防守，进攻者可做投突结合动作，或原地跳起投篮，或向左右拍一次球急停跳投。防守者练习防中投动作，练习一定次数后，攻守互换。

要求：防守者保持正确位置，判断对手起跳投篮出手的时机，迅速做出打盖反应行动。

（4）综合练习：学生成一路纵队站在罚球线延长线外，△持球用地滚球或反弹球给①后，立即迎前进行防守。①接球后做投、切假动作，然后根据情况从左、右突破投篮或突破急停跳投。防守者全力防突破防中投。①投篮后抢篮板球，将球传给下一个学生后立即防守。防守者至队尾，依次交换练习（图 2-89）。

要求：防守突破和投篮时，尽快摸清进攻者的习惯动作，制约对手特长的发挥。

（5）原地抢球、打球练习：两人一组，持球队员在原地做投突结合的脚步动作，防守者体会抢球、打球动作要领。练习数次后，互换攻守。

要求：进行抢、打球时，要保持正确的防守位置，控制身体平衡，抢、打球动作要果断，主要以小臂、手掌、手指短促动作突然抢、打球。

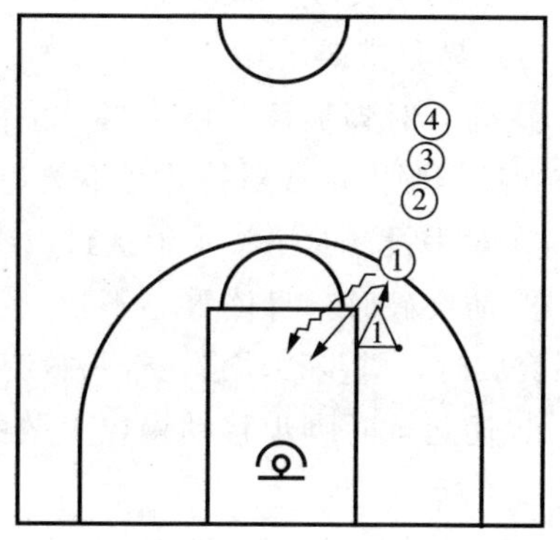

图 2-89　防守综合练习

（6）围抢、打中锋队员手中球的练习：三人一组，两组进行三攻三守练习。①与②相互传球，随时准备将球传给中锋③，③接球后做转身跨步动作；防守队员△1、△2、△3在③接球时，迅速夹击围守中锋，并伺机抢、打球。连续练习数次后，转换位置，互换攻守（图 2-90）。

要求：防守者要随球转移，及时调整防守位置，当中锋得球时，立即回缩夹击围守中锋，抢、打球动作要迅速、准确。

（7）打运球起步上篮的球：学生分为两排站在罚球线外，△1持球传给①后变为防守者，①接球后沿边线运球上篮△1迅速追防，当①起步刚要起跳上篮时，△1用右手将球打落。攻守交换位置，依次轮流练习（图 2-91）。

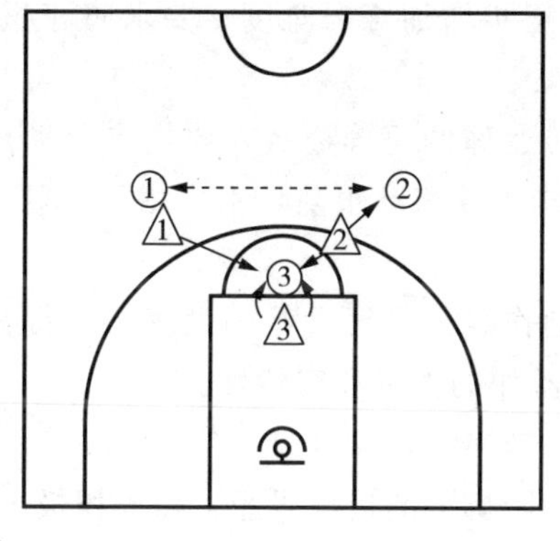

图 2-90　围抢、打中锋队员手中球

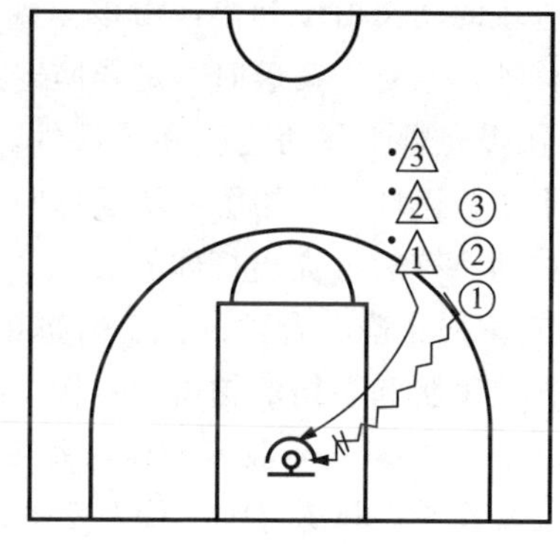

图 2-91　打运球起步上篮的球

要求：进攻队员只准沿边线运球上篮，防守者要看准时机当运球者跨出第二步，将球由体侧移到体前刚要向上举球时，防守者用右手斜击打球。

2. 易犯错误与纠正方法

（1）易犯错误

① 防守时脚步移动慢，当对手由无球到有球时，防守不能及时到位，或上步前冲过于用力，或对持球者不敢逼近。

② 对手投篮时不举手干扰封盖或封盖时挥臂幅度过大，造成犯规。

③ 防突破时，身体重心不稳，手脚配合不协调，易受对手假动作迷惑。当对手突破时，脚步移动慢，轻易放弃防守或造成犯规。

④ 防运球时脚步移动慢，不敢贴近对手，仅用手臂拦截而脚步不移动，盲目尝试抢断。

⑤ 抢、打球前，时机判断不好，或过早暴露行动意图，从而错失良机。

⑥ 抢、打球时，起动慢，移动的步频不快，整个动作缺乏突然性，以致抢、打球的实效性差。

⑦ 手臂动作幅度过大，身体过于用力，导致身体平衡控制不好，从而造成犯规。

（2）纠正方法

① 强调防守时注意力集中。可以采用二攻二守、三攻三守的练习，要求进攻者在固定位置传接球，强调防守者随球转移及时移位，做到球到手、人到位，球传出后立即后撤，人球兼顾，提高脚步移动速度和控制重心的能力，增强防守有球与无球的转换意识。

② 强调对方举球投篮时必须扬手干扰，不让对手轻松投篮出手。盖帽时要手臂伸展向上起跳封球，提高起跳、封盖的判断能力及保持身体平衡的能力。

③ 简化练习方法，要求进攻者协助防守者练习，并检验防守者的动作和反应。进攻的动作由慢到快，由单一到组合，逐步增加练习难度；要求防守积极，快速移动，当对手突破时一定要防守到底。

④ 提高脚步移动速度和灵活性。强调防运球的正确姿势，要抢先移动用身体躯干堵截运球。开始练习防运球时，只要求迅速移动跟防，不准用手打球，待脚步移动熟练后再提出打球的要求。

⑤ 掌握正确、合理的抢、打球的手部动作。可采用一些辅助练习，提高手臂伸、拉手腕和手指的拍击、点拨、扭转等动作的力量和突然性。

3. 防守有球队员技术教学与练习建议

（1）在教学与练习中，首先要树立“积极防御”的指导思想，培养积极主动、富有攻击性的防守意识和不怕苦、不怕累、勇猛顽强、勇于拼搏的防守作风。

（2）教学与练习顺序：防守选位原则→单个技术、组合技术→消极进攻的防守练习→积极对抗的防守练习。

（3）防守有球队员要与防守无球队员结合起来练习。

二、防守无球队员

无球队员的移动、摆脱和接球往往具有很大的进攻威胁。要提高防守的主动性和攻击性，有效地制止对手进攻，必须增强对防守无球队员重要性的认识，提高防守无球队员的技能。

根据无球队员移动切入的意图和路线，防守无球队员的技术可分为防摆脱、防切入、防接球和断球。

（一）防守无球队员技术分析

防守无球队员由防守的位置与距离、防守姿势、移动步法、断球等环节组成，以人盯人防守为例。

1. 防守的位置与距离

防守无球队员时，防守队员必须根据球和自己防守的对手所处的位置来确定和调整自己的防守位置。防守无球队员时，始终要坚持“球－我－他”的选位原则，即防守者的位置始终要位于对手与球篮之间，并偏向有球一侧，与球和所防对手三者要成钝角三角形，防守者始终位于钝角处，视野范围内一定要有自己所防队员和持球进攻队员。防守者与对手的距离须根据对手距球的远近来调整，即对手离球近进防守者也应靠近，对手离球远时则相应拉开距离，确保人、球、区三者兼顾，控制对手接球。根据球和对手所处的位置，防守无球队员可分为强侧（有球侧）防守和弱侧（无球侧）防守。

（1）强侧防守：当防守的对手处在强侧时，因其临近球，随时都有接到球的可能。为了全力封锁对手接球，同时又能控制对手向篮下切入，防守者应站在球与自己所防守对手的传球路线的内侧位置，逼近对手，采用面向对手侧向球的斜前站立姿势（图 2－92）。靠近球侧的脚在前，屈膝，重心在两脚之间；与前脚同侧的手前伸，拇指朝下，手掌处于球与对手的假想连结线上，切断对手的传接球路线；离球远的手臂弯曲，以便感觉对手的动向以防切入；眼睛要既看到人，又能兼顾球。

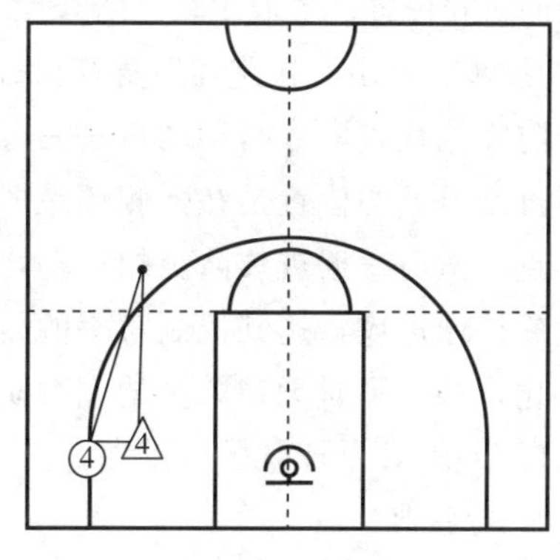

图 2－92　强侧防守图

（2）弱侧防守：当防守的对手处于弱侧时，因其距球较远威胁相对较小。为了协助同伴共同加强对有球侧的防守，并便于控制篮板球，应向球和球篮方向靠拢，采用松动防守。经常采用的是面向球，侧向对手的站立姿势，即两脚开立，两膝稍屈，两臂伸于体侧，密切观察球、人的动向。当球在罚球线的延长线以上时，防弱侧前锋⑦和后卫⑧的位置（图 2－93）。当球在罚球线以下时，防守⑦的位置应回缩到篮下，防守⑧的位置应回缩到罚球线附近（图 2－94）。

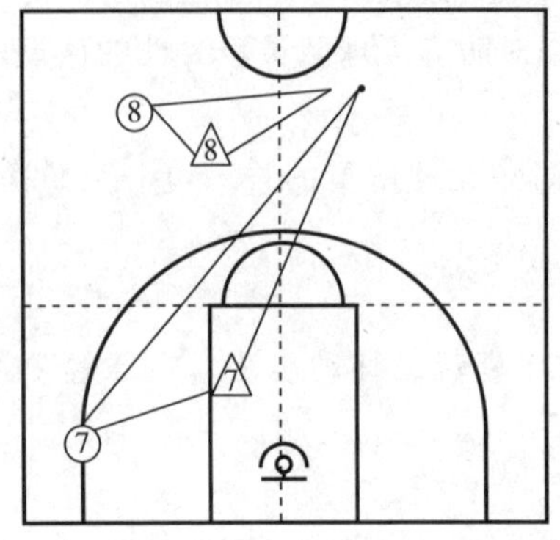

图 2－93　球在罚球线以上时弱侧防守

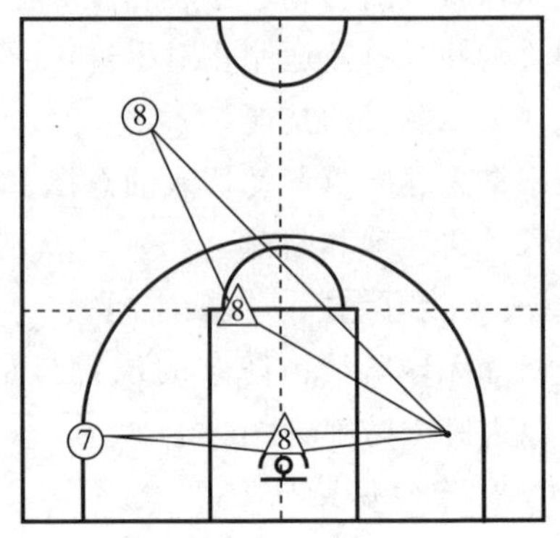

图 2－94　球在罚球线以下时弱侧防守

2. 防守姿势

正确的防守姿势能扩大控制范围，并及时向不同方向移动。采用何种防守姿势，应根据对手是处在强侧还是弱侧，以及防守者与对手和球的距离来选择。

3. 移动步法

防守时，防守队员要根据球和人的移动，合理地运用脚步动作来保证及时占据有利的防守位置，争取主动。防守无球队员常用的移动步法有滑步（前、后、侧滑步）、撤步、碎步、快跑和转身等。每种步法的运用都是针对一定的进攻行动的。

防守位置、姿势与移动步法三者有密切的内在联系。防无球队员时，一定要了解自己所处的位置是在强侧还是弱侧，再采用相应的防守姿势，确定自己的防守重点。然后根据进攻队员的移动，变化防守步法和动作，以限制无球进攻队员摆脱或接球进攻，达到控制对手的目的。不同位置、不同姿势、不同步法的运用与变化，构成了对无球队员的完整防守。

（二）防守无球队员的动作方法

1. 防摆脱

在人盯人防守情况下，防守队员要根据对手所处的位置不断调整自己的防守位置和距离，在自己的视野内时刻留意球的动向和对手的动向，防止对手摆脱防守，进入有威胁的区域或接球进攻。

2. 防纵切

如图 2－95 所示，④传球给⑧，△4及时偏向球侧错位防守。当④向篮下纵切要球时，△4应抢前移动，合理运用身体堵截纵切路线，坚决不让对手从自己身前切过，同时伸出左臂封锁接球，迫使对手向远离球方向移动。

再如图 2－96 所示，④持球，△8贴近错位防守，当⑧向上摆脱做要球假动作后反跑时，有两种防守方法：一是防守者以后脚为轴随之做前转身，面向对手，同时举手，转头看球，贴近对手，封堵接球；另一种是防守者以后脚为轴做后转身，面向球、背向人，用手触摸对手，跟随他移动。

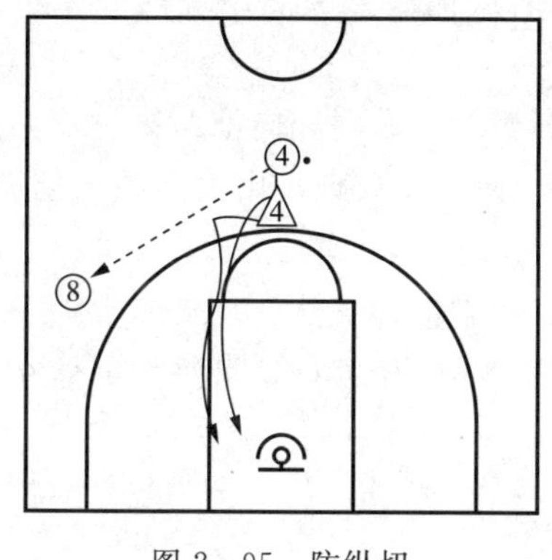

图 2－95　防纵切

图 2－96　防反跑

3. 防横切

如图 2－97 所示，④持球，⑥横切要球时，△6上左脚，合理运用身体堵截，同时伸左臂封锁接球，不让其从自己身前横切要球。当⑥直接从底线横切（即溜底线）时（图 2－98），△6开始面向球滑步移动卡堵对手，以身体某部位接触对手，跟随其移动，同时伸左臂封锁接球。待对手移过纵轴线进入强侧时，△6迅速向右前转身贴近对手，伸右臂封锁接球，将对手逼向场角。

图 2－97　防横切

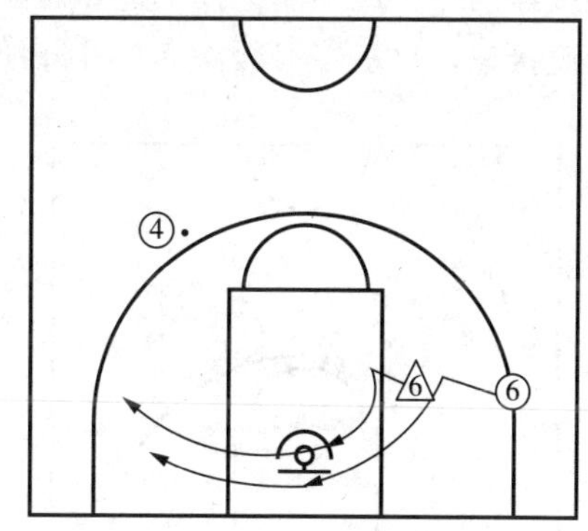

图 2－98　防溜底线

4. 断球

断球是截获对方传接球的方法。根据传球方向和防守队员断球前所处的位置，一般分为横断球、纵断球和封断球三种。

(1) 横断球。横断球是指从侧面跃出截获进攻队的传球。

动作方法：断球时，重心迅速向断球方向移动，以短而快的助跑，单脚或双脚用力蹬地跃出，身体伸展，两臂前伸，用双手或单手将球截获。

动作要点：蹬地有力，跃动迅猛，两臂伸出要快。

(2) 纵断球。纵断球是指从接球队员身后或侧后方突然用绕前防守步法跃出，截获进攻队的传球。

动作方法：当防守者要从对手右侧绕前断球时，右腿先向前跨第一步，然后侧身跨左脚绕到对手身前，同时重心前移，左脚（或双脚）用力蹬地向前跃出，身体伸展，两臂前伸，将球截获。

动作要点：侧身绕前，跨步要迅速有力，手部前伸突然。

(3) 封断球。进攻队员接球时，因防守位置不适于断球，可采用突然在进攻队员身前伸臂，封锁其接球路线，将球打掉。

(三) 防守无球队员技术教学与练习

1. 防守无球队员练习方法

(1) 移动选位练习：如图 2－99 所示，后卫队员①和②传球，接球后都要做瞄篮和持球跨步突破的假动作，而后将球传出。防守者要根据对手有球和无球情况，及时移动选位，做出相应的防守动作。连续数次后，互换攻守。

要求：练习时注意力要集中，当对手接到球后，防守者要及时到位，当球传出后应立即向球和球篮方向移动，做到人球兼顾。

(2) 强侧、弱侧防守练习：如图 2－100 所示，进攻队员在外围传球，可做摆脱接球动作，但不能穿插、掩护。防守队员根据球的位置做相应选位，积极防守摆脱接球，反复练习数次后攻守互换。

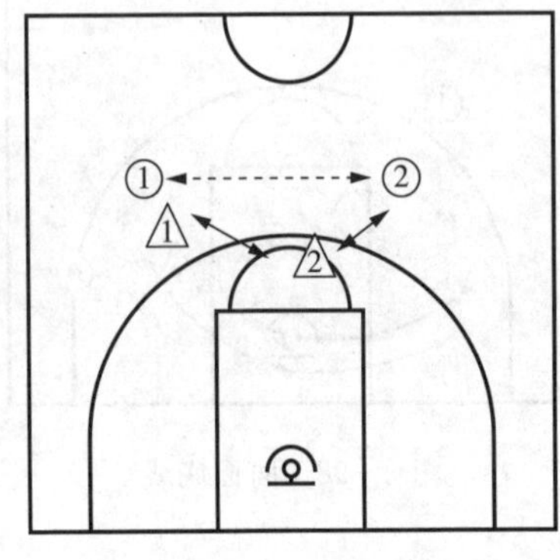

图 2－99　移动选位

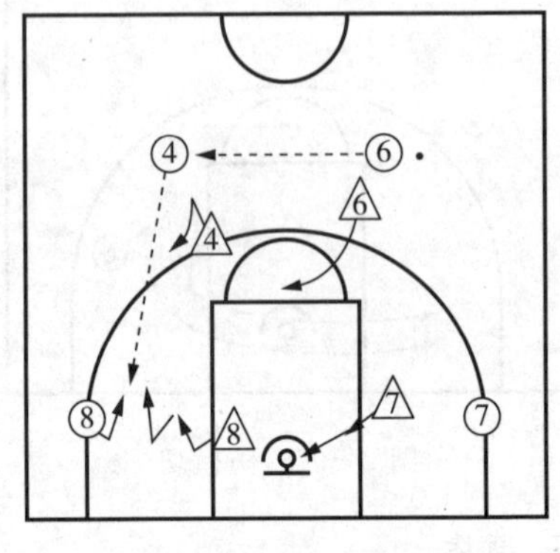

图 2－100　强、弱侧防守

要求：根据球的情况随时调整防守位置，始终做到人球兼顾，保持正确的防守姿势。

（3）防守纵切练习：如图 2－101 所示，教师持球，△1防守①；当①向球纵切时，△1抢先移动至对手与球之间，堵截①的接球路线，阻止对手接球。①进攻后变为防守，△1防守后到队尾。

要求：防守者站在对手与球之间，人球兼顾，对手向有球区切入时抢位在前，当对手背向球越过篮下时跟防在后，始终保持“球－我－他”的位置关系。

（4）防守横切练习：如图 2－102 所示，教师在圈顶外持球，⑤为传接球队员，△1防守①。当教师传球给⑤时，△1及时调整防守位置；当①下压横切要球时，△1抢先堵截其接球路线，阻止其接球；如①溜底线接球，△1撤左脚面向球，贴近对手防守⑤传球给①。①进攻之后去担任防守，防守者去替换⑤传球，⑤将球回传给教师后到右侧队尾。然后进行下一组练习。

要求：防守者随球转移及时到位，人球兼顾，防对手横切时抢先堵截其接球路线，对手溜底线时要撤步后转身面向球跟防。

（5）体会断球动作：两人传球，另两人在侧面或后面练习断球，体会横断球和纵断球的步法和手臂动作。攻守交换练习。

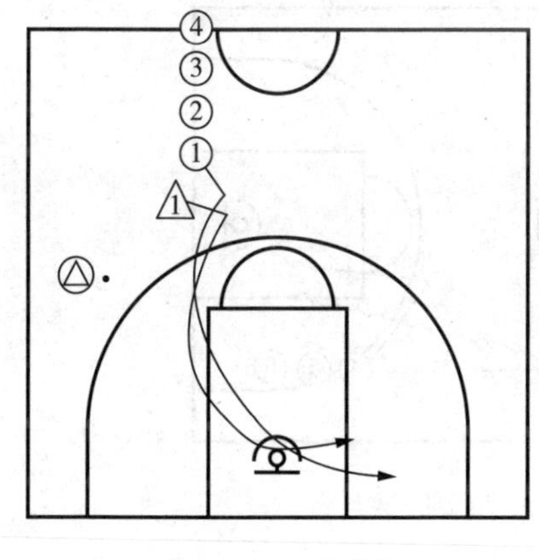

图 2－101　防纵切

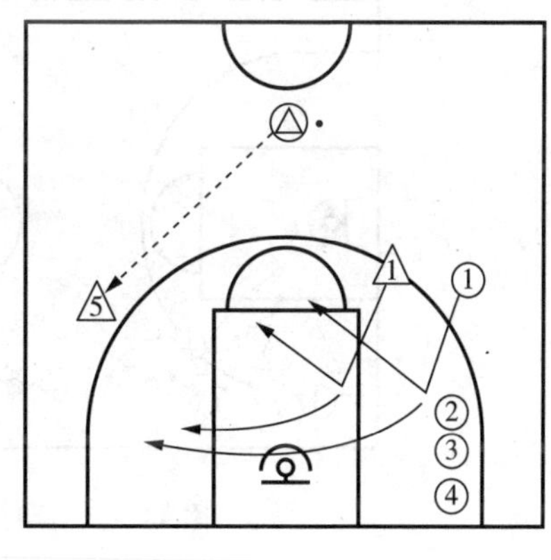

图 2－102　防横切

要求：开始练习时，传球距离远些，速度慢些，防守者距进攻队员近些，然后逐步加大难度。

（6）往返断球反击练习：如图 2－103 所示，①和②行进间传接球，△1和△2防守，△1断球后与△2快速传球推进，站在对面的△3与△4看准时机及时起动，断

△1与△2的传球后进行反击。如此反复进行。

要求：断球获球后，要求两人用双手胸前传球方法推进。

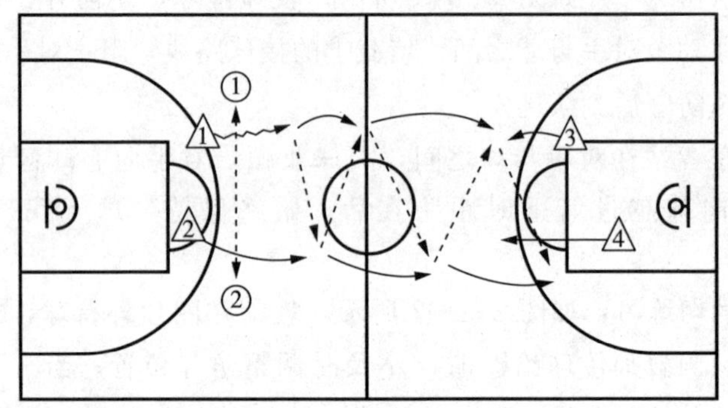

图 2－103　往返断球反击练习

(7) 断获球反击和回防练习：如图 2－104 所示，将学生分成三组，④和⑤手中每人一球，△1防①，④传球给①，△1判断时机起动断球，如获球则运球向前反击，此时④变防守，防△1运球突破和投篮，并伺机打球。如①接到④传球，则转身运球上篮，△1立即回防，并伺机打球。顺时针轮转换位，依次连续练习。

要求：断球要及时，传球要准确，失误后立即回防，并伺机打球。

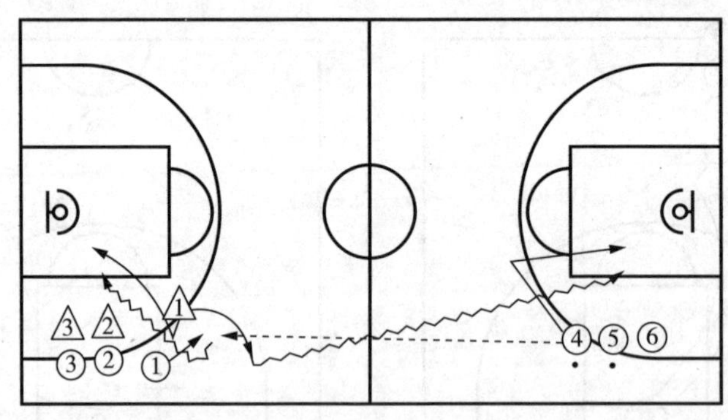

图 2－104　断获球反击和回防练习

2. 易犯错误与纠正方法

(1) 易犯错误

① 站位错误，视野范围小，不能人球兼顾。

② 防守的姿势高，重心不稳，移动慢且步法乱。

③ 手臂动作运用不当或手臂动作紧张僵硬，缺乏断球意识。

④ 断球时步法不灵活，贻误断球时机。

（2）纠正方法

① 检查、矫正防守姿势和选位角度，进行有助于扩大视野的基本功练习。练习防无球队员时，球与对手之间的距离和角度应逐步加大。

② 反复进行短距离防守移动，变换步法练习。降低重心，保持身体平衡。多做各种一攻一守的徒手追拍游戏，提高变速变向移动的灵活性，简化防守练习形式，限制进攻者的移动路线和范围。

③ 练习抢位堵截对手接球时，教师有意识地向防守人传球，诱导防守者随时注意断球。

④ 加强绕前步和侧跑起跳动作的练习。

3. 防守无球队员技术教学与练习建议

（1）防守技术是全队防守的基础，防无球队员是防守的重要方面，与防有球队员一样重要。进行防守无球队员教学训练时，首先要让学生明确防无球队员在整个篮球竞赛中的重要地位，向学生灌输积极防守的指导思想，克服重攻轻守的倾向，强调在防守时始终要集中注意力。

（2）在教学与训练时，教师先要讲解、示范防守的位置、距离、姿势和步法，使学生建立明确的概念，然后按照由简到繁、由易到难的原则，增加防守内容，设定不同区域，限定相关条件，逐步增加练习难度。

（3）在教学训练中，不断扩大队员的视野范围，提高防守的预见性。

（4）要特别重视加强从防无球到防有球，从防有球到防无球，从防强侧到防弱侧，从防弱侧到防强侧的转化练习，增强应变意识和反应能力。

第七节　抢篮板球技术及训练方法

篮球比赛中，双方队员在空中争抢投篮未中的球称为抢篮板球。当进攻队投篮未中，自己或本方队员争抢在空中的球，称为抢进攻篮板球或前场篮板球；对方投篮未中，防守队员争抢在空中的球，称为抢防守篮板球或后场篮板球。

进攻方如能抢到进攻篮板球，不仅能在对方篮下展开连续的攻击，增加进攻次数和得分机会，而且还可以增强己方队员投篮的信心，提高球队的士气和命中率。防守方抢到防守篮板球，可以避免让进攻方在篮下连续获得球权并进攻的威胁，迅速由守转攻，组织反击。同时还能增加外线进攻队员投篮的顾虑，降低对方投篮命中率。

一、抢篮板球技术分类与分析

(一) 抢篮板球技术分类

抢篮板球技术分类如图 2－105 所示。

(二) 抢篮板球技术分析

抢篮板球技术由抢占位置、起跳动作、空中抢球动作、获球后动作等 4 个环节组成，但完成以上 4 个动作的前提是建立在正确判断和积极快速起动基础上的。

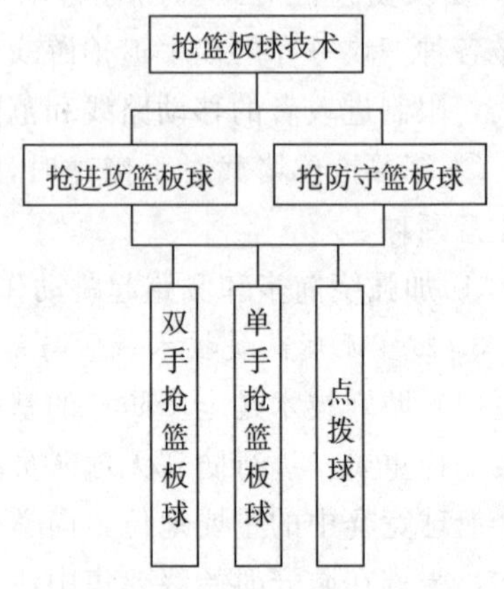

图 2－105　抢篮板球技术分类

1. 抢占位置

正确判断，快速起动抢占有利位置是抢篮板球技术的关键。无论抢进攻篮板球还是抢防守篮板球，都应抢占对手与球篮之间的有利位置，力争把对手挡在身后。抢占位置时，应根据对手和投篮队员所处的位置，正确判断篮板球的反弹方向、距离，运用快速的脚步动作，抢占有利位置。

抢占有利位置时，一定要考虑球的反弹规律。投篮不中时，球反弹落点的一般规律是：中远距离投篮时，球弹出的距离较远；篮下投篮时，球弹出的距离较近；在球篮一侧 45°角进行投篮时，一般球弹出的方向是另一侧 45°角区或是反弹回同侧区（图 2－106）；如在正对球篮区投篮时，反弹出的方向是在罚球线附近区域（图 2－107）；在底线 0°角投篮时，一般球弹出的方向是在球篮的另一侧或同侧区（图 2－108）。

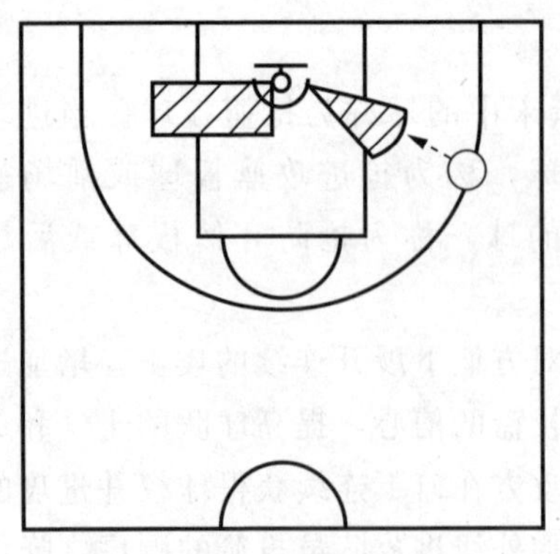

图 2－106　45°角投篮反弹区域

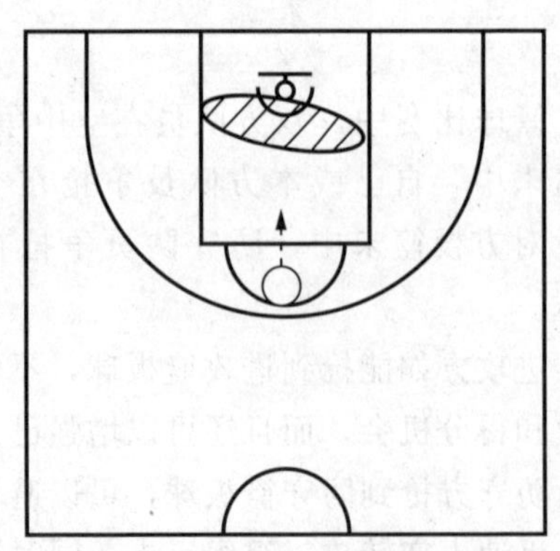

图 2－107　正面投篮反弹区域

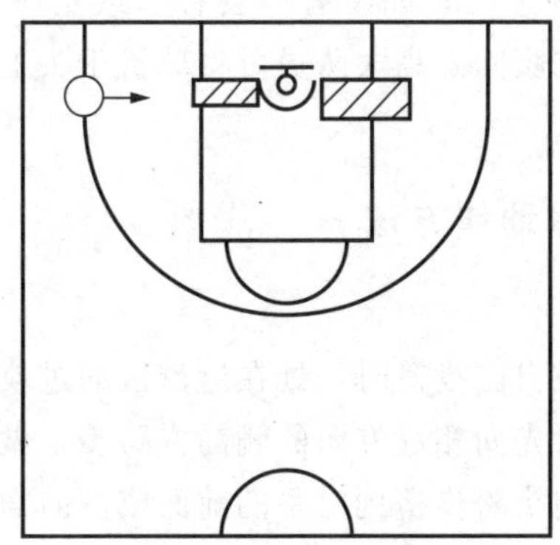

图 2-108　0°角投篮反弹区域

2. 起跳动作

起跳动作是抢位后紧随进行的一个连续动作。起跳不仅要求在起跳腾空后，身体能够达到一定的高度，而且要根据球的反弹高度、方向和落点，采取不同的起跳蹬地用力的方向，从而使起跳后抢球手有利于在空中接近球反弹的方向和落点。

防守队员抢篮板球时，一般多采用原地上步、撤步或跨步的双脚起跳方法；进攻队员则多采用助跑单脚起跳或跨一两步双脚起跳的方法。

3. 空中抢球动作

根据比赛时场上队员所处的位置、球反弹的方向、高度以及个人的特点，空中抢球动作可分为双手抢球、单手抢球和点拨球三种。

(1) 双手抢篮板球起跳后，身体在空中充分伸展，尽量扩大制空范围，两臂同时伸向球的飞行方向，当手指触到球时，立即用双手将球握住，腰腹用力，迅速屈臂将球持于胸前，双肘外展，保护好球。双手抢篮板球的优点是空间占据面积较大，缺点是抢球的制高点和抢球的范围不及单手抢篮板球。

(2) 单手抢篮板球起跳后，身体靠近球方向的一侧手臂充分向球的飞行方向伸展。当最高点指端触及球时，用力屈腕、指迅速抓握球，随之屈臂抢球于胸前，另一手迅速扶球，将球握住。单手抢球的优点是触球点高，在空中抢球的范围较大，缺点是不如双手抢球稳定性高。

(3) 点拨球技术与单手抢篮板球技术相似，只是运用手指将球点拨给同伴，而不是由自己来控制住球。当遇到对方队员身材比较高大或自己处于不利位置时，采用这种方法较为有效。有时为了加快反击速度，也可有意识地利用点拨球发动快攻第一传。这种方法的优点是可缩短传球时间，缺点是较难掌握与同伴的协同配合。

4. 获球后动作

抢前场篮板球的队员获球后，可在空中直接补篮或空中传球给有利位置上的同伴继续攻击，提高进攻速度；如没有机会补篮或空中传球，落地时应两膝弯曲，两肘外展，护球于胸腹间。高大队员可将球置于头上方，以便于保护球和迅速与其他进攻动作衔接。

二、抢篮板球技术动作方法

（一）抢进攻篮板球

动作方法：当同伴或自己投篮时，处在近篮区的进攻队员首先应预判球的反弹方向和飞行路线，然后先向相反方向的侧前方跨步，做身体虚晃的假动作，诱开身前的防守队员，利用绕跨步挤到对手的前面或侧前面，抢占有利位置，借助跨步或助跑起跳，至最高点补篮或抢篮板球。落地时，两臂弯曲，重心放在两脚之间，两肘外展将球持于胸腹之间。高大队员可将球置于头上，以便衔接其他进攻技术动作。如果外线进攻队员冲抢而被防守队员阻截，可运用虚晃假动作或快速变向跑摆脱防守队员的阻截，冲向球的落点进行补篮或抢球。抢获球后，可根据防守情况再进行投篮、传球或运球的选择。总之，进攻队员抢篮板球要准确判断时间，绕步卡位，及时起跳，补篮或组织第二次进攻。

动作要点：进攻队员首先要准确判断，然后向相反方向侧跨步，抢占有利位置，及时起跳，跳至最高点补篮或抢篮板球。

（二）抢防守篮板球

动作方法：保持正确的站位姿势，即两膝弯曲，上体稍前倾，重心放在两脚之间，两臂屈肘侧张占据较大面积。当对方投篮出手后，应注意对手的动向，并根据当时与进攻队员所处的位置和距离的远近，运用上步、撤步和转身抢占有利位置，把进攻队员挡在身后，同时还要判断球的落点准备起跳。起跳时，前脚掌用力蹬地，向上摆臂，同时手向球的方向伸展。如果在空中没有传球，落地时应保持身体平衡，侧对前场，将球置于胸腹之间或头上，以便运用传球、运球、突破等技术。总之，抢防守篮板球要准确判断球的反弹方向和落点，及时起跳，抢得球后迅速完成第一传。

动作要点：防守队员首先应准确预判球的飞行方向和落点，抢占有利位置，运用脚步移动和转身等动作，合理地挡住对手向篮下冲跑的路线。

三、抢篮板球技术教学与练习

（一）抢篮板球技术教学步骤

（1）抢篮板球技术的教学顺序是：移动→抢占位置→判断起跳→抢球。

（2）在教学与训练中，可采用分解教学的方法，先练习原地起跳、抢球，再练习移动抢位、挡人、起跳抢篮板球的完整技术，并逐渐加大难度，最后在对抗的条件下或在比赛中进行抢篮板球练习。

（二）抢篮板球技术的练习方法

（1）学生二列横队站立，根据教师口令做徒手原地双脚起跳，做模仿单、双手抢篮板球动作练习。

（2）学生相隔一步距离，成二列横队，面对面站立，两人一组练习。根据教师信号，前排学生做前转身后转身挡住后排学生。连续数次后交换练习。

（3）学生二列横队站立，每人一球，向上抛球后起跳，用双手或单手做空中抢球练习。

（4）每人一球，自抛自抢。向篮板或墙上抛球后，上步起跳，用双手或单手在空中抢反弹回来的球。

（5）如图 2－109 所示，学生在球篮两侧 45°角成纵队站立，排头学生背对球篮。练习时，教师向篮板掷球，排头学生迅速转身挡人起跳抢篮板球，抢到球后将球回传给教师，站到各自队尾，各队排头再背对球篮做此练习。

（6）如图 2－110 所示，学生在球篮一侧 45°角距球篮约 5m 处成一路纵队站立，教师在篮筐另一侧向篮板掷球，排头学生冲到篮下单脚起跳空中抢球，落地后再投一次篮，投篮后原地起跳抢篮板球，回传给教师，站到队尾，依次练习。

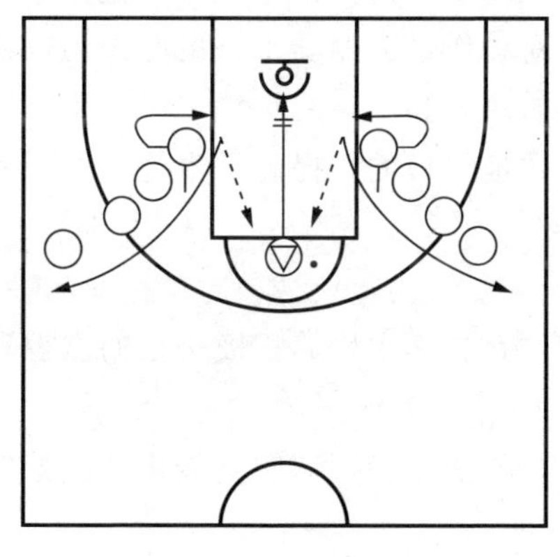

图 2－109　挡抢篮板球

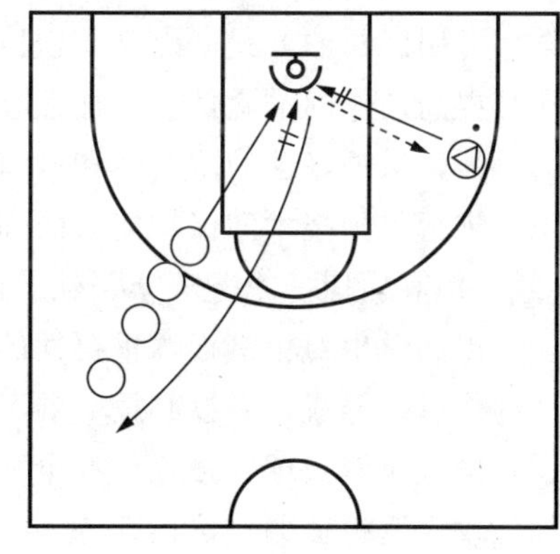

图 2－110　冲抢篮板球

（7）三人一组在篮下分散，背对球篮站立，当教师向篮板掷球后，三人同时转身拼抢篮板球，抢到者立即投篮，其余两人进行防守。若投篮不中，三人继续拼抢，直到投中。

（8）一对一抢篮板球：教师在篮圈一侧投，进攻队员摆脱防守冲抢篮板球，防守队员转身堵挡，双方争抢攻守篮板球。进攻队员抢到篮板球则继续投篮，防守队员抢到篮板球迅速一传给教师。攻守交换练习。

(9) 半场二对二、三对三、四对四对抗练习抢篮板球。

(三) 易犯错误与纠正方法

1. 易犯错误

(1) 对球反弹方向与落点判断不准，不会抢占有利位置。

(2) 起跳时机掌握不好。

(3) 抢篮板球时只顾球不挡人或只顾抢位挡人而不顾球。

(4) 空中抢球不伸展，动作迟钝不果断或动作过于用力造成犯规。

(5) 抢到球后，保护意识差，易被人打掉或抢走。

2. 纠正方法

(1) 多做投篮后向球的方向快速移动到位接球的练习，提高学生的预判能力和快速移动的能力。还可以改变形式采用二人练习一攻一守，做抢位和选位练习。

(2) 多做自抛自抢的空中练习，体会起跳时机，提升判断的准确性。练习时，教师可用语言提示来帮助学生体会和强化动作要领。

(3) 向学生讲明挡人抢位与抢球是相辅相成的，缺一不可。在练习时，教师可用语言提醒学生注意挡人或抬头看球。

(4) 强调正面技术的重要性。在训练中鼓励学生抢位抢球，对抢篮板球不积极的学生可用惩罚的方式来提高其积极性。对动作过大的学生，也可采用这种方法促使其提高动作的准确性，并加强心理素质培养。

(5) 强调保护好球的重要性和抢篮板球的最终目的，提高学生抢球的积极性和意识。进行保护技术和保护能力的训练。

(四) 抢篮板球技术的教学与练习建议

(1) 提高学生对抢篮板球重要性的认识，在教学中培养积极拼抢的意识和勇猛顽强的作风及养成“有投必抢”的习惯。

(2) 抢进攻篮板球要强化“冲抢”意识，抢防守篮板球侧重强化“挡抢”意识。加强攻守篮板球的对抗性训练。

(3) 把抢篮板球技术同补篮、投篮、快攻、突破和二次进攻技术结合起来进行训练。

(4) 加强抢篮板球技术与攻守战术的结合训练。

(5) 加强身体素质和控球能力的训练，为在激烈的实战对抗中争抢篮板球打好基础。

第三章　篮球基本战术教学与训练

第一节　场上队员的位置与分工

篮球比赛中有队员的位置分工，可分为中锋、前锋、后卫。随着现代篮球运动的发展，在篮球战术中、正确分配队员的位置，明确其职责尤其重要。队员位置职责就是充分利用队员的身体条件、技术特长，充分发挥队员的智慧与能力，有效地组合集体的力量去更好地完成各种攻守战术的任务。

一、中锋队员

中锋队员是由其在比赛中所处的位置和活动区域而得名。可分为第一中锋（主要中锋），第二中锋（活动中锋）。中锋队员应是身材高大、沉着冷静、灵活，具有很好的耐力和弹跳力，技术全面、善于居央策应，篮下能准确地投篮、抢篮板球并有较强的防守能力的运动员。中锋常在身体接触的情况下完成攻、防动作，因此，在做动作时，要善于主动用力，进行合理对抗。中锋队员应积极参加组织和快攻，在抢获篮板球后，能迅速把球传给摆脱防守的同伴，及时发动快攻和自己投入快攻。

中锋队员在阵地进攻中，要落位于对方篮下，一般活动在离篮下 5m 左右的范围。要求其攻击得分的手段要多，并能进行策应、掩护。中锋要掌握多种传球方式及投篮技术，积极拼抢篮板球，组织本方进攻或牵制住对方防守。

中锋队员在防守时，要及时退防，抢占有利位置。不仅要防住对方中锋，还要随时协助同伴进行补防，保证后场篮板球的控制。

二、前锋队员

前锋队员应具备身材高、速度快、弹跳好等素质；技术上既要全面，又要有特长，是球队的主要得分手。

前锋队员在比赛中应及时地投入快攻，迅速快下完成攻击任务。在阵地进攻中，经常在罚球圈两侧、底线两角及底线一带区域内活动。前锋队员在任何距离上投篮都要有自信心，能运球突破和空切到篮下接球投篮；既会运用掩护进攻，又会助攻传球为同伴创造进攻机会，敢于在对手阻挠下完成进攻动作。高大的前锋队员应加强篮下进攻。

前锋队员防守时，在由攻转守时处于第一线进行阻截，退入后场主要防守对手的摆脱传接球、投篮和运球突破。技术运用上观察、判断对方的进攻意图，抢占有利位置，合理运用手臂和身体干扰对方的传接球、投篮和突破，同时要配合全队协防。

三、后卫队员

后卫队员应沉着冷静、机智果断；有良好的观察判断力，很强的篮球意识和组织指挥才能；须拥有快速灵活的身体素质，同时应技术全面，控制支配球的能力强，善于掌握比赛节奏。根据后卫队员在比赛中的作用和风格，可分为组织型、攻击型、全面型三种类型。

后卫队员进攻的主要活动范围是罚球弧顶及附近两侧一带。承担着组织全队进攻的任务，既要善于传球给同伴创造投篮机会，又要善于中远距离投篮和持球突破篮下得分，充分发挥核心队员的组织作用。

后卫队员在由攻转守时，处于防守第一线，要善于堵截对方传球延误对方推进速度。后场防守时，在紧盯对手或积极阻挠外围进攻队员的中远距离投篮或传球外，还要能准确配合同伴进行夹击、围守，并伺机抢断球。当本队获球后应积极加入快攻，及时接应和快速推进，使全队快攻奏效。

第二节　攻守战术基本配合

攻守战术基础配合是指两三人之间有目的、有组织的攻守合作行动的配合方法，它是组成全队攻守战术的基础。在教学和训练中，只有熟练掌握和灵活运用攻守战术基础配合，才能更好地发挥个人技术特长，使全队的整体战术内容更加丰富，提高整体战术运用的质量与水平，最大限度地制约对方。

一、进攻战术基础配合

进攻战术基础配合是指进攻队员两三人之间为了创造攻击机会，合理运用技术而组成的合作方法。它是组成全队整体进攻战术配合的基础。

进攻战术基础配合有传切（空切）、突分、掩护、策应等配合（图 3 - 1）。

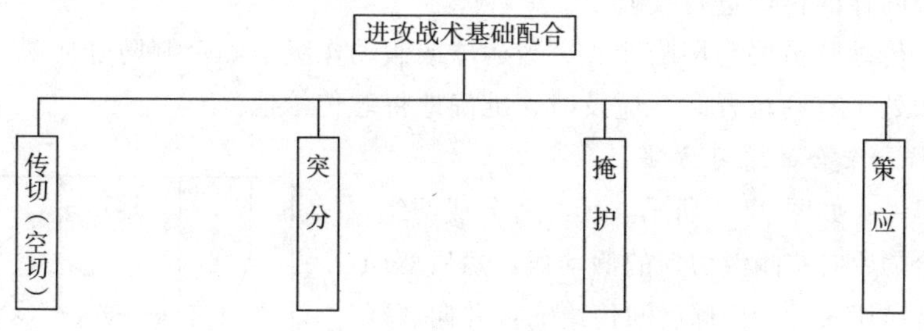

图 3 - 1　进攻战术基础配合

（一）传切配合

传切配合是指队员之间利用传球和切入技术所组成的简单配合，包括一传一切和空切两种配合方法。传切配合是一种最基本的简单易行的进攻方法，一般在对方采用扩大盯人防守战术或区域联防时运用。

1. 传切配合方法

（1）一传一切配合：指持球队员传球后，利用起动速度或假动作摆脱防守，向篮下切入接回传球投篮的配合。

如图 3 - 2 所示，⑤传球给⑥，⑤向左侧做切入假动作，同时观察△5的移动情况，然后突然从右侧切入，侧身面向球接⑥的传球投篮。

（2）空切配合：指无球队员掌握时机摆脱对手，切向防守空隙区域接球投篮或做其他进攻配合。

如图 3 - 3 所示，④传球给⑤时，⑥利用△6未及时调整位置的机会，突然横切或沿底线切向篮下接⑤的传球投篮。

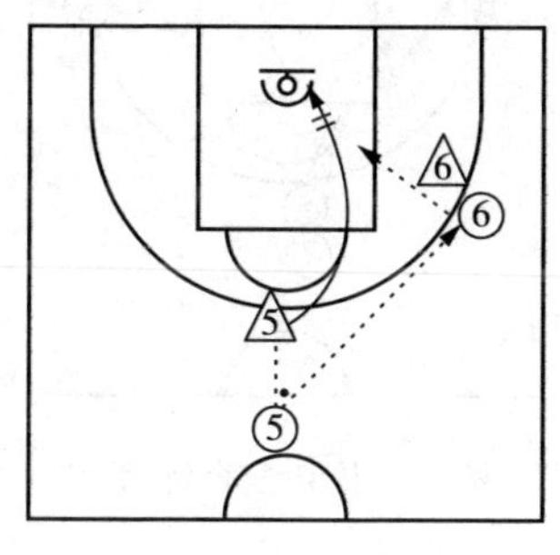

图 3 - 2　一传一切配合

图 3 - 3　空切配合

2. 传切配合的基本要求

(1) 切入队员要根据情况掌握切入时机，果断、快速摆脱防守队员切入篮下，并接同伴的传球进行投篮。

(2) 传球队员要利用瞄篮、突破运球或假动作吸引和牵制防守队员，当本队队员切入处于有利位置时，应及时、准确地将球传给他。

3. 传切配合的练习方法

练习一：如图 3-4 所示，练习者分成两组，④传球给⑦后向左侧做切入的假动作，然后变向从右侧纵向切入，⑦接球后回传给⑤，并向底线做切入假动作，然后变向从左侧横切。⑦切入后到④排尾，④切入后到⑦排尾，依次进行练习。

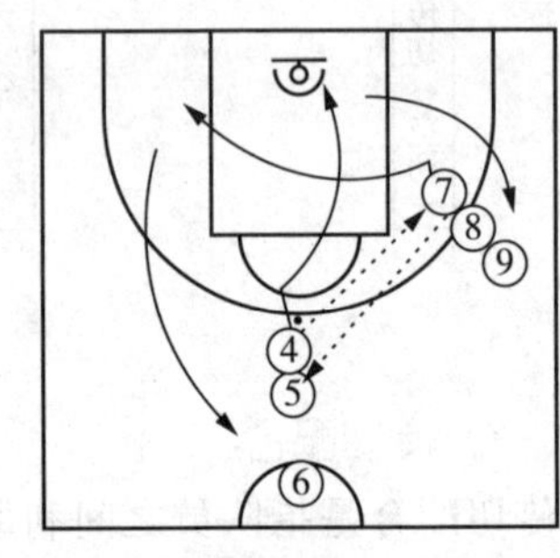

图 3-4　传切配合练习（1）

要求：假动作要逼真，变向切入动作迅速，侧身看球。

练习二：如图 3-5 所示，④传球给⑦后向左侧做切入假动作，然后变向从右侧纵向切入接⑦的回传球投篮。⑦传球后跟进抢篮板球，④与⑦交换位置，依次进行练习。在此基础上，可做横切、斜切或对切入队员增设消极防守，最后增设积极防守进行二对二的对抗练习。

要求：切入动作快，传球及时到位，投篮准确。

练习三：如图 3-6 所示，⑤、⑥两组每人一球，⑤传球给④后反方向切入接⑥的球投篮，⑥传球后快速横切接④的传球投篮。⑤、⑥抢篮板球后按顺时针方向换位，依次进行练习。

要求：切入动作规范，速度快，传球、投篮准确，换位及时。

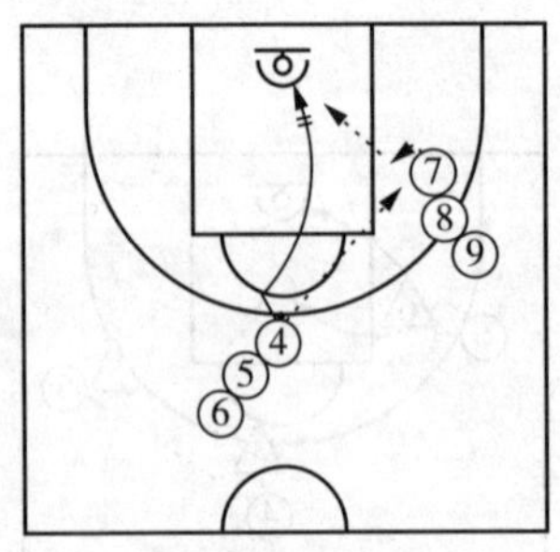

图 3-5　传切配合练习（2）

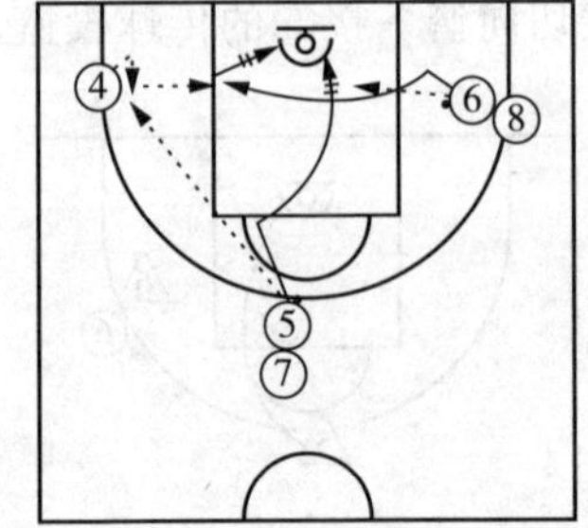

图 3-6　传切配合练习（3）

（二）突分配合

突分配合是一种篮球战术策略，指的是持球队员在突破对手后，遇到防守队员补防或协防时，及时将球传给进攻时机最佳的同伴进行攻击的方法。其主要目的是通过打乱对方的防守部署，压缩防区，从而为同伴创造最佳的外围投篮或篮下进攻机会。

1. 突分配合的方法

练习一：如图 3－7 所示，④接球从左侧底线突破△4后，遇到△5补防时，及时传球给横切的⑤投篮。

练习二：如图 3－8 所示，④持球纵向突破△4，当△5补防时，④及时传球给⑤投篮。

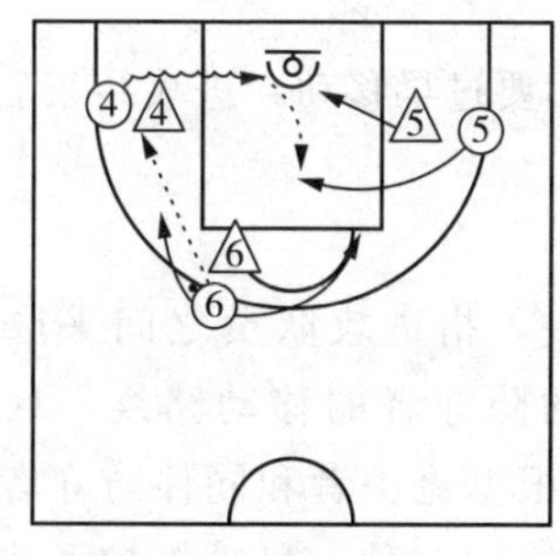

图 3－7　突分配合（1）

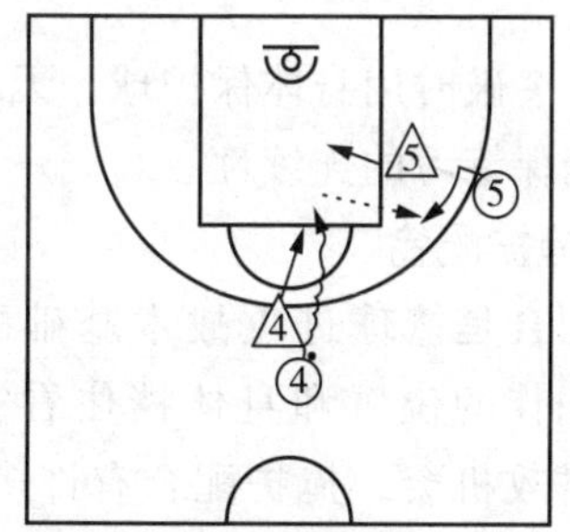

图 3－8　突分配合（2）

2. 突分配合的基本要求

（1）突破动作要突然、快速。持球队员在突破过程中需要做好投篮的准备，同时随时观察场上攻守队员的位置和行动，以便及时、准确地传球。

（2）其他进攻队员要掌握时机。无球队员需要主动观察持球队员的位置，及时跑到有利的进攻位置上接球。

（3）突破动作要具有威胁性。突破队员的突破动作必须具有一定的威胁性，迫使对手收缩或协助防守，从而为同伴创造投篮机会。

3. 突分配合的练习方法

练习一：如图 3－9 所示，⑦接④的传球后，沿底线突破。当遇到固定防守队员△4的阻截时，及时分球给④投篮，⑦抢篮板球并与④交换位置，依次进行练习。

要求：无球队员可向不同方向移动，持球队员传球动作要隐蔽、及时、准确。

练习二：如图 3－10 所示，④接⑥的传球后，中路突破。当△6补防时将球传给⑥投篮，防守队员抢篮板球，④和⑥回原位防守⑤和⑦，依次进行练习。

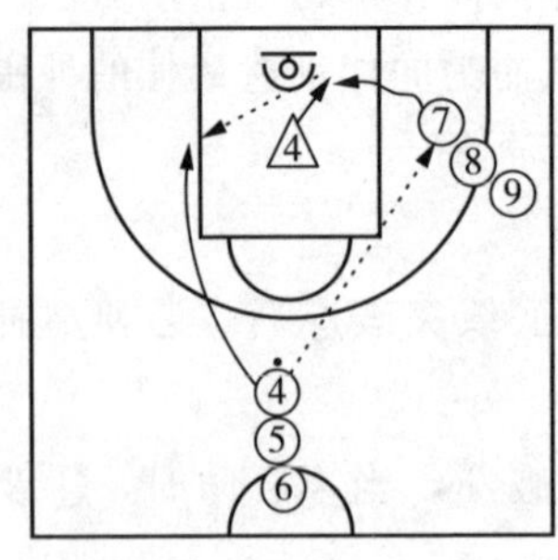

图 3-9 突分配合（3）

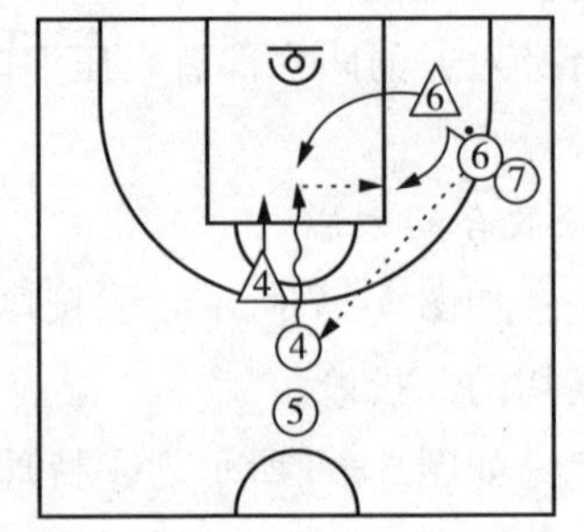

图 3-10 突分配合（4）

要求：突破时用身体保护球，无球队员不要过早移动，进攻结束后快速回原位防守，确保练习的连续性。

（三）掩护配合

掩护配合是篮球进攻战术基础配合之一，指进攻队员之间采取合理的行动，利用同伴的位置和身体挡住看守自己的防守者的移动路线，从而摆脱防守，获得进攻机会。掩护配合有许多形式，根据掩护者和同伴防守者的身体位置及方向的不同，分为前掩护、侧掩护和后掩护三种。尽管掩护形式多变，但从掩护配合的行动构成来看，一是掩护者主动给同伴做掩护，使同伴得以摆脱防守，二是摆脱者主动移动，利用同伴的身体位置将对手挡住，使自己摆脱防守。

1. 掩护配合的方法（以侧掩护为例）

侧掩护是指掩护队员站在同伴防守者的侧面进行掩护配合的方法。

（1）持球队员与无球队员之间的侧掩护配合：如图 3-11 所示，⑤传球给④后，移动到△4身体左侧做侧掩护，④接球后瞄篮或做向左侧突破的动作。当⑤掩护到位时，④立即从右侧贴着⑤的身体运球突破上篮，⑤立即转身切向篮下抢篮板球或接球投篮。这种掩护也称挡拆配合。

图 3-11 侧掩护配合（挡拆配合）

（2）无球队员之间的侧掩护配合：如图 3-12 所示，⑤传球给④后，向传球的反方向移动给⑥做侧掩护时，⑥先向篮下做压切动作靠近△6，然后突然贴近⑤的身体横切接④的球投篮，⑤掩护后转身切入篮下，接④的传球投篮或抢篮板球。这种掩护也称反掩护。

2. 掩护配合的基本要求

(1) 掩护者应选择正确的掩护位置和动作。掩护的瞬间，掩护队员身体是静止的，并与对方队员保持适当的距离，两脚平行开立，两膝微屈，上体微前倾，两臂屈肘放于体侧或交叉放于胸前，以利于自我保护和攻守对抗。

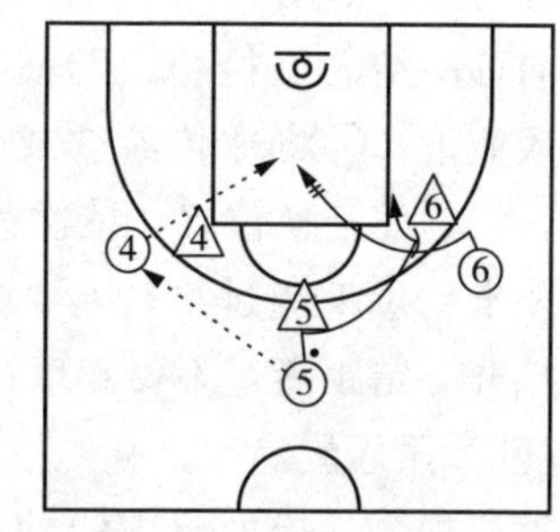

图 3-12　侧掩护配合（反掩护）

(2) 被掩护队员应选择最佳的摆脱角度，通过多种进攻动作来吸引对方的注意力，隐蔽掩护意图。掩护时，被掩护队员身体要靠近掩护者，以防对方挤过。当对方换防时，掩护者应立即转身跟进，参与进攻。

(3) 掩护时，同伴之间应掌握好配合时机，根据防守变化，组织中投、突破或内线进攻。

3. 掩护配合的练习方法

练习一：如图 3-13 所示，练习者分成左右两组，立柱⊗表示固定防守队员。队员⑦给④做侧掩护，④贴近⑦的身体从右侧切入，⑦随之后转身跟进，④、⑦交换位置，然后⑧给⑤做掩护，依次进行练习。

要求：保持正确的掩护动作，掩护者与被掩护者两肩并紧，不留空隙，练习数次后，改变掩护方向。

练习二：如图 3-14 所示，⑦将球传给④，④瞄篮或向左侧虚晃，当⑦掩护到位时，④突然向右运球突破投篮或传球给⑦，⑦后转身跟进准备接回传球或抢篮板球。④、⑦交换位置，依次进行练习。

要求：④突破时不要低头看球，把握好第一进攻机会直接投篮或同机传球给⑦。

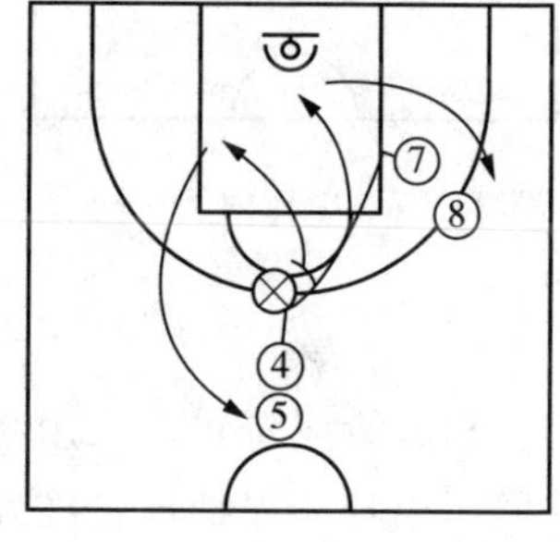

图 3-13　掩护配合（1）

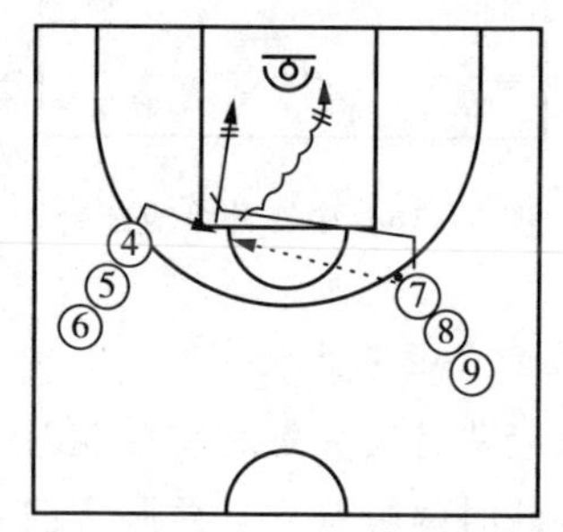

图 3-14　掩护配合（2）

练习三：如图 3－15 所示，④传球给⊗后，反方向移动给⑤做掩护，⑤横切，④掩护后转身切入篮下，⊗将球传给⑤或④投篮，抢篮板球后，④、⑤互换位置，依次进行练习。

要求：④不能过早转身，④、⑤掩护后左右应拉开一定距离，不要和球在同一路线上。

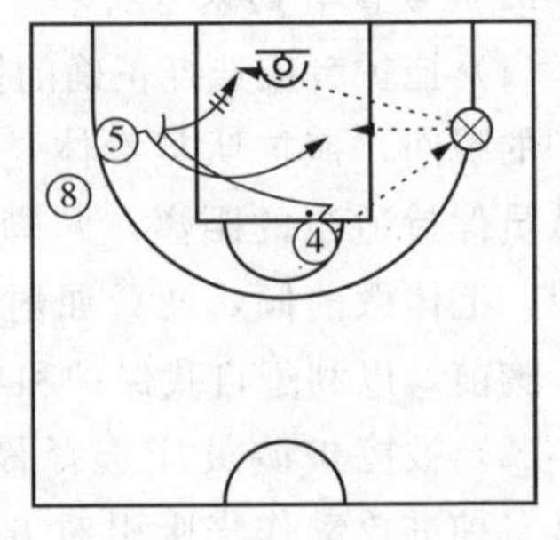

图 3－15 掩护配合（3）

(四) 策应配合

策应配合是指处于内线的队员背对或侧对球篮接球，由他做枢纽，与外线队员的空切相配合而形成的一种里应外合的方法。策应配合可以根据策应的区域和位置分为内策应、外策应、高策应、底线策应等，其策应配合方法基本相似。

1. 策应配合的方法

(1) 中锋外策应配合方法：如图 3－16 所示，⑤传球给④后，向左侧压切，然后以④为枢纽从右侧绕切，同时策应队员④先做传球给⑤的假动作，然后转身把⚠5挡在身后，将球传给绕切过来的⑤，⑤接球可以投篮、突破或传给策应后下切的④。

(2) 中锋内策应配合方法：如图 3－17 所示，⑥传球给⑦，向右移动，在策应队员⑦身前与④做交叉绕切，⑦可将球传给绕切的④或⑥，也可自己转身进攻。

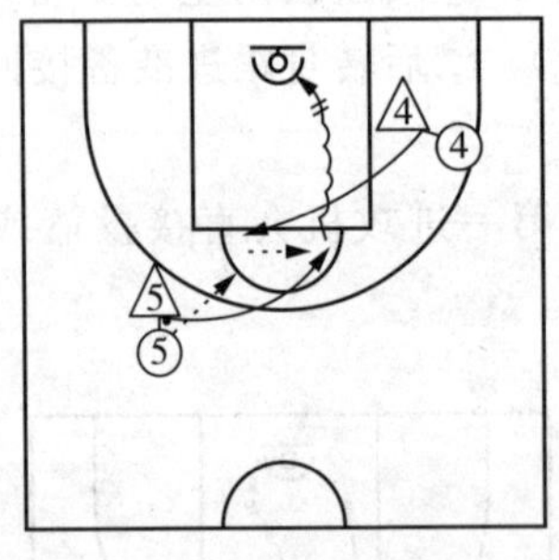

图 3－16 中锋外策应配合

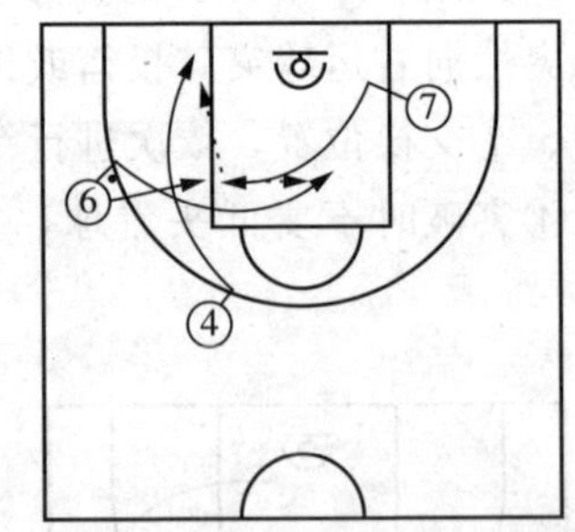

图 3－17 中锋内策应配合

2. 策应配合的基本要求

(1) 策应队员要突然起动摆脱对手，占据有利的策应位置，采用绕步抢前接球动作，接球时两脚开立，两膝弯曲，两肘外展，用身体保护球。准确判断场上的攻守变化情况，及时地将球传给进攻位置最好的同伴或个人进攻。传球完成后，应转身跟进接球或抢篮板球。

(2) 外线的队员传球后，利用起动速度或假动作摆脱防守，接到策应队员的传球后迅速做出最佳选择：投篮、突破或传球等。

3. 策应配合的练习方法

练习一：如图 3-18 所示，练习者分成两组，⑦、⑧每人一球，当④上提至罚球线时，⑦传球给④，然后向左侧虚晃，再从右侧绕切接④的球，④策应传球后转身下切，⑦可投篮、突破或传球给④，投篮后④、⑦交换位置，依次进行练习。熟练掌握之后，再做攻守对抗练习。

要求：策应队员不要站在限制区内，传球动作要隐蔽、及时、准确。

练习二：如图 3-19 所示，练习者分成三组，⑤插上接④的球做策应，④、⑥在⑤身前交叉绕切接⑤的球投篮或突破。⑤传球后纵切篮下抢篮板球，然后按顺时针方向换位，依次进行练习。练习熟练后，可做攻守对抗练习。

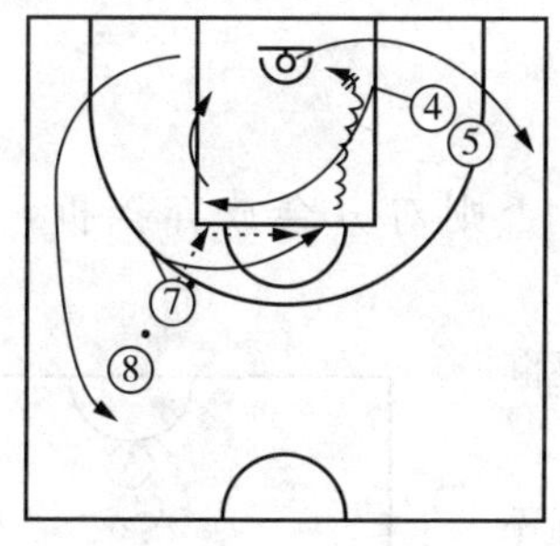

图 3-18　策应配合（1）

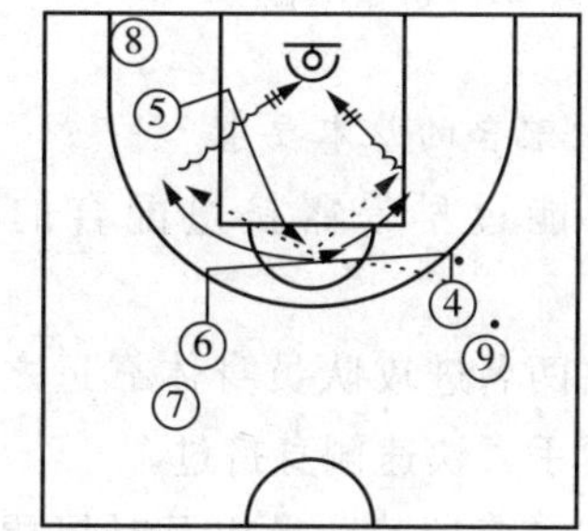

图 3-19　策应配合（2）

要求：策应队员插上要及时到位，采用绕步抢前接球动作，对抗练习时先做二防三练习，后做三防三练习，从消极防守逐渐过渡到积极防守。

二、防守战术基础配合

防守战术基础配合是指在篮球比赛中，防守队员两三人之间所采用的协同防守配合的方法，包括挤过、穿过、绕过、交换、关门、补防、夹击及围守中锋等(图 3-20)。防守战术基础配合是组成全队整体防守战术配合的基础。

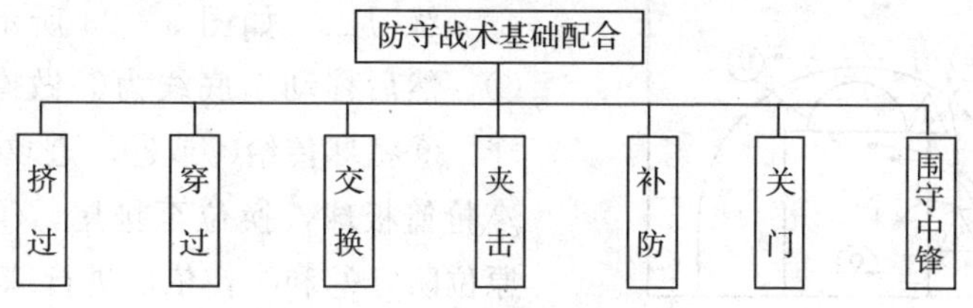

图 3-20　防守战术基础配合

（一）挤过配合

挤过配合是篮球战术中的一种重要配合方式，主要用于破坏对方的掩护配合。当进攻队员进行掩护时，防守队员利用迅速、积极的脚步动作，挤到两个进行掩护配合的队员之间，继续防守自己对手。

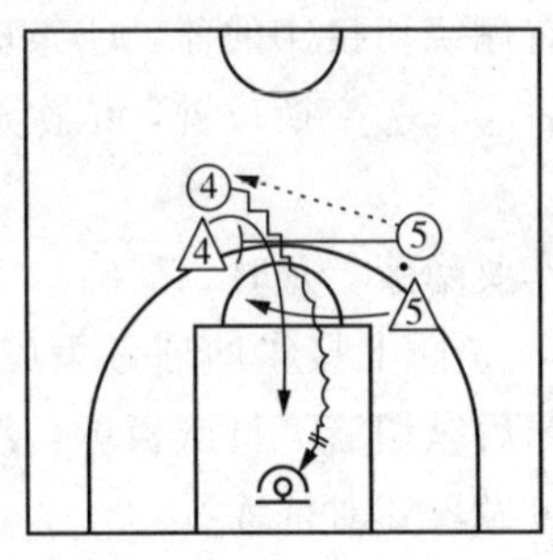

图 3－21　挤过配合（1）

当对方距离球篮较近，外围队员试图利用掩护投篮或由于身高的差别而不宜交换防守的情况下，运用主动性很强的挤过配合，可以破坏对方的掩护配合。

1. 挤过配合方法

如图 3－21 所示，⑤给④做掩护，当⑤接近△4的瞬间，△4抢前横跨一步贴近④，并从④和⑤之间主动侧身挤过去继续防守④。

2. 挤过配合的基本要求

（1）不能过早暴露挤过配合的意图，否则对方会放弃挡拆，从另一边突破。

（2）在两名进攻队员身体靠近之前，果断抢步贴近对手，快速侧身挤过。

（3）防守掩护的队员应及时提醒同伴哪个方向有挡拆，做好可能换防的准备。

（4）被掩护的防守队员要及时、主动上步贴近自己的对手，快速侧身挤过，继续防守自己的对手。

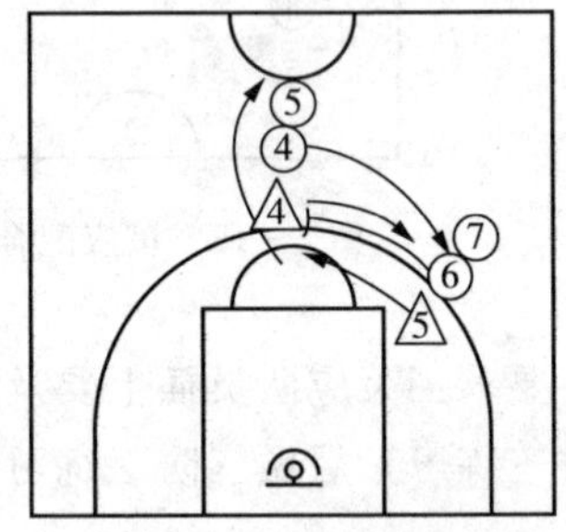

图 3－22　挤过配合（2）

3. 挤过配合的练习方法

练习一：如图 3－22 所示，⑥给④做掩护，△4挤过防守后到左路排尾，△5到中路排尾，④、⑥掩护后，④防⑦，⑥防⑤，⑦给⑤做掩护，依次进行练习。

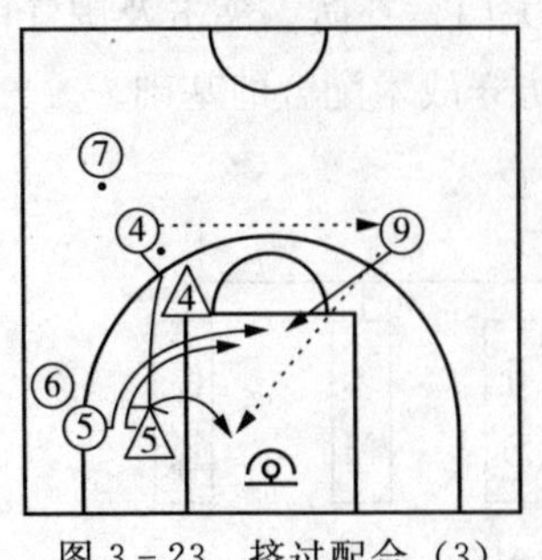

图 3－23　挤过配合（3）

练习二：如图 3－23 所示，④将球给⑨，然后移动至底线为⑤做掩护，挤过防守。⑨将球传给④或⑤。进攻结束后，△4、△5抢篮板球，换位至排尾，④、⑤立即回原位防守⑥和⑦，依次进行练习。

要求：挤过时要积极主动，腰、髋和脚步动作应快速有力，练习数次后改变掩护方向。

（二）穿过配合

穿过配合是指当进攻队员掩护时，防掩护者的队员及时提醒同伴并主动后撤一步，让同伴及时从自己和掩护队员之间穿过，继续防守自己的对手的配合方法。

当对方掩护发生在弱侧区域，距离球篮较远、无投篮威胁、不宜换防的情况下，运用穿过配合可有效地破坏对方的掩护配合。

1. 穿过配合方法

如图 3－24 所示，④传球给⑤，④反方向移动给⑥做掩护的一刹那，△4主动后撤，让△6从④和△4中间穿过去，继续防守⑥。

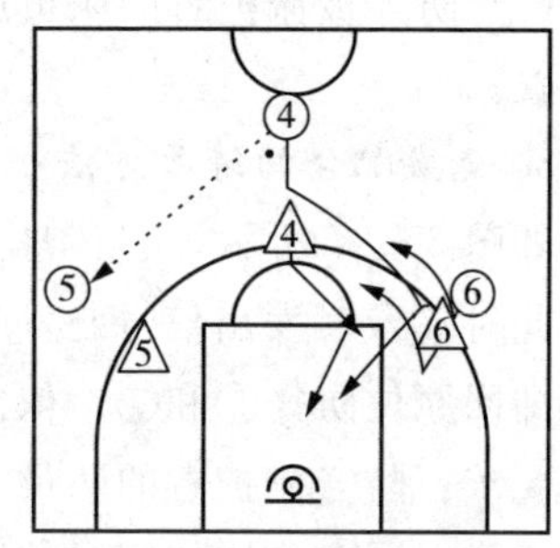

图 3－24　穿过配合（1）

2. 穿过配合的基本要求

（1）防掩护队员要及时提醒同伴，并主动后撤一步选好位置，留出让同伴穿过的空间。

（2）当对方掩护时，防守被掩护者的队员要撤步侧身，避开掩护队员及时穿过。

3. 穿过配合的练习方法

练习一：穿过配合脚步练习，同挤过配合练习一。

练习二：如图 3－25 所示，④传球给⑥，然后向左侧移动给⑦做掩护时，△4后撤与△7做穿过配合，继续防守自己的对手。完成防守后，抢篮板球换位至排尾，进攻队员④和⑦快速回原位防守⑤和⑧，依次进行练习。

要求：防守队员之间配合默契，动作快速。

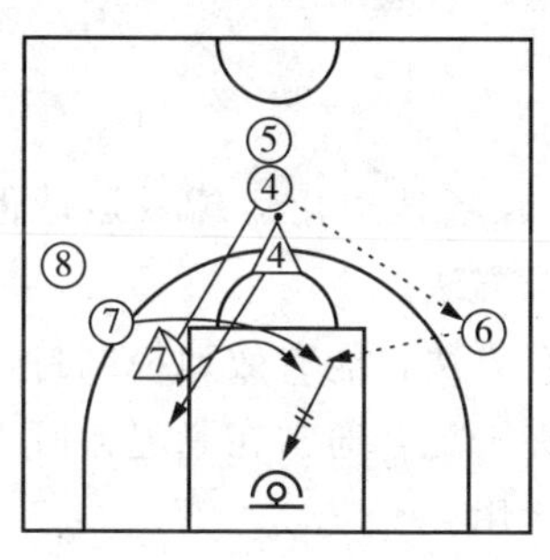

图 3－25　穿过配合（2）

（三）交换配合

交换配合是指当同伴的防守出现漏洞进攻队员利用掩护已经摆脱防守时，防掩护的队员及时发出换防的信号，与同伴互换各自的对手。在适当时候在换防原来的对手。交换防守配合前，一般是由防守掩护者的队员主动提示同伴，换防时，动作要果断、快速。

只要换防以后的新对手在身高和技术方面无明显的差别，运用交换配合可有效地遏制和破坏对方的掩护配合。交换配合通常在对方进行横向掩护时采用。

1. 交换配合的方法

如图 3－26 所示，⑤将球传给④，⑤给④做侧掩护，④运球突破。此时△5发出交换防守信号后立即防守④，△4随之后撤调整位置，堵住⑤的切入，并准备抢断④的传球。

2. 交换配合的基本要求

(1) 防守掩护者的队员应主动发出换人信号提醒同伴，两防守队员须迅速到位并堵截进攻队员的攻击路线。

(2) 防守被掩护者的队员应及时撤步，在掩护队员转身切入前抢占有利的防守位置。

3. 交换配合的练习方法

如图 3－27 所示，⑥传球给⑧，然后移动到左边给④做横向的底线交叉掩护，此时△6及时发出信号与△4交换防守，⑧可将球传给④或⑥，进攻结束后④和⑥立即回原位防守⑤和⑦，依次进行练习。

要求：防守掩护者的队员必须发出信号，通知同伴进行交换配合，攻守转换速度要快，同时应增加练习的频率和强度。

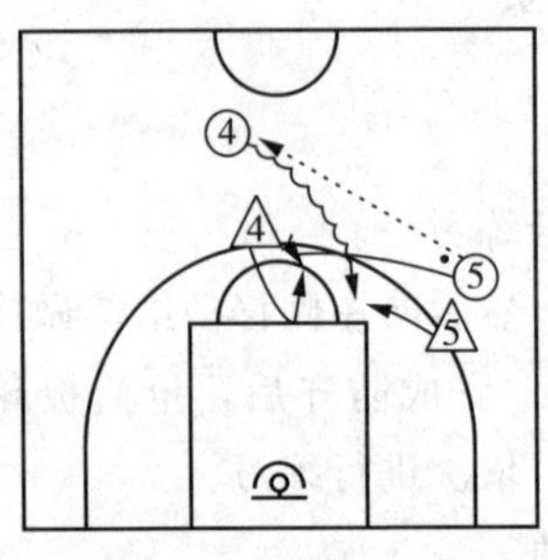

图 3－26　交换配合（1）

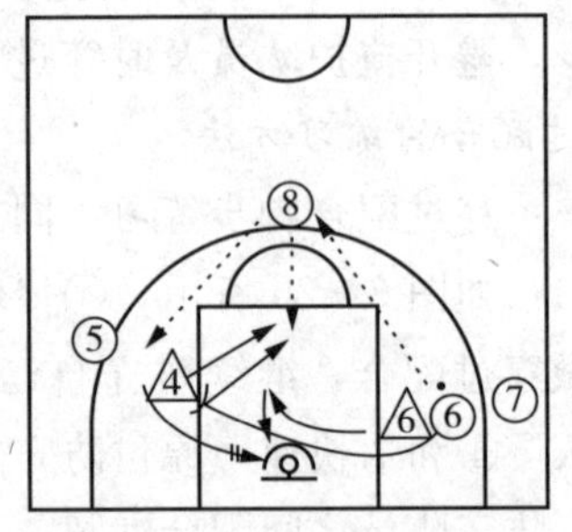

图 3－27　交换配合（2）

(四) 夹击配合

夹击配合是指两个以上的防守队员，利用对手在场地边角运球或运球停止时，突然快速上前封堵和围夹持球者的一种防守配合方法。

夹击配合是一种主动性、攻击性很强的防守配合方法，能有效地控制持球队员的活动，迫使对手失误，创造断球反击的机会。夹击配合通常在紧逼人盯人防守、区域紧逼防守或带有夹击式的扩大联防战术中运用。

1. 夹击配合的方法

如图 3－28 所示，当⑧在底角运球停止时，△7与△8一起夹击⑧，△4堵防强侧的回传球，△5与△6向有球方向移动准备断球。

2. 夹击配合的基本要求

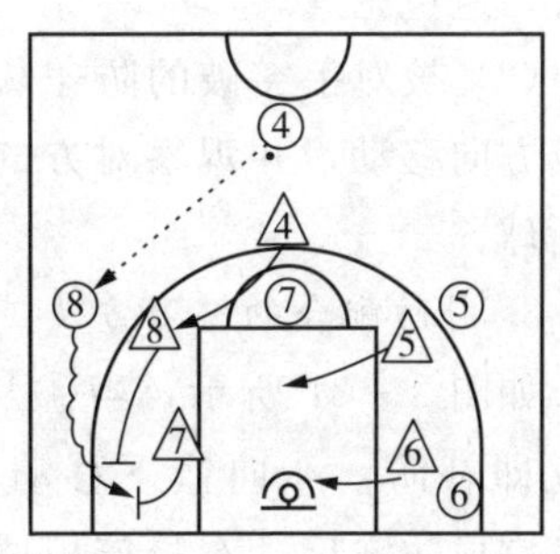

图 3－28　夹击配合（1）

（1）当对手沿边线埋头运球，或在场角、中线附近及限制区内停止运球时，是实施夹击的最佳时机。

（2）夹击时，两名防守队员的身体要靠紧，两臂垂直上举，随对方球的移动而摆动，以封堵其传球路线。

（3）夹击的目的并非直接从持球队员手中抢球，而是迫使持球队员传球失误，从而为同伴创造抢断球的机会，因此应尽量减少夹击时的犯规行为。

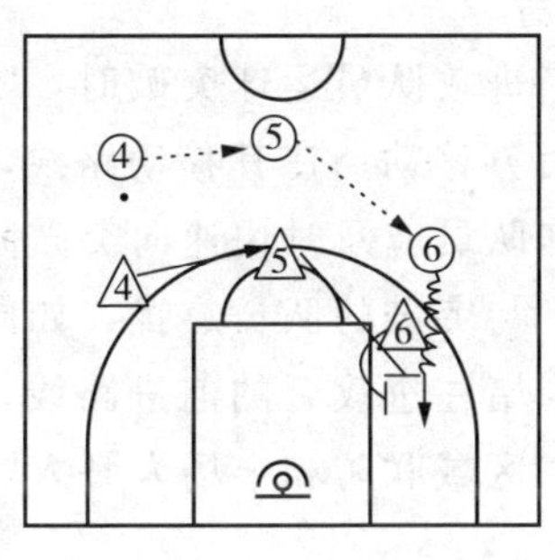

图 3－29　夹击配合（2）

（4）其他队员应积极配合夹击队员的行动，及时封堵近球队员，迫使持球队员传远高球。

3. 夹击配合的练习方法

如图 3－29 所示，④传球给⑤，⑤传给⑥，⑥向底线运球停止后，△5与△6夹击⑥，△4及时防守近球队员⑤，⑥传球给④，防守回原位，依次进行练习。练习数次后，调整防守位置或攻守交换。

要求：严格执行夹击配合的基本要求，快速移动紧逼近球队员。

（五）补防配合

补防配合是指当防守队员被对手突破或出现漏防时，邻近的同伴大胆地放弃自己的防守对象，及时快速地去补防威胁最大的进攻队员。补防能够有效阻止对方的直接投篮，或降低对方最具威胁的进攻机会。

1. 补防配合的方法

如图 3－30 所示，当④突破△4的防守直接投篮时，△5大胆放弃自己的防守对象，快速补防，阻止④的进攻，△4向左侧移动防守⑤。

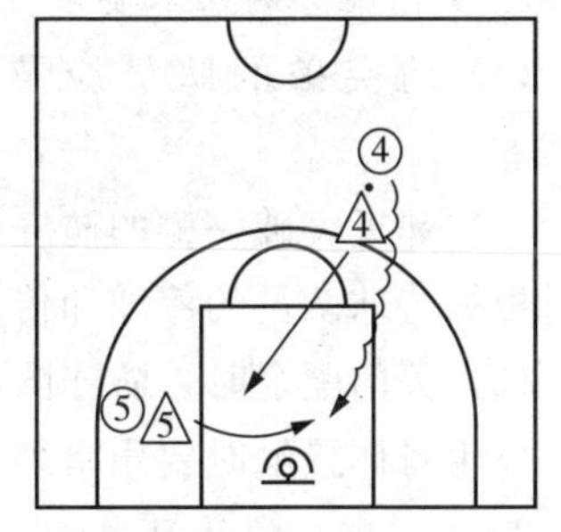

图 3－30　补防配合（1）

2. 补防配合的基本要求

（1）防守队员应全面观察和判断场上出现

的漏防情况，补防时应果断、迅速地抢占有利位置，避免犯规。

（2）被对手突破的防守队员应快速向补防队员方向移动，并观察对方的传球意图，争取抢断球。

3. 补防配合的练习方法

如图 3 - 31 所示，当④从中路突破△4时，△5立即补防，△6向篮下移动补防⑤，△4补防⑥，完成防守后，△5抢篮板球，防守队员按顺时针方向换位至排尾，进攻队员立即回原位防守，依次进行练习。

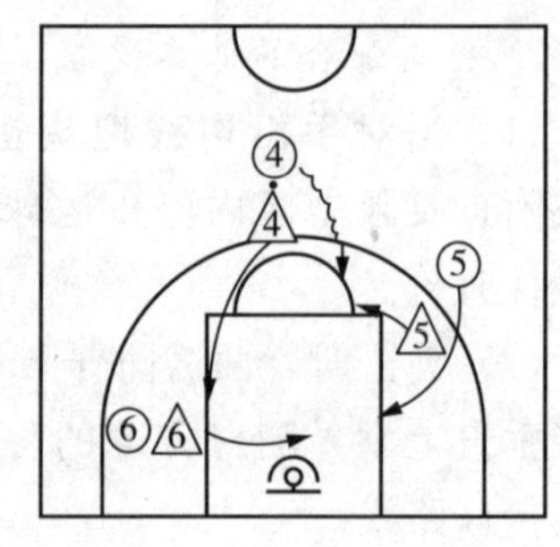

图 3 - 31　补防配合（2）

要求：补防时移动迅速，减少犯规。

（六）关门配合

关门配合是当进攻队员运球突破时，防守突破的队员向侧后方移动挡住其移动路线，临近突破一侧的防守队员应及时快速向突破队员的前进方向移动，与突破的队员靠拢，如同两扇门一样关起来，堵住进攻者的前进路线。此种配合方法通常在区域联防和半场人盯人防守战术中运用。

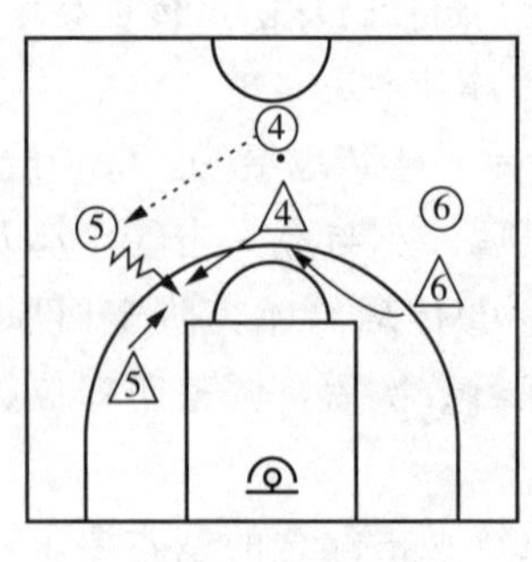

图 3 - 32　关门配合（1）

1. 关门配合的方法

如图 3 - 32 所示，⑤接④的球突破时，△5抢先移动向△4靠拢并“关门”，不给突破队员留有空隙，当突破队员分球时，△5快速回防自己的对手。

2. 关门配合的基本要求

（1）防突破的队员应及时向侧后方滑步卡位，堵住进攻队员的突破路线。

（2）邻近突破一侧的防守队员，应快速向同伴移动靠拢进行“关门”配合，同时根据持球队员的停球和传球，决定围堵和回防。

（3）关门配合时，防守队员要两肩靠紧，微屈膝，含胸，两臂自然上举或侧举，发生身体接触时要用暗劲，避免受伤。

3. 关门配合的练习方法

如图 3 - 33 所示，④持球突破，△5、△4“关门”，④传球给⑤，待△5防守回

图 3－33　关门配合（2）

位时⑤突破，△5、△6“关门”。依次进行练习，练习数次后，攻守交换。

要求：防守队员积极移动，快速回位。“关门”时不留空隙，熟练掌握后，进攻队员可随意选择突破方向，增加难度，提高质量。

（七）围守中锋配合

围守中锋配合是指外围防守队员协同内线防守队员，共同围守对方中锋的一种配合方法。

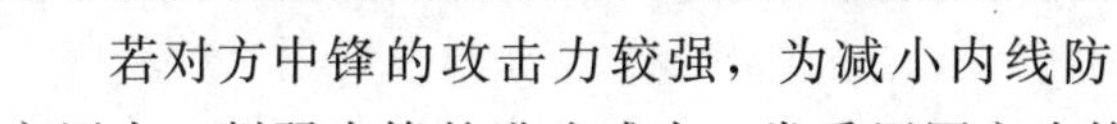

若对方中锋的攻击力较强，为减小内线防守压力，削弱中锋的进攻威力，常采用围守中锋的防守方法。

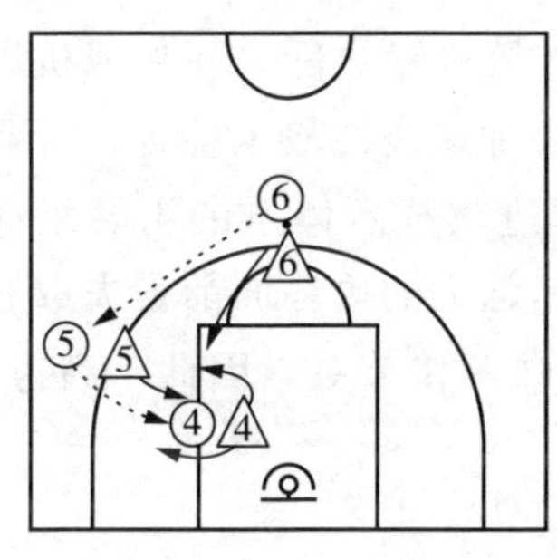

图 3－34　围守中锋配合（1）

1. 围守中锋配合的方法

如图 3－34 所示，⑥持球时，△6紧逼防守⑥，△4位于④的内侧防守，△5后撤与△4围守④；⑤持球时，△5紧逼防守⑤，△4移动至外侧防守④，△6后撤与△4围守④；当⑤或⑥传球给④时，△5、△6迅速后撤围夹④。

2. 围守中锋配合的基本要求

（1）紧逼持球队员，切断内外联系迫使其不能准确、及时地传球给中锋。防守中锋的队员根据球的转移，积极移动阻截对手接球。

（2）当对方中锋接球或转身向篮下运球进攻时，邻近中锋一侧的防守队员应迅速进行围夹，迫使中锋将球传到外围。

3. 围守中锋配合的练习方法

如图 3－35 所示，△5紧逼防守持球队员⑤，△4内侧防守④，△6后撤围守④，△7移动至篮下附近防守⑤的高吊球；当⑤传球给⑥时，△4外侧防守④，△5回撤围守④，△6紧逼⑥，△7错位防守⑦；⑦持球时，△7紧逼防守，④、⑤、⑥向强侧方向移动，并错位防守各自对手。练习数次后，攻守交换。

图 3－35　围守中锋配合（2）

要求：防守队员选好位置后进攻队员再传球。每个防守位置，每人轮防若干次，攻守转换。

第三节 快攻与防守快攻

快攻与防守快攻是现代篮球运动重要的攻防战术组织形式，运动员尽管在比赛中有不同的位置分工，但必须在个人攻防技术运用的基础上都能胜任快攻与防守快攻的具体要求，才能为有效地完成比赛提供保障。防守快攻是防守战术的重要组成部分，是在由攻转守的短暂瞬间迅速组织起来，旨在有效阻止并破坏对方快攻的防守策略。

一、快攻

快攻是指防守队获球后由守转攻时力争在对手布阵未稳之际，抓住战机以最快的速度、最短的时间，果断而合理地发动攻击的一种速决性战术配合，因其发动突然，攻击迅速且效果明显，快攻也是现代篮球进攻战术体系的重要组成部分。有效的快攻可以消减对手的士气，使对手在快速强大的攻势面前丧失取胜的信心与勇气。现代篮球比赛的重要特征之一，便是强调快节奏，因此，高速度、高质量的快攻也成为高比分的保障。

（一）快攻战术的形式

快攻战术形式有长传快攻、传球与运球结合的快攻和个人突破快攻。

1. 长传快攻

长传快攻是队员在后场获球后，用一次或两次传球把球传给快下的同伴进行攻击的一种方法。这种快攻只有发动和结束两个阶段，特点是时间短、速度快、战术组织简单。但要求快下队员战术意识强、速度快，发动队员传球要及时、准确、视野开阔。长传快攻的组织结构主要有以下几种：

（1）抢篮板球后长传快攻。如图 3－36 所示，⑤抢到篮板球后，迅速观察场

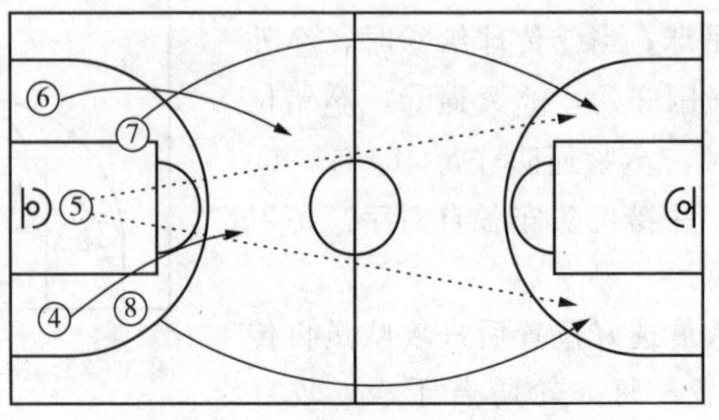

图 3－36 抢篮板球后长传快攻（1）

上情况，寻找长传快攻机会。⑧和⑦判断⑤可能抢到篮板球时，立即快下，超越防守队员接⑤的长传球上篮。

抢得篮板球后，也可通过接应发动长传快攻。如图 3-37 所示，当⑤抢到篮板球后⑦和⑧已经快下，但由于受到△5的严密防守，⑤不能及时长传，此时可立即将球传给⑥，⑥接应后再迅速长传给快下队员投篮。

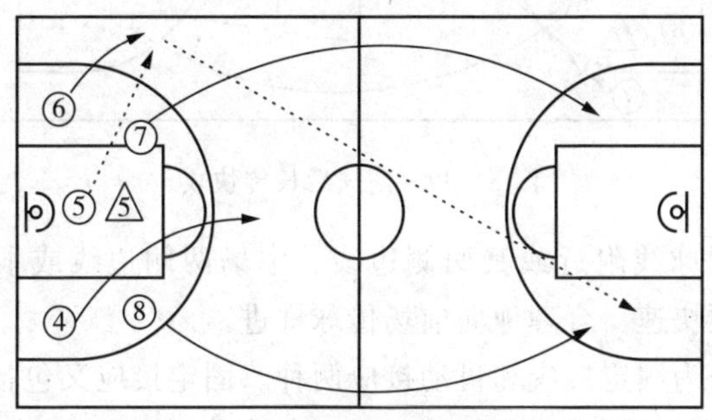

图 3-37　抢篮板球后长传快攻（2）

（2）掷后场端线球长传快攻。如图 3-38 所示，当对方投中篮后，⑥立即掷端线界外球，快速将球长传给快下的④或⑤投篮。

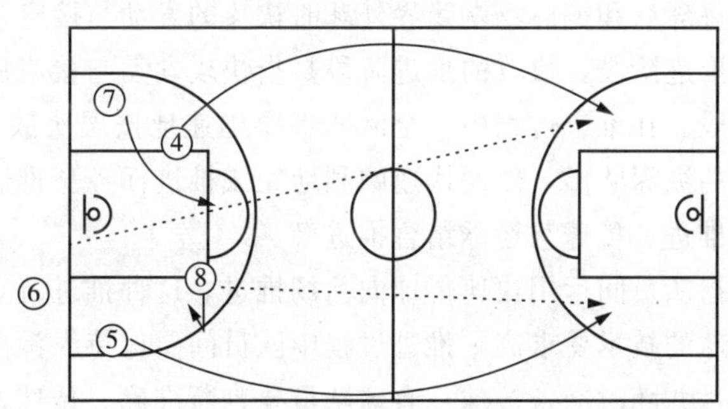

图 3-38　掷后场端线球长传快攻

（3）断球后长传快攻。如图 3-39 所示，△断获⑥的传球后立即将球传给快下的△6或△5投篮。

2. 传球与运球结合的快攻

传球与运球结合的快攻可分为三个阶段展开。

（1）发动与接应阶段。发动与接应是快攻的重要环节，队形分散和一传的速度是非常重要的。因此，控制球的队员要有发动快攻的意识，能全面观察场上情况，并迅速、及时、准确地进行第一传。接应队员应迅速摆脱防守，及时选择有

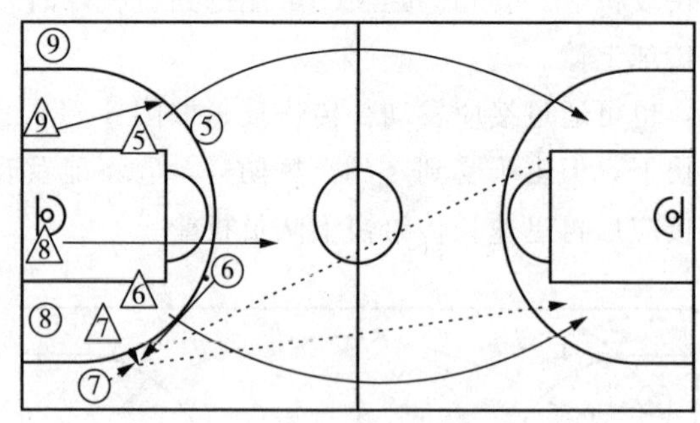

图 3-39　断球后长传快攻

利位置，如前场罚球线附近或其两侧边线、中场两侧边线或本队习惯的接应点等。接应后，必须快速、合理地向前场传球推进。

快攻的接应分为固定接应和机动接应两种。固定接应又包括固定地区固定队员的接应、固定地区不固定队员的接应、固定队员不固定地区的接等形式。机动接应是防守队员抢到篮板球后，根据对方的具体情况，谁处于有利的接应位置就将球传给谁。这种接应不易被对方发现，机动灵活，更能争取时间。

快攻的发动与接应形式分为获后场篮板球后快攻的发动与接应、断球后快攻的发动与接应、跳球后和掷后场端线界外球时快攻的发动与接应。

(2) 快攻的推进阶段。快攻的推进阶段是指快攻发动与接应后，至快攻结束前中场配合的阶段。在推进过程中，全队队形要迅速地按层次散开，5 名队员应保持前后、左右的纵深队形，以便快速顺利地完成推进任务。推进形式主要包括传球推进、运球推进、传球与运球结合推进等。

传球推进：指队员间运用快速传球向前场推进。这种推进特点是速度快，对队员行进间传接球的技术要求高。推进过程中队员间要保持纵深队形，无球队员要积极摆脱防守，并随时准备接球；有球队员要判断准确、传球及时，尽量斜传球，避免横传球。

运球推进：指接应队员接球后立即快速向前场运球突破。运球推进中要随时观察场上情况，及时将球传给快下的同伴，以免影响快攻的速度。

传球与运球结合推进：指根据场上情况，传球与运球相结合，及时快速向前场推进。这种推进的特点是机动性大，在推进过程中能传就不运，不能传要立即快速运球突破，以保持推进速度。

(3) 快攻的结束阶段。快攻的结束阶段是指快攻推进到前场最后完成攻击的阶段，此阶段是快攻成败的关键。快攻结束阶段要求进攻队员对防守的意图加以预测和判断，并及时、果断地选择进攻点，顺利完成进攻。持球队员要判断准确，传球或投篮及时果断，无球队员要占据有利位置，伺机接球投篮，积极冲抢篮板球或补篮。

快攻结束阶段一般有以下几种配合方法：

● 二攻一配合

练习一：利用快速传接球投篮。如图 3-40 所示，⑦和⑧在快速传球推进中，△4突然前来防守⑧时，⑧及时把球传给切入篮下的⑦投篮。

练习二：突破分球投篮。如图 3-41 所示，⑧快速突破，△4前来堵截，⑧及时将球传给⑦投篮。

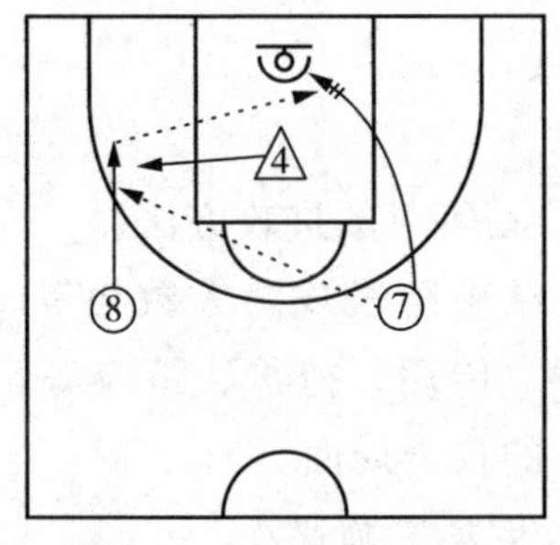

图 3-40　二攻一配合（1）

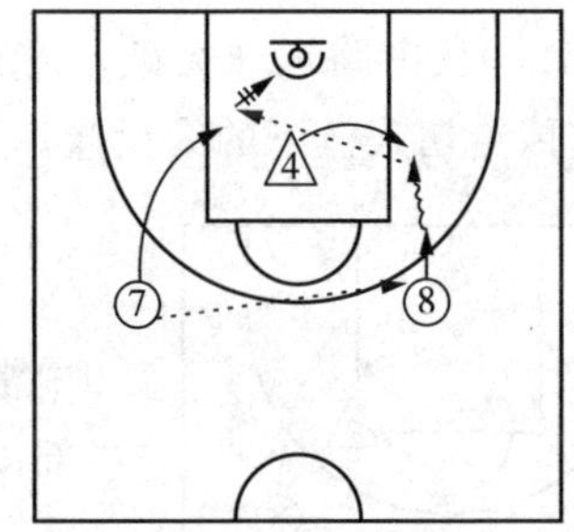

图 3-41　二攻一配合（2）

● 三攻二配合

三攻二时，左右两侧的快下队员要拉开，中间队员应占据偏后的位置，保持三角纵深队形，以扩大攻击面，并根据防守情况，选择进攻路线，增加防守的压力。

练习一：当防守队员平行站位时的进攻方法。如图 3-42 所示，⑥中路运球突破，△4上前堵截，⑥立即将球传给切入篮下的⑦投篮。如当⑦接球后又遇到△5堵截时，⑦立即将球传给⑧投篮（图 3-43）。

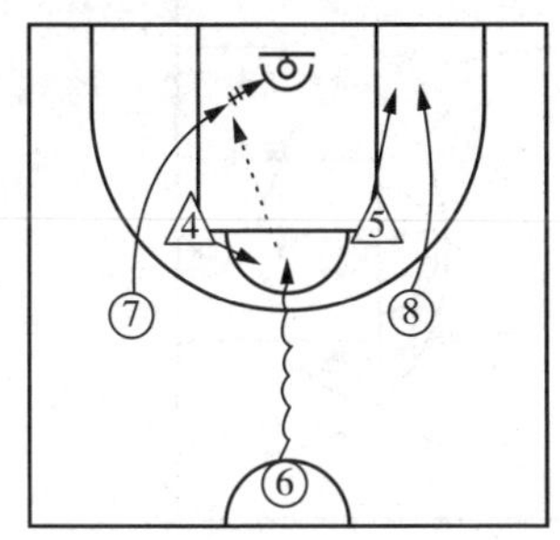

图 3-42　三攻二配合（1）

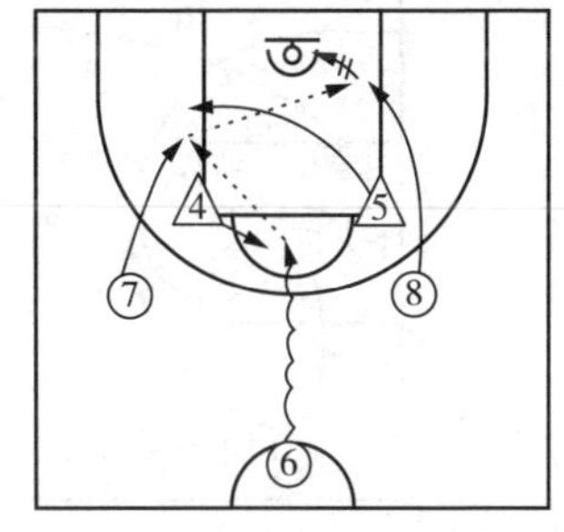

图 3-43　三攻二配合（2）

练习二：防守队员前后站位时的进攻方法。这种防守站位，中路防守力量比较强，因此进攻队员应从两侧发动进攻。如图 3－44 所示，⑥运球推进到前场后，把球传给⑦，⑦快速向篮下运球切入，△4前来堵截，⑦可及时将球传给⑧投篮。

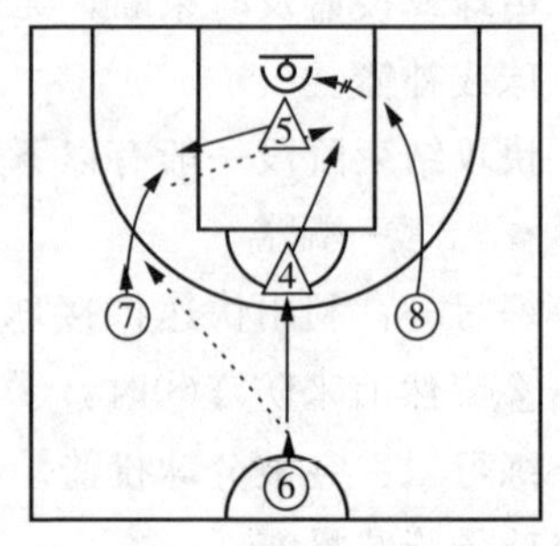

图 3－44　三攻二配合（3）

练习三：防守队员采用两人斜线站位时的进攻配合方法。当防守队员采用两人斜线站位时，进攻队员可以从中路运球开始攻击。如图 3－45 所示，⑥从中路运球突破，△4前去堵截，⑥及时将球传给切入篮下的⑧投篮。

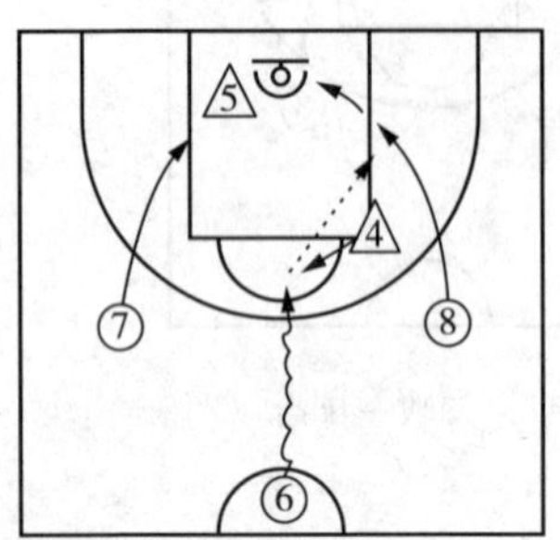

图 3－45　三攻二配合（4）

● 人数相等时的进攻方法

在快攻结束阶段攻防人数相等时，在进攻中常用突分、传切、掩护、策应等配合造成局部以多打少的攻击局面。

3. 个人运球突破快攻

个人运球突破快攻是指个人抢断球或抢获篮板球后，抓住战机，快速运球超越对手直攻篮下得分的快攻形式。

（二）快攻战术练习方法

1. 长传快攻练习方法

练习一：抢篮板球长传快攻投篮。如图 3－46 所示，④和⑦各持一球，各自抛向篮板，并自抢篮板球后分别长传给沿边线快下的⑤和⑧投篮，然后站到⑥和⑨的队尾，⑧和⑤自抢篮板球再传给快下的⑥和⑨。

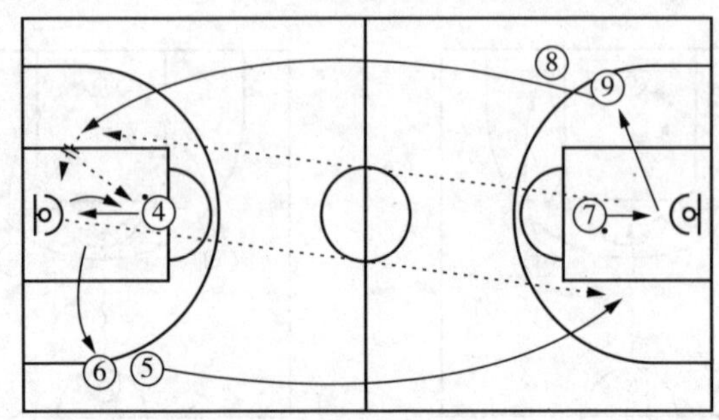

图 3－46　长传快攻（1）

练习二：插中接应后长传给快下队员投篮。如图 3 - 47 所示，⑤抢到篮板球时，⑥沿边线快下，④向中路插上接⑤的传球后立即长传给⑥投篮。⑦、⑧、⑨以同样的方法从另一侧同时进行。换位时，④到⑥，⑤到④，⑨到⑤的位置。

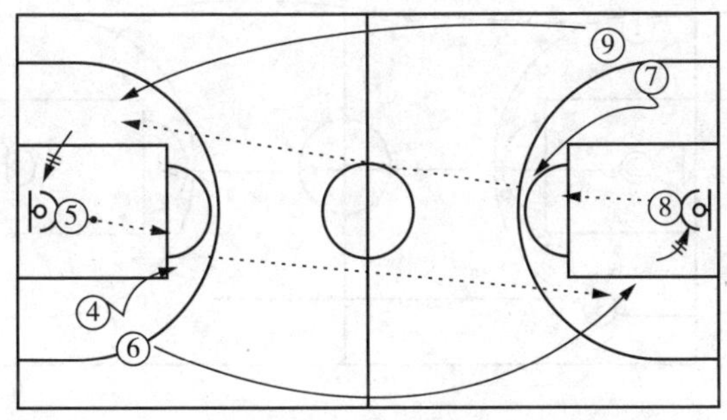

图 3 - 47　长传快攻（2）

2. 短传快攻练习方法

（1）抢篮板球一传与接应练习。如图 3 - 48 所示，两人一组，教师Ⓐ持球抛向篮板，②抢到篮球后根据①拉边、插中、快下三条线路，及时将球传给①。①接球后到边线队尾，②到端线队尾。各组依次进行。

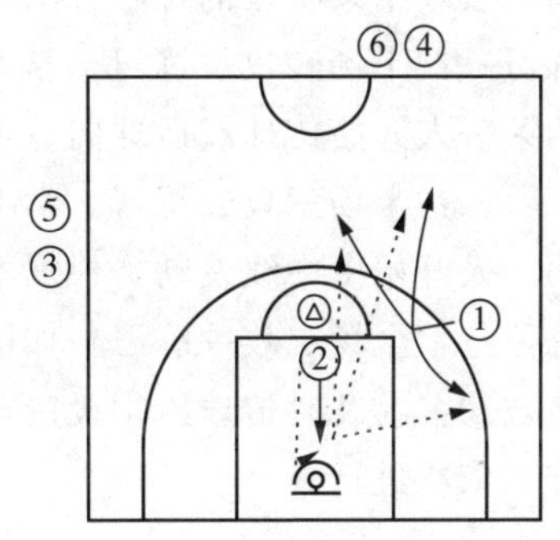

图 3 - 48　抢篮板球一传与接应

（2）抢篮板球一传与接应的短传快攻练习。方法同上，②传①后，两人沿边线短快攻。

（3）短传快攻推进练习。

练习一：如图 3 - 49 所示，两人沿边线或中路短传推进或直线快速传接球至篮下。

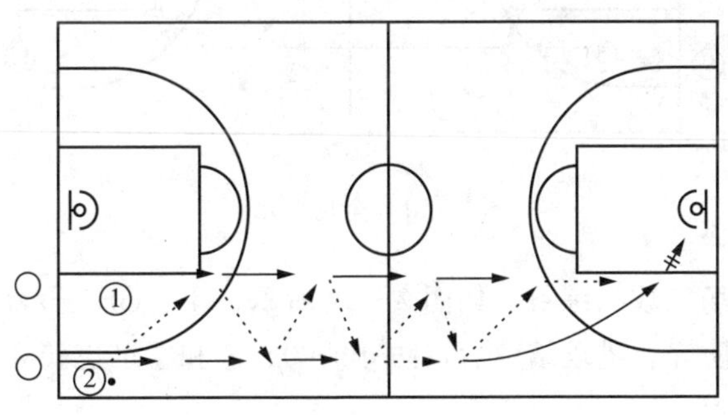

图 3 - 49　短传快攻推进

练习二：三人短传快攻方法。如图 3－50 所示，三人直线向前场快速传球推进至篮下投篮，再以同样方法返回。

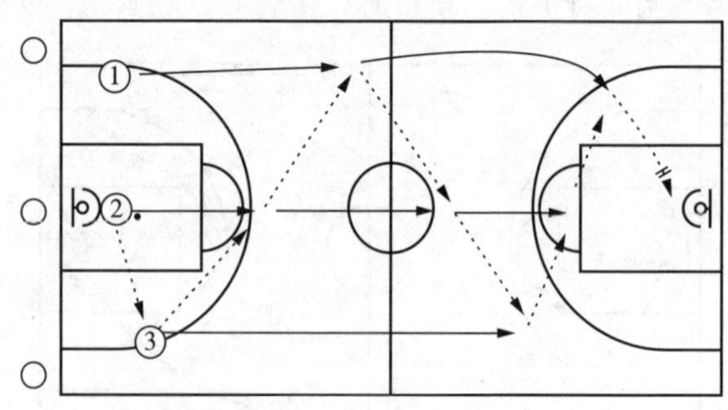

图 3－50 三人短传快攻

(4) 快攻结束阶段的练习方法。

练习一：半场二攻一练习。学生在中线站成两路纵队，篮下固定一人防守，两队的第一人开始传球或运球向篮下进攻，依次进行。

练习二：半场三攻二练习。学生分三组站在中线后边，篮下设两人防守，各组的第一人开始由中线发动，根据不同的防守站位队形进行攻击。

练习三：全场二攻一练习。如图 3－51 所示，④和⑤快速传球向前场推进，⑥去堵截⑤，⑤及时传球给④投篮。⑥抢篮板球后和⑦以同样的方法进攻，⑧或⑨防守，依次进行。

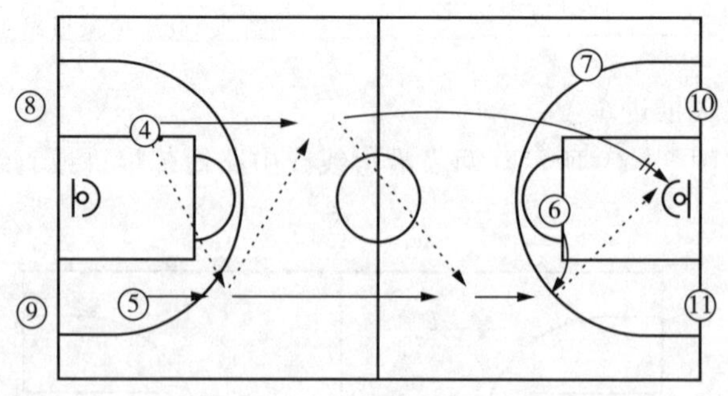

图 3－51 全场二攻一

练习四：全场三攻二练习。如图 3－52 所示，④、⑤、⑥为一组短传结合运球推进，⑦和⑧防守。进攻结束后，防守的⑦、⑧和⑨迅速转守为攻，①和③防守，往返进行练习。

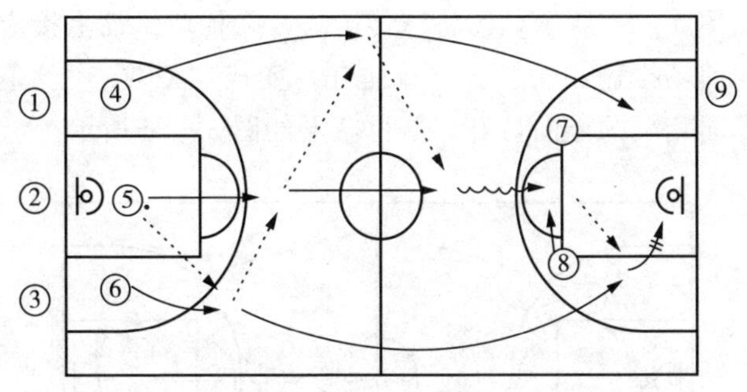

图 3－52　全场三攻二

（5）快攻综合练习。

练习一：如图 3－53 所示，①和②沿边线传球推进到前场，②投篮，①跟进抢篮板球。①抢到篮板球后传给拉边的②，再直线传球或运球推进到对面篮下，③进行防守，变成“二攻一”。

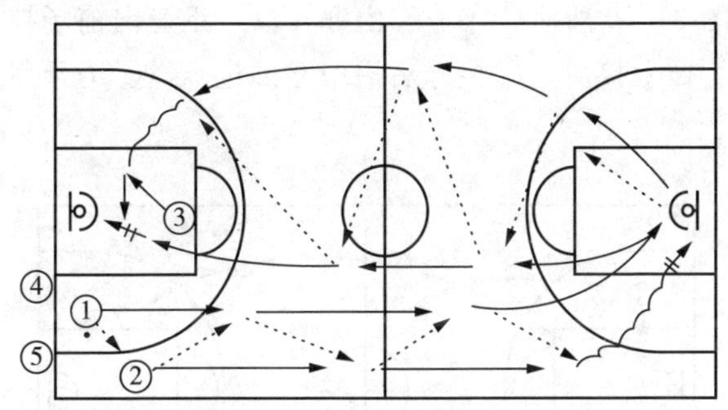

图 3－53　快攻综合练习（1）

练习二：如图 3－54 所示，③防守抢到篮板球后，立即发动“三人快攻”。③将球传给插上的②，①、③拉开，②沿中路运球推进，传给③运球投篮。投篮后拉开，①向相反的方向拉开，②抢篮板球，队员落位。

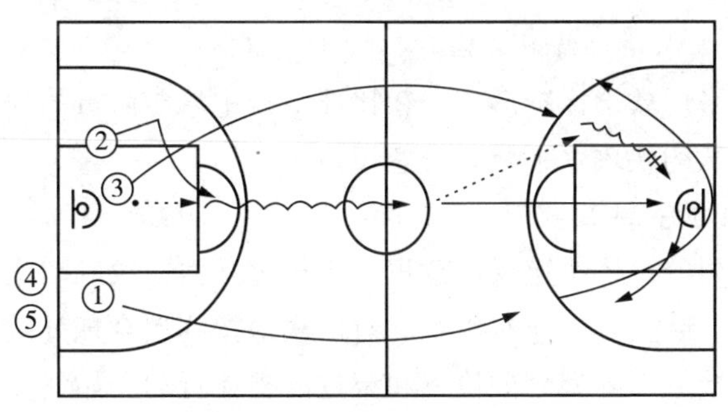

图 3－54　快攻综合练习（2）

练习三：如图 3－55 所示，②将球传给③，③传球给插上接应的①，②、③拉开；①运球向前场推进，④、⑤进行防守，变成“三攻二”。③投篮后，①抢篮板球，②和③向相反的方向拉开，落位队形如图 3－56 所示。

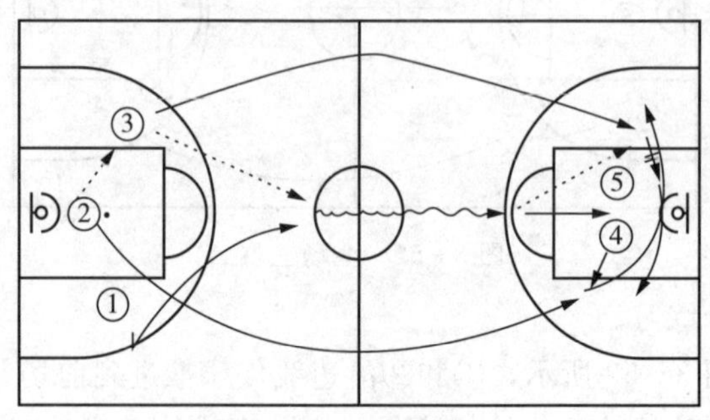

图 3－55　快攻综合练习（3）

练习四：如图 3－56 所示，④、⑤由守转攻，迅速向前场拉开。①抢篮板球后将球传给③，②插上接应，②接球后沿中路推进，以②为顶点，前后形成三角形落位。

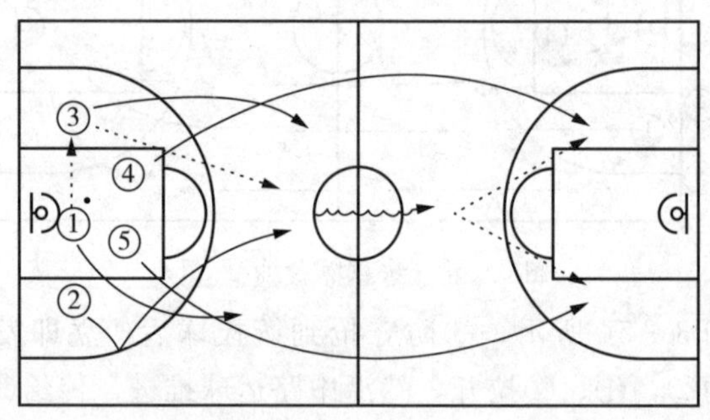

图 3－56　快攻综合练习（4）

3. 对抗中的五人快攻练习方法

该练习主要采用教学比赛形式，在比赛实践中培养队员的快攻意识和应变能力，从而提高全队的快攻水平及攻击意识。

（三）快攻战术的基本要求

（1）要有强烈的整体快速反击意识，不放过任何一次发动快攻的机会。

（2）获球后，队员要迅速有组织、有层次地按阵型合理分散。

（3）发动、接应、阵型分散快下和跟进的整体行动要始终保持纵深队形，扩大攻击范围，增加攻击点。

(4) 在整个快攻过程中，个人和整体行动都要避免延误时机，尽量缩短推进的时间。

(5) 快攻结束时，动作要果断、快速、隐蔽，不要降低速度，要果断投篮和冲抢篮板球，减少限制区内的不必要传球。

(四) 发动快攻的时机

发动快攻的时机，即当抢获后场篮板球、抢、断、打球和跳球以及对方投中后掷端线界外球时，都应抓住机会发动快攻。其中，抢获后场篮板球后发动快攻的比例最高，抢断球后发动快攻的成功率最高。

二、防守快攻

防守快攻要从全力拼抢篮板球开始，防守队员合理地运用封堵、夹击、断球等手段破坏对方的第一传和快攻接应，并伺机夹击运球队员，破坏其快攻。退守时，防守队员要前后照应，边退边防，提高个人以少防多的能力，降低对方快攻的成功率，并迅速落位组织阵地防守。

(一) 防守快攻的方法

1. 提高进攻成功率

提高进攻成功率可以减少对方抢篮板球发动快攻的次数，减少失误，避免被抢断球，控制对方发动快攻的次数。

2. 拼抢前场篮板球

快攻大多发生在抢到篮板球以后。因此，进攻队任何一个队员投篮，其他队员都应积极拼抢篮板球，以减少对方发动快攻的次数，为本队防守快攻争取时间。

3. 封一传，堵接应

有组织地堵截快攻的第一传和接应，是制止对方发动快攻的关键。当对手获球转为进攻时，近球的防守队员要迅速上前封堵对手的传球路线，伺机夹击防守，干扰其第一传，同时其他队员要切断接应路线，伺机断球，延缓其进攻速度，争取时间布防。当对方掷后场端线球快攻时，一方面防守队员要迅速退防，防止对方偷袭；另一方面阻挠掷端线球，延缓对方进攻速度，组织好阵地防守。

4. 控制对手的推进

防守快攻时，前场防守队员不能消极后撤，而应与对手保持一定的距离，边撤边防，控制对手推进速度，以便及时组织防守阵势。

5. 防守快下队员

由攻转守时，除积极拼抢篮板球、封堵第一传和接应外，在后场的防守队员要迅速退守控制后场，在退守过程中要控制好中路，要对快下队员严加防范，切断对方长传快攻的路线。

6. 以少防多

在快攻结束阶段，如果出现以少防多的不利局面，防守队员要积极移动选位，运用假动作干扰其传球，制造进攻队员左右为难的局面，迫使对方失误或延缓进攻速度，为同伴争取退守的时间。

(1) 出现一防二的防守局面时，防守队员要保持沉着冷静，注意占据有利于人球兼顾的防守位置，积极移动并利用假动作进行干扰，使对方出现错误或延误进攻速度，为同伴争取退守时间。防守过程中要注意观察对方的意图和行动，看准时机迅速、果断地抢断，封盖、干扰对方投篮，并积极拼抢篮板球。

(2) 当出现二防三的防守局面时，防守队员要积极移动，紧密配合，内外兼顾，左右照应。两名防守队员中一人侧重防守有球的队员，另一队员注意选择合理位置，做到既能控制篮下，又能同时兼顾两名无球队员的行动，看准时机，果断进行抢、断球，争取转守为攻。

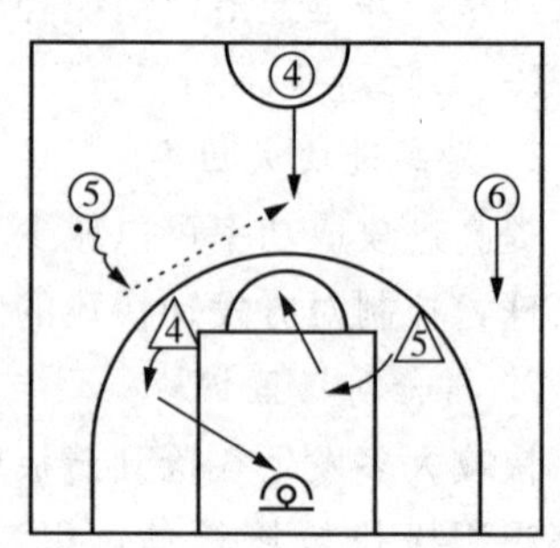

图 3-57　二防三防守形式 (1)

防守形式有以下三种：

第一种：二人平行站位。这种防守队形适用于对付边线突破能力较强的队员，但中路防守薄弱。如图 3-57 所示，△4重点防守⑤，△5则应向限制区移动，控制篮下并兼顾④和⑥的行动。当⑤把球传给④时，△5上前堵截④，△4立即撤向篮下并注意⑤和⑥的行动。

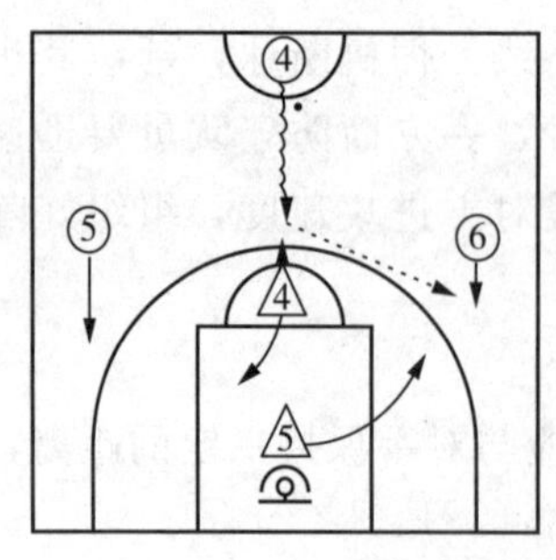

图 3-58　二防三防守形式 (2)

第二种：二人重叠站位。这种队形可有效地阻止对方中路突破，但边路防守薄弱。如图 3-58 所示，当进攻队员④从中路运球推进，⑤和⑥沿边线快下时，△4在前堵截中路，△5在后兼顾⑤和⑥。当④把球传给⑥时，△5前去堵⑥，△4迅速后撤控制篮下并兼顾④和⑤。

第三种：二人斜线站位。这种防守队形比前两种站位有利，它可有效防止中路突破，缩短补位距离。如图 3-59 所示，当进攻队员④

从中路突破时，△4应立即堵中路，不让④突破，△5向篮下移动，并兼顾⑤和⑥的行动。如④把球传给⑥时，△5前去堵⑥，△4后撤控制篮下兼顾④和⑤。

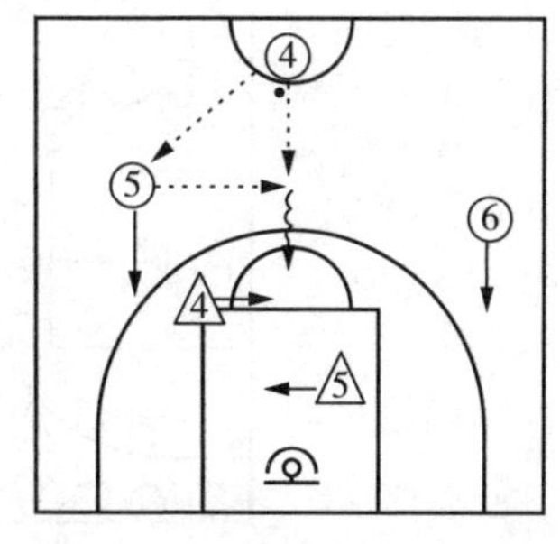

图 3－59 二防三防守形式（3）

（二）防守快攻战术的练习方法

1. 防篮板球快攻

练习一：二对二堵截快攻的发动与接应练习。如图 3－60 所示，教师◎将球投向篮板，当△4抢到篮板球时，④应立即转攻为守，积极迅速上前挥臂干扰△4的传球路线或迫使其向边线运球，延误其发动时间。⑤则积极去堵截△5接应一传。练习若干次后，两组交换攻守练习。

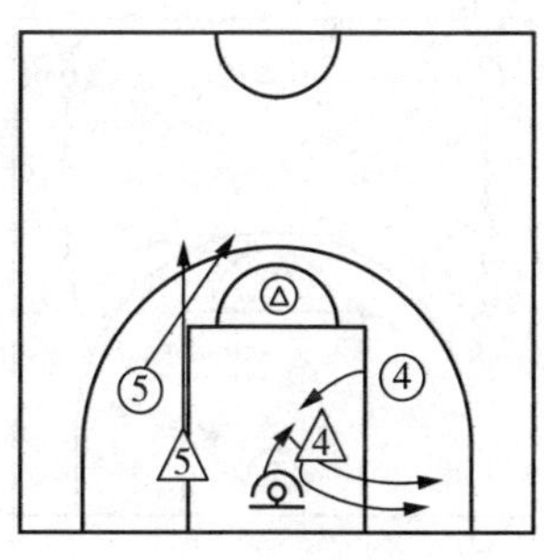

图 3－60 二对二堵截快攻

练习二：三对三堵截快攻的发动与接应练习。如图 3－61 所示，教师◎投篮未中，当防守队员△4抢到篮板球时，④立即转攻为守，迅速上前挥臂封其一传，⑥和⑤分别堵截△6和△5接应一传。两组进行若干次后，换组练习。

练习三：三对三夹击第一传练习。如图 3－62所示，当△4抢到篮板球时，④和篮下的⑤合作夹击，⑥放弃快下的△6，而及时去堵截△5的接应，并随时准备断△4传出的球。

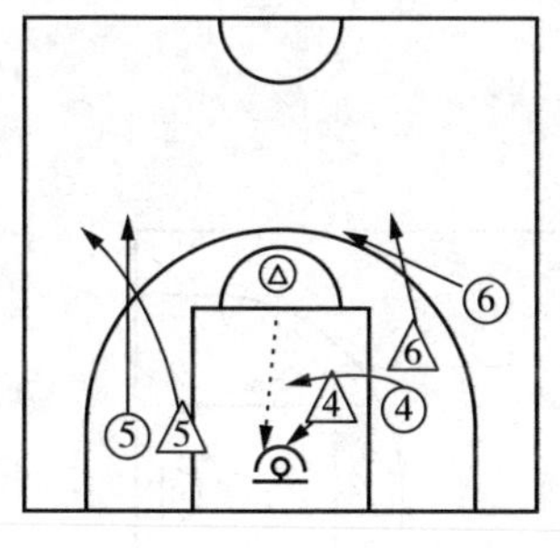

图 3－61 三对三堵截快攻

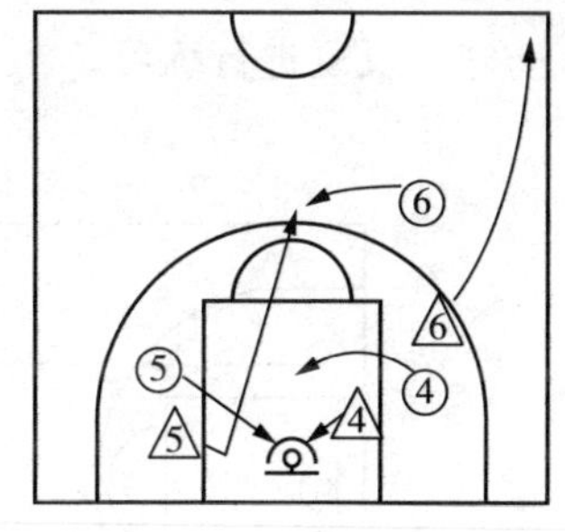

图 3－62 三对三夹击第一传

2. 防守快下队员

练习：如图 3－63 所示，◎投篮未中立即上前抢到篮板球时，①和②立即起动沿边线快下，而△1和△2也随即快退，并在退防时密切观察场上情况，准备断◎的长传球。每次练习后，两组分别回到对组排尾，攻守交换练习。

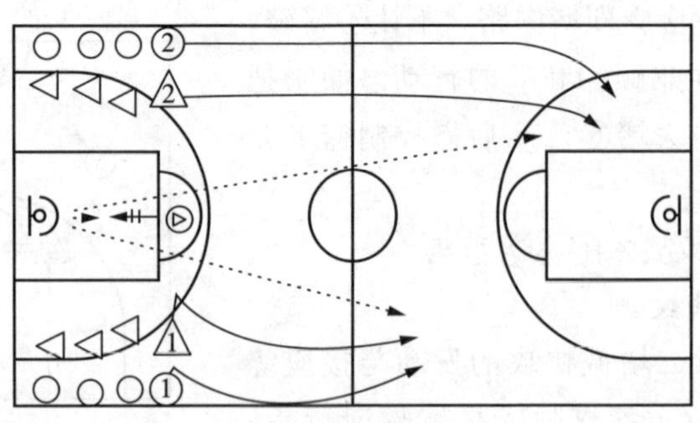

图 3-63　防守快下队员

3. 快攻结束阶段以少防多

练习一：半场一防二练习。如图 3-64 所示，当⑥把球传给⑤，⑤沿边线运球推进时，△4由中路稍向⑤一侧退防，在退防中要利用假动作干扰对手，当⑤又把球传给⑥时，△4立即移向⑥一侧篮下，并随时断⑥回传给⑤的球或及时起跳封盖⑥的投篮和可能的二次篮板球进攻。练习开始采用固定人防守。为了提高防守的积极性，也可以采用防守成功后交换防守的方式进行。

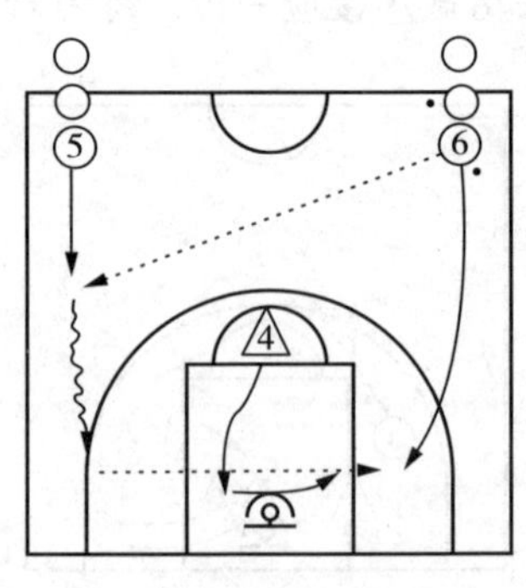

图 3-64　半场一防二

练习二：全场一防二练习。如图 3-65 所示，⑤和④快速向前场推进，△5防守。△5防守后接着与△4向对侧球篮进攻。⑦和⑧中一人防守，反复进行练习。

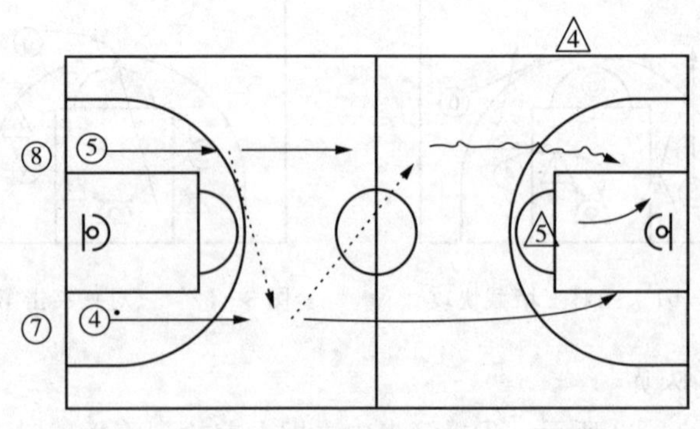

图 3-65　全场一防二（1）

练习三：全场一防二练习。如图 3-66 所示，三人一组，开始三人直线快攻，返回时变为一防二，其中投篮队员变为防守队员。三人直线快攻结束后，⑦从中路立即转攻为守，迅速退防，⑥和⑧快速反击，⑦边退边防，不断调整防守位置，并伺机断⑥和⑧之间的传球。各组依次反复练习。

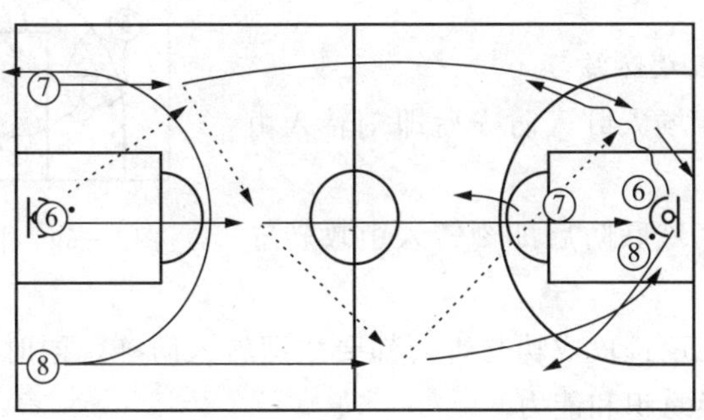

图 3-66　全场一防二（2）

练习四：全场二防三练习。如图 3-67 所示，三人一组，开始由④、⑤、⑥向前场快速进攻。另一组的⑦和⑧进行防守，⑨在边线外暂不参加防守，然后⑦、⑧、⑨一起在防守后向对面组织进攻，由第三组立即派两人进场防守。依次往返进行练习。

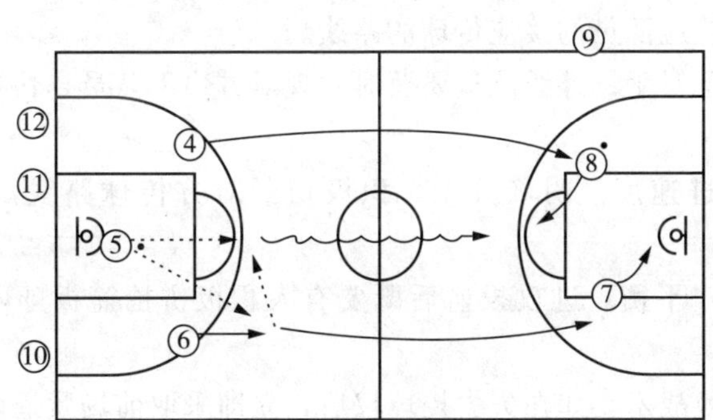

图 3-67　全场二防三

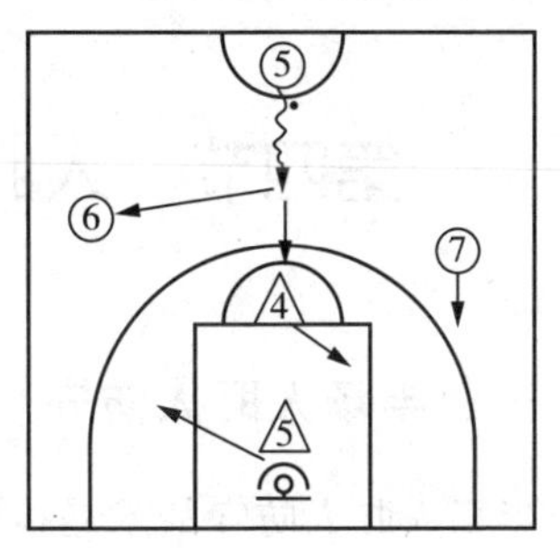

图 3-68　半场二防三（1）

练习五：半场二防三练习。如图 3-68 所示，⑤从中路运球推进时，△4在前堵中路，△5在后成重叠防守。当⑤把球传给⑥时，△5上前防守⑥，△4立即后撤兼顾防守⑤和⑦。当⑥沿边线运球突破时（图 3-69），△5随之移动防守⑥，防止其突破上篮，这时△4要向中区占据篮下有利位置兼防⑤和⑦。当⑥把球传给⑤时，

△4要立即移动堵截，△5迅速向篮下移动兼防⑥和⑦。练习要求：△4和△5在防守中要协同配合，人球兼顾，真假动作结合，抢占有利位置，并伺机断球。

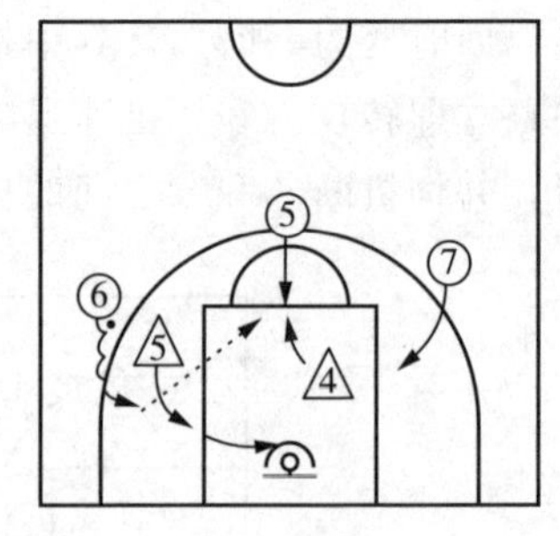

图3-69 半场二防三（2）

4. 全场五对五攻防练习

（1）由进攻半场人盯人防守后即刻转入由攻转守练习。

（2）由进攻区域联防后即刻转入由攻转守练习。

练习要求：无论进攻成功与否，都要立即转入防守，同时由守转攻也要快，不断提高攻守转换意识和能力。

（三）防守快攻战术的基本要求

在积极防守的思想指导下，要求全队整体布防、队员各司其职，行动一致，主动地从不同位置上全面追截，制止对方发动快攻，降低快攻速度，任何位置上的对方投篮都要积极进行干扰和封防，影响其命中率，并积极拼抢篮板球。

（1）提高攻守转换意识。积极阻止和破坏对方可能发动的快攻。

（2）封堵第一传和接应。就近的防守队员要迅速逼近防守，封堵对方第一传路线，同时切断接应队员的接应传球的路线。

（3）控制快下对手。外线队员要及时发现对方快下队员，快速退守，控制其接球区域。

（4）降低推进速度。明确分工，积极切断对方传球路线，追防与堵截运球人。

（5）保持攻守平衡。进攻投篮后既要有人积极拼抢篮板球，又要有人迅速退守。

（6）随机变换战术。如在失去控球权后，立即采取前场紧逼防守，退回后场后迅速形成阵地防守阵型。

第四节 人盯人防守与进攻人盯人防守

一、半场人盯人防守

半场人盯人防守战术是指由攻转守时，全队有组织地迅速退回后场，在半场范围内，每个防守队员负责盯住一个进攻队员，控制其行动，并协助同伴完成全队防守任务的整体防守战术。它有分工明确、责任到位、针对性强、便于掌握等特点。在对抗日趋激烈的现代篮球比赛中，运用半场人盯人防守战术能有效地破坏对方进攻时的习惯打法，充分发挥个人的防守能力，调动个人防守的积极性。

根据防守策略和防守范围，半场人盯人防守战术可分为半场缩小人盯人防守（距离球篮 6～7m 的范围）和半场扩大人盯人防守（距离球篮 8～10m 的范围）两种。

（一）半场缩小人盯人防守

1. 半场缩小人盯人防守的作用及运用时机

半场缩小人盯人防守是以加强内线防守、保护篮下为主要目的的防守战术。这种防守战术多用于对方篮下攻击力较强、外围攻击力较弱的球队。半场缩小人盯人防守防区较小，有利于协防、控制内线进攻、抢篮板球和组织快攻反击。

2. 半场缩小人盯人防守方法

（1）强侧、弱侧的防守方法：以球场纵轴线为标准，有球一侧为强侧，无球一侧为弱侧。强侧的防守：对持球队员要紧逼防守，限制其投篮、突破、传球。对于近球者，采用积极的错位防守，阻止其接球。弱侧的防守：要回撤篮下保护、协防，同时注意抢断高吊球，及时堵截对方的背插和溜底线。

练习：如图 3－70 所示，⑥持球时，△6紧逼⑥，△7内侧侧前防守⑦，△4紧逼防守④，△8回缩篮下防⑥的高吊球及⑧的横切等。△5可适当向强侧靠拢。如果弱侧队员⑤接球（图 3－71），△5紧逼⑤，△7侧前或绕前防守⑦。△4错位防守④并准备协防。弱侧的△6向中锋一侧靠拢，保护中锋。△8错位防守⑧的接球或空切篮下。

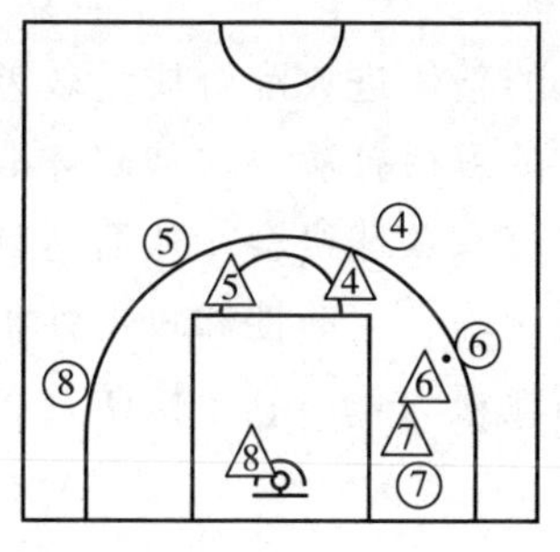

图 3－70　强侧防守

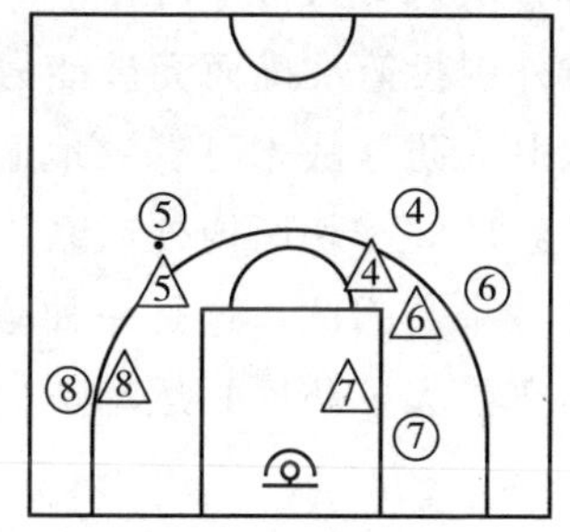

图 3－71　弱侧防守

（2）防掩护进攻的配合方法：当对方进行掩护进攻时，运用挤过配合，尽量不要换防，尤其是中锋与外围队员之间的掩护更是如此。防止出现大防小、小防大的局面。如果外围队员在弱侧区进行掩护时，可采用交换配合或穿过配合。

练习：如图 3－72 所示，⑦传球给⑥，中锋队员④与⑤做掩护时，△4、△5不要换防，穿过掩护队员④继续防守⑤。右边的⑦、⑧掩护时，△7全力挤过或从内侧绕过。

图 3－72　防掩护进攻

(3) 防中锋进攻的配合方法：防守中锋进攻的关键是阻止中锋接球。一旦中锋接到球，应及时围夹迫使中锋将球传到外围。

练习：如图 3－73 所示，⑤持球时，△5紧逼⑤，△9绕前防守中锋⑨，△7回缩篮下防⑤的高吊球，如果⑨接到⑤的高吊球，△7必须与△9围夹⑨，迫使②将球传出。△6回缩至篮下防守⑦空切，△8准备抢断⑨的传球。

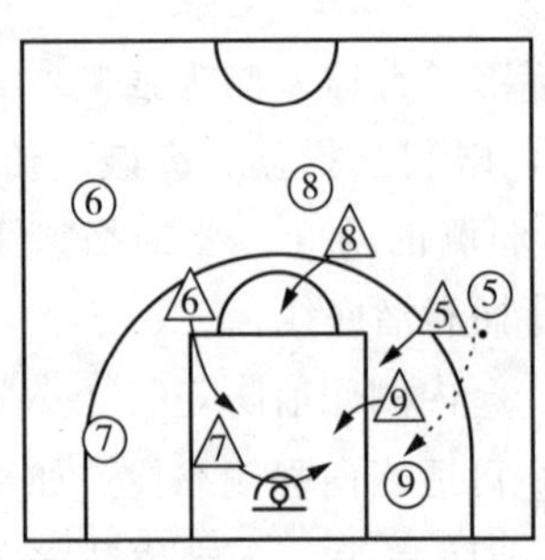

图 3－73　防中锋进攻

(4) 防移动进攻的配合方法：移动进攻的特点是在球不断转移的过程中，无球队员利用连续掩护和个人技术摆脱防守，连续切入篮下接球进攻。因此，防守时要做到积极移动，选位及时、准确、控制进攻的传球速度，堵截进攻队员的移动路线，延缓其进攻速度，为防守选位争取时间。当进攻队员掩护时，采用挤过、穿过、交换等配合方法，以破坏对方的进攻配合。

（二）半场扩大人盯人防守

1. 半场扩大人盯人防守的作用及运用时机

当对方外围投篮准确而突破能力及全队的整体进攻配合质量较差时，采用半场扩大人盯人防守战术可有效地遏制对方的习惯打法。这种防守战术有时也用于加强外线防守、切断内外联系，使中锋没有获球机会，从而达到“制外防内”的防守效果。因此，这是一种防守目的明确、主动性和攻击性很强的防守方法。但由于扩大了防区，运动员的体能消耗很大，不利于协防，容易出现漏人现象。

2. 半场扩大人盯人防守的方法

由攻转守时，防守队员应首先控制对方的反击速度，迅速退回后场，当持球队员进入前场时，防守队员应立即紧逼防守，减缓其进攻速度，阻止其运球突破。防无球队员应及时选位，以防止对手接球或切入。

练习一：如图 3－74 所示，④持球进入前场后，△4紧逼防守④，控制其进攻速度，严防其突破，△5、△7紧逼⑤和⑦防止接球，并随时注意与④的掩护。△6侧前防守⑥，防止高吊球，△8向篮下回撤，帮助△6协防⑥，并注意⑧的横切。如④将球传给⑤，则按图示方向选位。

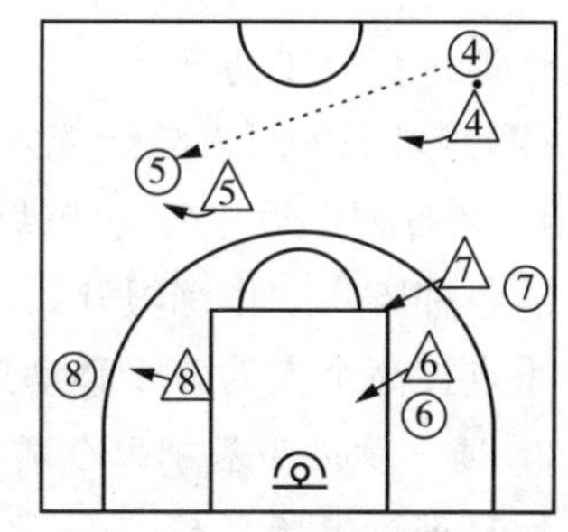

图 3-74　扩大人盯人防守（1）

练习二：如图 3-75 所示，当④在中线边角被迫停球时，△6果断放弃⑥与△4协同夹击④。此时，△7积极向⑥移动补位，准备抢断④传给⑥的球。△8向篮下回缩，准备抢断④传给⑦或⑧的球。

练习三：如图 3-76 所示，当⑦在底线场角被迫停止运球时，△4协同△7在底角夹击⑦，移动到强侧紧逼防守④并准备断⑦的传球，△6向纵轴线附近移动，同时防守⑥和⑧向篮下切入以及随时准备抢断⑦的传球，△5向篮下移动防堵⑤横切。

图 3-75　扩大人盯人防守（2）

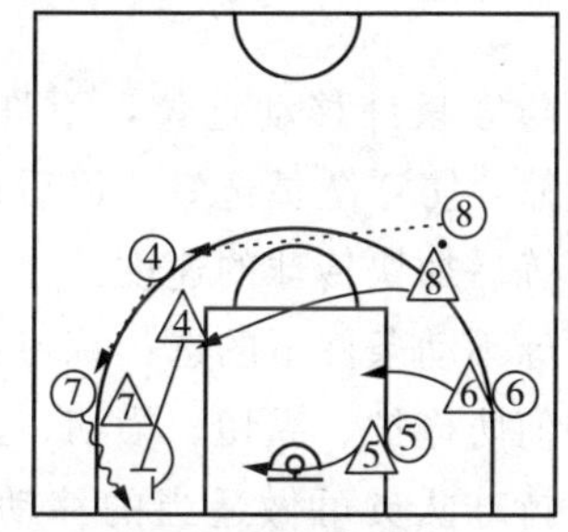

图 3-76　扩大人盯人防守（3）

（三）半场人盯人防守的基本要求

（1）贯彻以人为主的防守原则，对持球队员必须采用平步贴身紧逼防守姿势，扩大防守面积，积极拼抢，不给对方轻易投篮、突破和传球的机会。一旦被对手突破，必须追防。

（2）对无球队员要错位防守，做到人、球、区兼顾，敢于对抗堵截其向球移动和空切篮下的路线。

（3）由于防守区域扩大，比赛强度增加，要求队员有充沛的体力和良好的意志品质，比赛中要正确观察、判断场上的攻守情况，在防守选位时，要做到“人动我动，球动我动”，在严密控制对手的基础上随时准备协防、补防、夹击、断球以及防掩护等，充分体现防守的整体性、主动性和攻击性。

(4) 防守分工时，通常以跳球时的站位分工，也可按照赛前准备会的布置有针对性地进行分工防守。

(四) 半场人盯人防守战术教学

1. 提高脚步动作的灵活性和个人防守技术

从各种脚步动作练习开始，过渡到半场或全场的一对一攻守对抗练习，在对抗中重点提高个人的脚步移动速度和防守技术。

2. 进一步提高基础配合质量

反复进行半场二打二、三打三对抗练习，提高防守队员之间的基础配合质量，为提高全队整体防守水平打好基础。

3. 全队防守时的选位练习

在球动人不动条件下的选位练习：如图 3-77 所示，进攻队员基本不动，利用球不断地转移，让防守队员按照防守持球队员和无球队员的原则进行选位。练习数次后，防守队员按顺时针方向换位 4 次，然后攻守交换，依次进行练习。

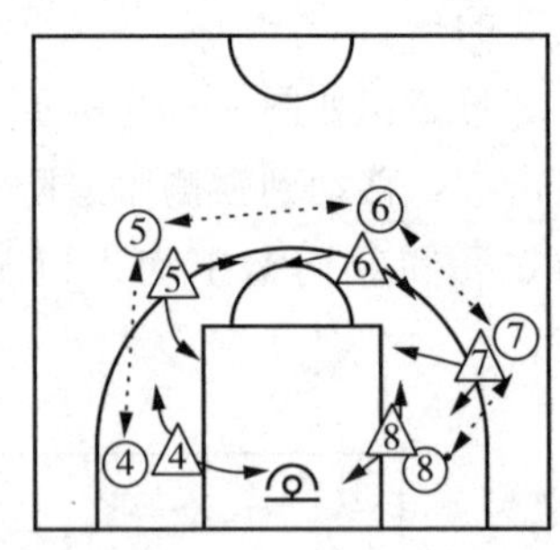

图 3-77 半场人盯人防守

要求：防守只许移动选位，不许断球，进攻不允许投篮，防守队员选好位以后再传球。

练习熟练后加快传球的速度。

在人动球不动条件下的选位练习：球依次固定在每个队员手中，让其他 4 名队员练习如何防掩护、纵切、横切、溜底线等。

要求：持球队员可做适当的移动，但不要传球，其他进攻队员可以连续掩护、空切等。练习数次后攻守交换。

在人动球动条件下的练习：只许进攻队员传球、运球突破或运用传切、掩护、突分、策应等基础配合，不允许投篮。防守队员严格按照选位原则进行防守，控制对方的进攻配合，如果抢断成功，攻守交换。

4. 半场五对五攻守对抗练习

进攻投篮命中后，从中圈发球继续进攻，进攻队员抢到前场篮板球，可以补篮或二次进攻。防守队员抢到后场篮板球或抢断成功，应从中圈开始发球进攻。

5. 全场五对五攻守对抗练习

要求：提高攻守转换速度，练习中由攻转守时，首先封一传堵接应，赢得时间迅速退守，进行半场缩小或扩大人盯人防守，在对抗练习中发现问题、解决问题，提高技战术运用能力。

二、进攻半场人盯人防守

进攻半场人盯人防守战术，是根据半场人盯人防守战术特点，合理组织进攻落位阵型，运用个人战术行动和进攻基础配合所组成的全队进攻战术。它要求队员既要有良好的战术意识、个人进攻能力，又要有集体协作精神，依靠队员间的互相配合，攻破对方的防线。

（一）进攻半场人盯人防守战术配合的方法

1. 选用合理的落位阵型

根据队员的身体条件、技术特点和战术素养来选择能够充分发挥本队特点的进攻阵型。最常见的进攻落位阵型有单中锋进攻的“2—3”阵型（图 3-78）和“2—1—2”阵型（图 3-79）、双中锋进攻的“1—2—2”阵型（图 3-80）、无固定中锋的“1—2—2”阵型（图 3-81）、中锋位于高策应区的“1—4”阵型（图 3-82）和双中锋纵向站位的“1—3—1”阵型（图 3-83）等。

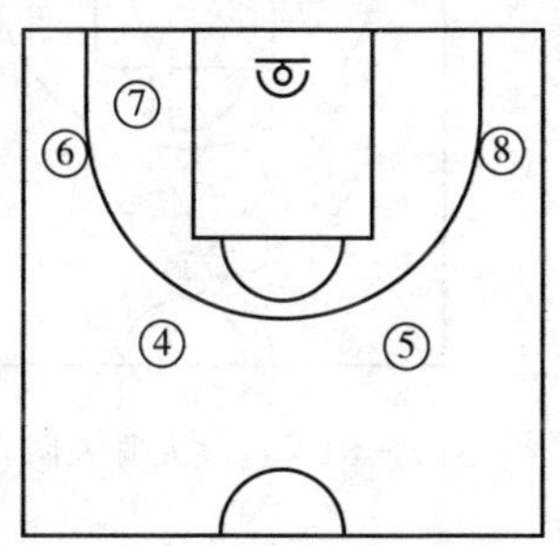

图 3-78　单中锋进攻“2—3”阵型

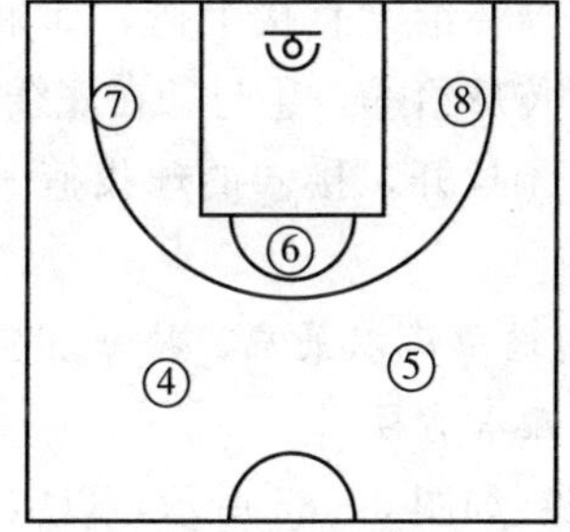

图 3-79　单中锋进攻“2—1—2”阵型

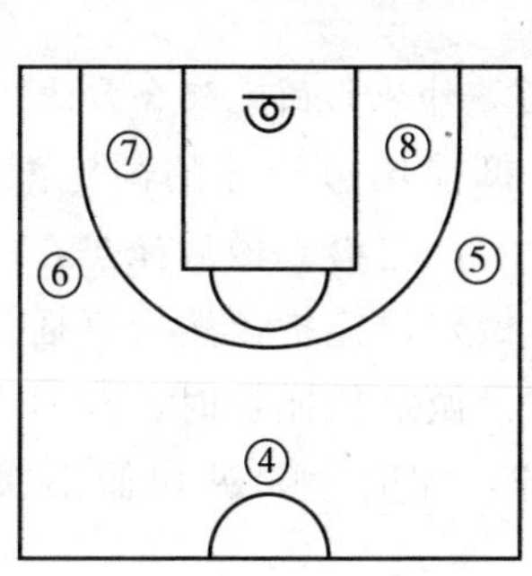

图 3-80　双中锋进攻“1—2—2”阵型

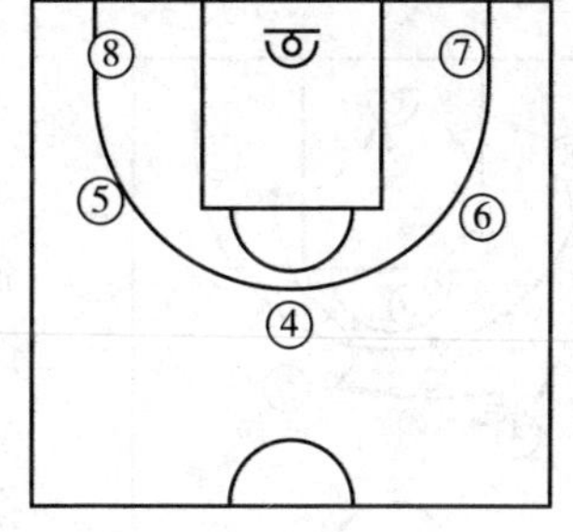

图 3-81　无固定中锋“1—2—2”阵型

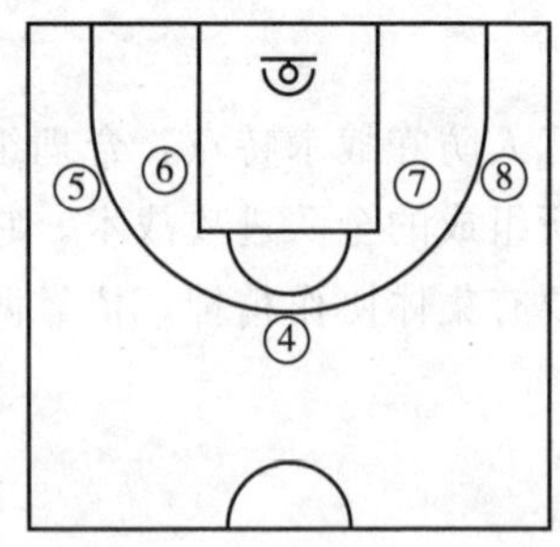

图 3－82　中锋位于高策应区“1—4”阵型

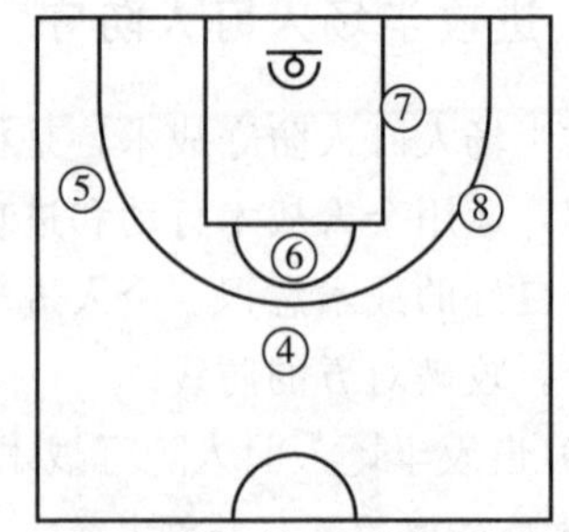

图 3－83　双中锋纵向站位“1—3—1”阵型

2. 通过中锋以掩护为主的配合方法

练习：如图 3－84 所示，以“1—2—2”进攻阵型落位，④传球给⑤，⑥上提与④做后掩护，⑤将球传给④直接上篮。如果④没机会接球，⑤可传球给⑥，④与⑦在底线做交叉掩护。⑦横切，④拉开，接⑥的球投篮，⑥也可个人进攻。

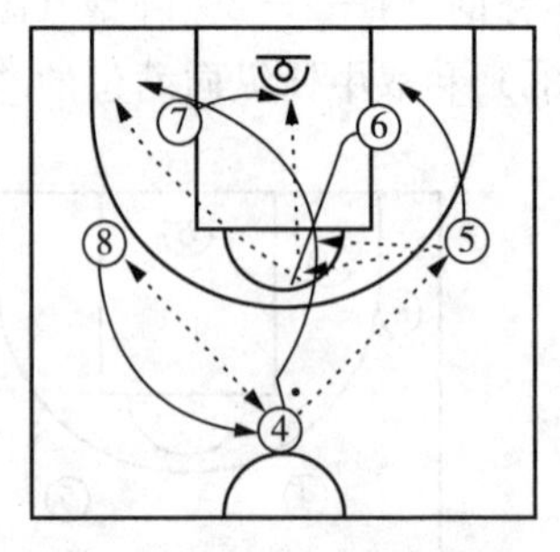

图 3－84　进攻人盯人防守（1）

3. 通过中锋以策应、掩护、空切、突分为主的进攻配合方法

练习：如图 3－85 所示，以“2—1—2”阵型落位，④传球给⑥，④与⑤做侧掩护，然后以⑥为中枢做交叉策应，⑥可将球传给⑤或传给掩护后横切的⑦，⑤接球后突破如受阻可分球给⑧或⑦投篮，⑥在策应过程中，也可个人攻击。

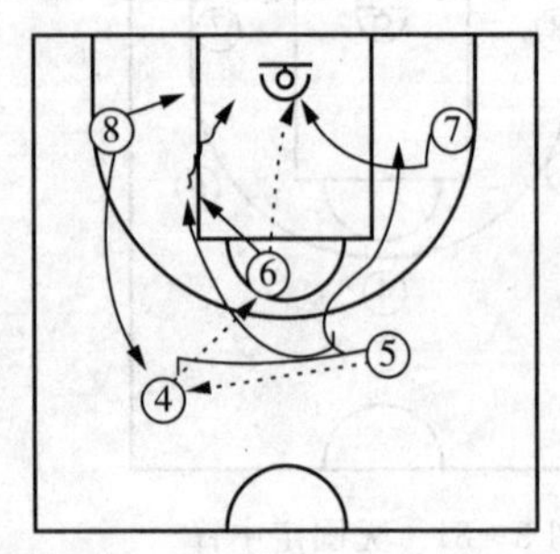

图 3－85　进攻人盯人防守（2）

4. 掷前场界外球的固定配合方法

练习一：掷前场边线球的固定配合方法。如图 3－86 所示，⑦给⑧做后掩护，⑧纵切时靠近⑤的身体做定位掩护，然后直插篮下接球投篮。当⑧与⑤做定位掩护时，⑥向左场角移动接④的传球，此时，⑤纵切篮下接⑥的球投篮。

练习二：掷前场端线球的固定配合方法。如图 3－87 所示，⑦给⑥做侧掩护，⑥横切的同时与中锋队员⑤做定位掩护，然后切向篮下接④的传球投篮。④亦可将球传给⑦或⑤。

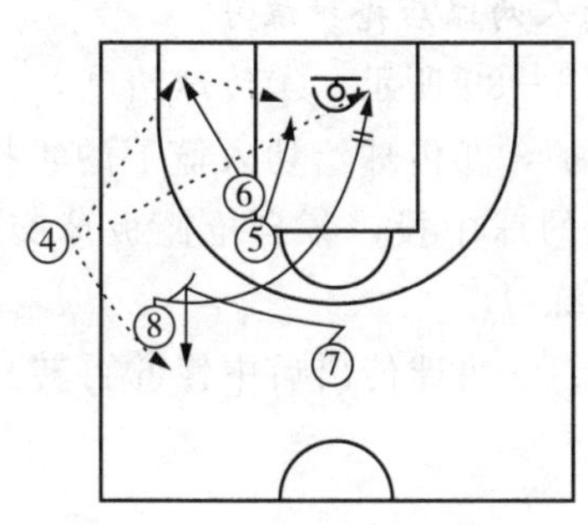

图 3－86　掷前场边线球配合

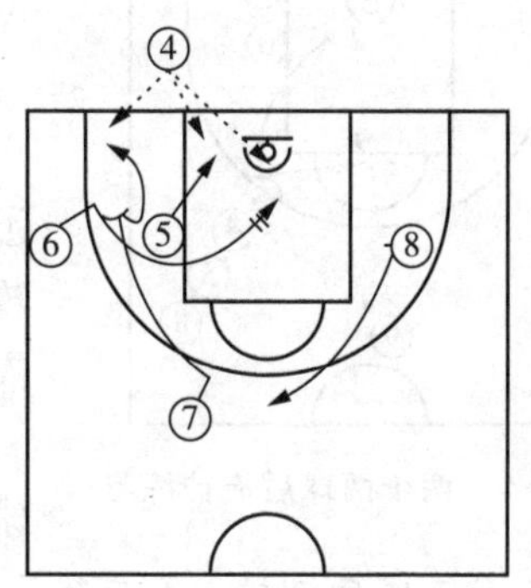

图 3－87　掷前场端线球配合

（二）进攻半场人盯人防守战术的基本要求

（1）从实际出发，合理地组织阵型，充分发挥本队进攻特点和个人的技术特长，利用基础配合组成全队的进攻战术。

（2）做到在移动中相互配合，有目的地连续穿插、掩护、换位。配合中强调主要的攻击区域和攻击点以及进攻中的灵活性和机动性，点面结合，内外结合。注意攻守平衡。

（3）组织冲抢前场篮板球，提高攻守转换速度。

（4）进攻中抓住对方防守的薄弱环节，实施强攻。

（三）进攻半场人盯人防守战术教学

进攻半场人盯人战术配合方法有许多，每个球队都能根据本队的特点和个人技术特长，设计出若干种进攻配合方法。无论何种打法，从总体上说，教学与训练的程序是基本相同的。

以进攻人盯人防守战术配合为例：如图 3－88 所示，⑤传球给④发动进攻，中锋⑥上提给⑤做后掩护，然后横插，④亦可将球传给⑤或⑥，左侧的⑧给⑦做掩护，⑦上提补位。⑥接球后也可与④做策应配合，也可个人进攻或传球给⑦、⑧、⑤进攻。

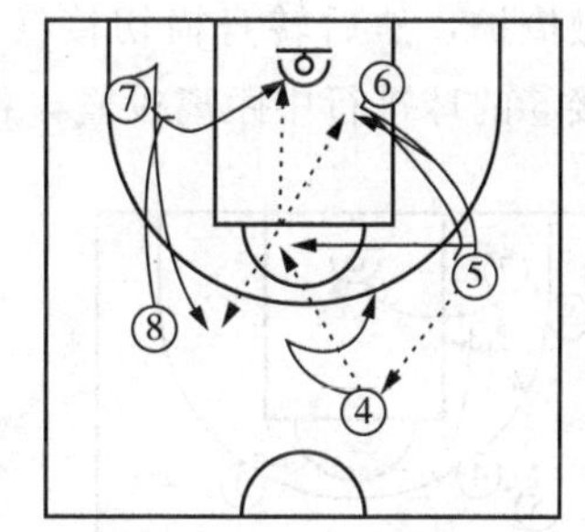

图 3－88　进攻人盯人防守战术配合

这种战术配合主要利用掩护、策应、空切组成的综合进攻。在教学训练时，应当首先通过战术演示盘让队员基本了解整体战术配合方法、各自任务、移动路

图 3－89　两个两球后掩护练习

线及全队的攻击区域、攻击点，然后再进行分位练习。

1. 两人两球后掩护练习

如图 3－89 所示，④传球给⑨，⑥上提给④做后掩护，⑨传球给切入篮下的④投篮，⑥转身接⑦的球中投，各自抢篮板球交换位置，依次进行练习。

要求：⑨将球传出后中锋⑥再转身接⑦的球投篮。

2. 三人三球后掩护、策应练习

如图 3－90 所示，⑥传球给④，⑧给⑥做后掩护，⑥空切篮下接⑤的球投篮，⑧横插接④的球并与④做策应配合，④接⑧的球投篮，⑧策应传球后转身接⑨的球投篮，各自抢篮板球回原位，练习数次后，按顺时针方向换位，依次进行练习。

要求：④和⑧进行中距离投篮，⑥接球后行进间投篮。

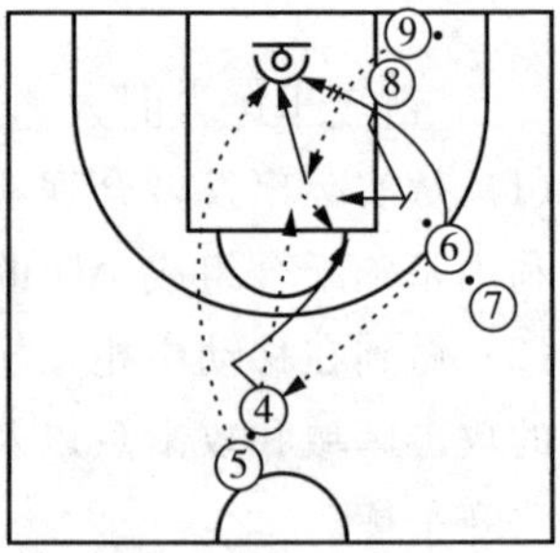

图 3－90　三人三球后掩护、策应练习

3. 两人两球底角掩护练习

如图 3－91 所示，④传球给⑨，④到底线与⑦做掩护，然后转身横切接⑨的球投篮，⑦上提接⑤的球进行中距离投篮，各自抢篮板球后换位，依次进行练习。

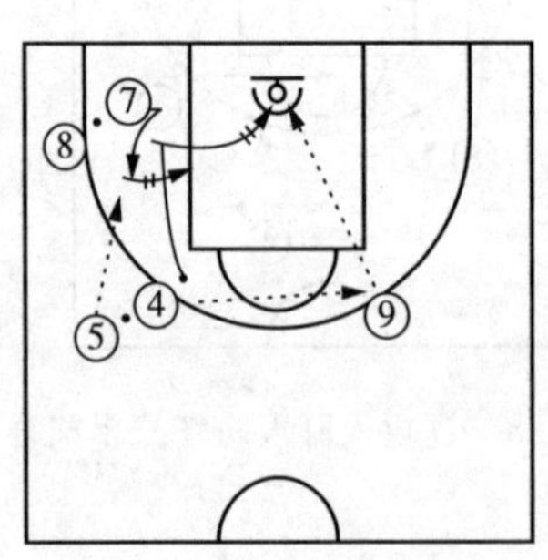

图 3－91　两人两球底角掩护练习

以上进行的是无防守情况下的多球分位练习，旨在优化进攻配合路线，提升各进攻点的投篮技术。熟练掌握后，可在消极防守状态下进行练习，初步掌握配合时机，提高技术运用能力，进而逐渐过渡到积极防守对抗练习。此练习应从实战出发，严格要求，确保队员掌握并提高局部战术配合的方法和质量。

4. 半场无防守情况下的五人练习

在教练员的指导下，熟悉落位，明确任务，按照战术配合的时机和路线要求，进行人、球移动练习。

5. 半场消极防守情况下的五对五练习

将整体配合中的前、后、左、右的局部配合组合在一起，让队员了解全队进攻的移动规律，掌握发动进攻的时机，提高各个攻击点的技术运用能力。

6. 半场积极防守情况下的五对五练习

在积极对抗练习中，掌握进攻变化规律。教练员应严格要求，完成进攻的具体指标后攻守交换。必要时，对于出现的共性问题，可让队员分组讨论，以提高他们的战术意识及分析问题、解决问题的能力。

三、全场紧逼人盯人防守

全场紧逼人盯人防守战术是指由攻转守时每个队员立即看守住邻近的对手，并在全场范围内紧紧盯住对手，以个人积极的防守和全队的协同配合，破坏对方进攻，达到转守为攻的目的的一种攻击性破坏性很强的防御战术。这种战术防守移动面宽，争夺激烈，速度快，强度大，配合意识要求高，能充分发挥队员的特长和有效地制约对方活动，打乱对方部署和习惯打法，造成对方心理紧张和技术失误，从而取得比赛的主动权。因此它在现代高水平篮球比赛中被视为一种杀伤力最强、谋略性运用效果较好的篮球防守战术，对培养篮球运动员积极主动、勇猛顽强的战斗作风，提高他们的身体素质和促进技术的全面发展有着极其重要的作用。

全场紧逼人盯人防守战术是在全场范围内与对手展开激烈争夺的一种配合方法。由于场上各个场区的防守任务不同，所以把球场划分为前场、中场、后场三个区域（图 3－92）。

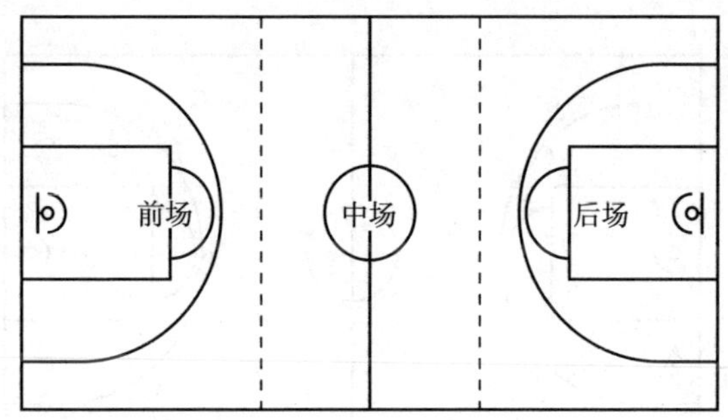

图 3－92　全场紧逼人盯人防守区域

（一）前场紧逼人盯人防守的方法

前场防守是全场紧逼人盯人防守的重要阶段，也是防守的第一道防线。在前场必须采取以夺取球为目的的防守策略，要求队员由攻转守时，有目的地快速找到自己的防守对手，立即进行紧逼，迫使对方减慢推进速度，选择有利于断球和夹击位置，并造成强大的声势，给对方施加压力，迫使对方失误和违例。

1. 对方掷端线界外球的防守方法

(1) 一对一的紧逼防守方法：如图 3－93 所示，④掷端线界外球，△4紧逼④，积极挥动双臂，封堵其传球角度，并争取截球。△5、△6、△7、△8积极堵截各自防守的对手的接球路线，迫使④发球失误或 5s 违例。

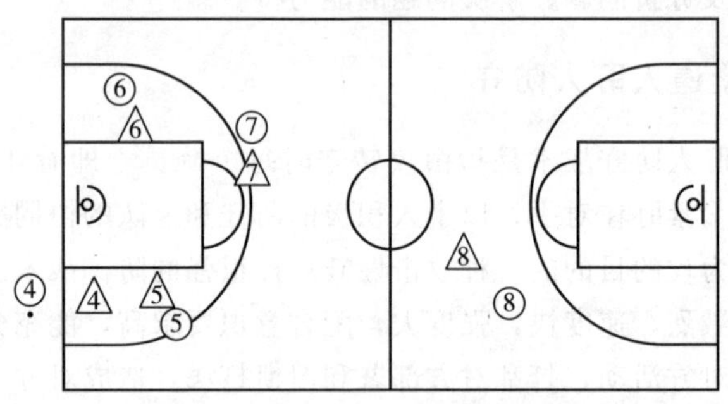

图 3－93　一对一紧逼防守

(2) 夹击接应队员的紧逼方法：这种方法主要用于防守对方技术全面、控球能力强、善于接球后组织进攻的队员。如图 3－94 所示，迫使④将球传给控球能力较差的队员，以利组织攻击。△4放弃对④的防守，去协助△5夹击技术全面的接应队员⑤。△4背对或侧对④，面向⑤正面防守⑤接球。△5站在⑤前面或侧后方，防止⑤摆脱快下接④的长传球快攻。△6、△7、△8除控制接球外，还要根据场上的变化，及时调整防守位置，注意补防或断球。

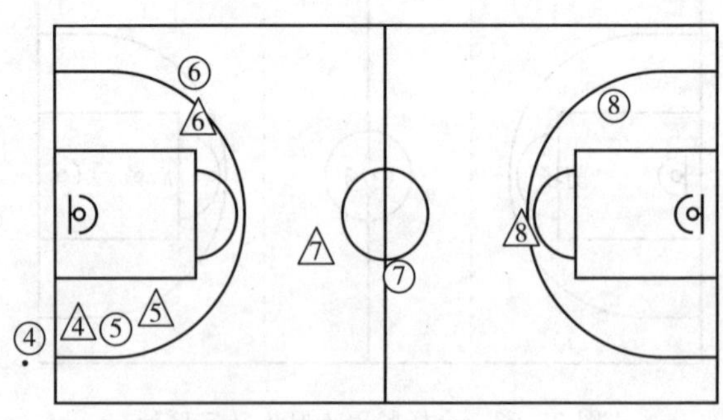

图 3－94　夹击接应队员

(3) 机动夹击的紧逼方法：如图 3－95 所示，当④掷界外球时，△4主动放弃防守④，充当“游击队员”，他可站在两个接球队员的前面或后面。△4要判断④的传球方向，及时移动进行断球或与△5、△6协同夹击接球的⑤或⑥。△7和△8应在⑦和⑧的侧方错位防守，随时准备断长传球和补防。如果对方已将球掷进场，而夹击、抢断又未成功，△4和其他队员应及时调整位置，进行紧逼人盯人防守。

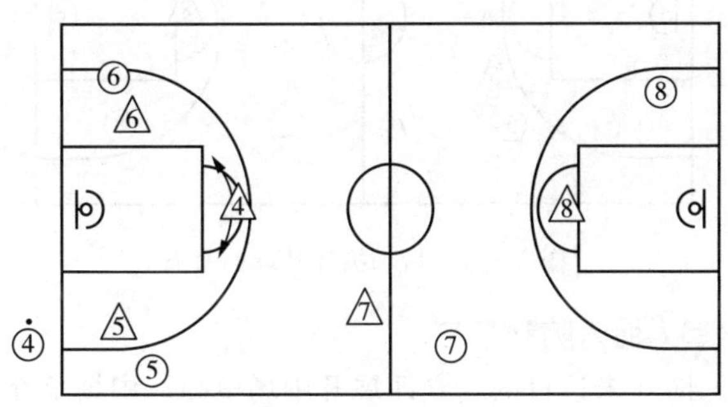

图 3 - 95　机动夹击

2. 投篮未中对方抢获篮板球时的防守方法

当本方投篮未中，被对方抢获篮板球时，应立即展开防守，一般由就近队员防守对手。如图 3 - 96 所示，本方投篮未中，对方△7抢获篮板球时，邻近的⑦立即上去紧逼△7，⑥紧逼插中路的△5，⑧防守△8，④、⑤防守快下的△6和△4。

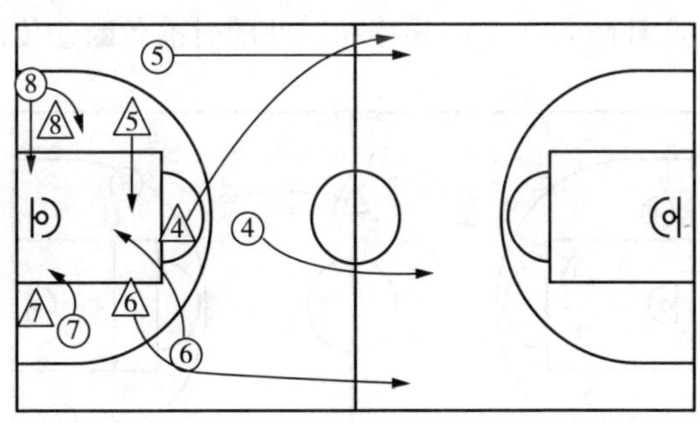

图 3 - 96　抢篮板球后的紧逼

3. 对方在后场边线掷界外球时的紧逼方法

当对方在后场边线掷界外球时，一般不去紧逼掷界外球者，而采用夹击接应队员的方法防守。如图 3 - 97 所示，当对方④掷界外球时，△4和△6夹击防守距球最近、最有可能接球的⑥，其他队员要及时抢占有利的防守位置，切断各自对手的接球路线，尽量延误对方的发球时间，并随时准备抢断球，迫使对方违例或失误。如果球已掷入界内，△4应及时调整位置，继续防守④。

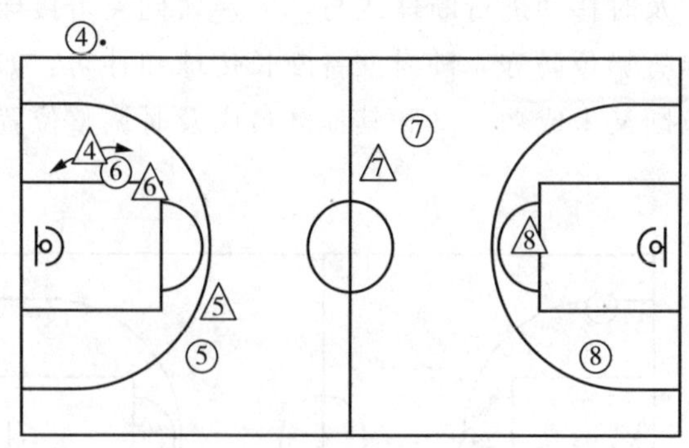

图 3-97　后场掷界外球的紧逼

（二）中场紧逼人盯人防守方法

当前场一线的防守未达目的，立即展开中场争夺。中场争夺时要加强中路的防守，迫使对方沿边路运球或传球，制造夹击机会，防守队员要高度默契，积极主动进行夹击、抢防、换防、补防等配合，以提高集体协防的质量，取得更好的防守效果。

1. 组织夹击与补防配合

如图 3-98 所示，⑤接球后突破，△5堵中路防边线，迫使⑤沿边线运球向前推进。此时，△7大胆放弃防守⑦迎上堵截⑤，并迫使⑤在中线边角停球，与△5夹击⑤。△8补防⑦，△6补防⑧，△4向⑥移动，并随时准备断⑤传出的球。

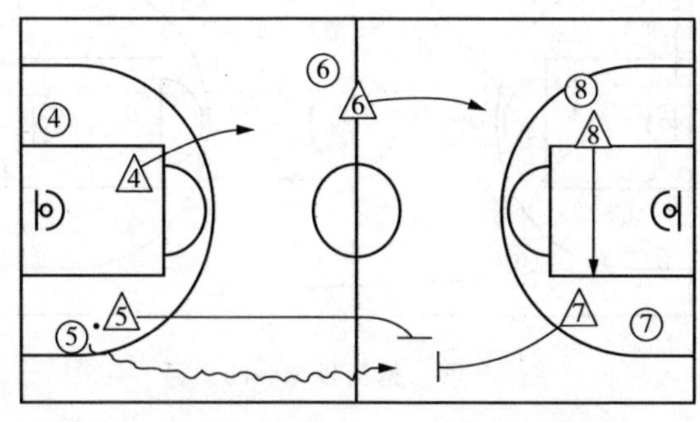

图 3-98　夹击与补防

2. 防掩护配合

防给有球队员掩护时，力争挤过防守，不得已才交换防守；防无球队员的掩护时，可采用穿过防守，以破坏掩护进攻。

3. 防中线附近策应配合

中线附近的策应配合是破坏全场紧逼把球推进到前场的有效方法。因此，应及时识破对手的意图，抢先防守策应队员，断其策应路线，破坏其配合。如图3－99所示，当⑤中路运球遇阻时，⑧企图迎上策应，△8发现⑧的意图立即抢前防守⑧，阻断⑧的移动路线，截断⑤给⑧的传球。如果⑧接到球，△6、△4、△5则要迅速后撤，防止⑥、④、⑤空切，△8要迫使⑧向边线运球，△6看准时机协助△8夹击⑧，△7要切断⑦插上做策应和空切篮下的接球移动路线。

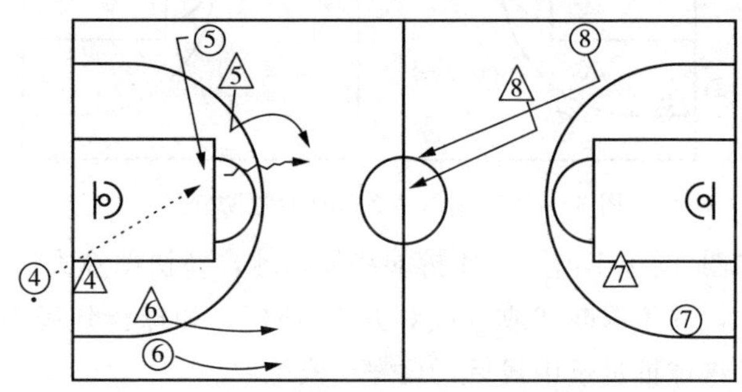

图3－99　防中线策应

（三）全场紧逼人盯人防守战术的运用时机

一般常见的时机是：突然改变战术，出其不意、攻其不备，以达到扩大战果或挽回败局时；身材矮小，但速度快、灵活性较好的对阵身材高大的队，为摆脱篮下被动局面时；对方中投准，控制球能力和突破能力较差，不善于进攻时；对方体力较差，为消耗对方体力时。

（四）全场紧逼人盯人防守的基本要求

（1）统一思想，统一行动，积极主动，加强协作。

（2）由攻转守，要迅速就近找人，抢占有利的防守位置，紧逼自己的对手，同时注意场上情况，及时协防。

（3）防守无球队员时，以控制对手接球为主，要及时抢占有利的防守位置，迫使对手向远离球的方向移动；当同伴被突破时，要果断地进行堵截和补防。

（4）防守运球的队员，首先不让对方突破，若被对方突破，也要尽量做到堵中放边，迫使对手沿边线运球并在边角停球，制造夹击机会。在防掩护配合时，力争挤过和穿过防守，尽量减少不必要的交换防守。

（5）要设法诱使对手长传或高吊球，制造抢断球机会。

（五）全场紧逼人盯人防守战术教学

1. 教学练习方法

（1）三攻三守掷端线界外球紧逼练习，防守队员可利用以下三种方法防掷界外球。

练习一：一对一紧逼防守如图 3－100 所示。

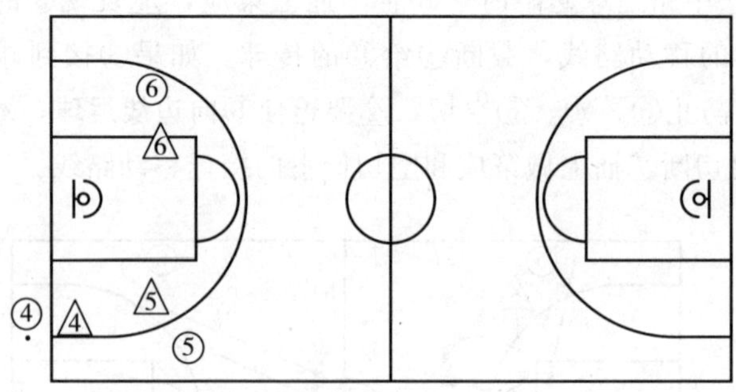

图 3－100　掷端线界外球紧逼防守（1）

练习二：如图 3－101 所示，④掷端线界外球，△4协助△5夹击⑤，△6紧逼⑥，不让⑤、⑥接球，并争取断球或造成对方 5s 违例，如球传到场内，队员△4应前去防④。进攻时将球推进过中线后，攻守交换练习。

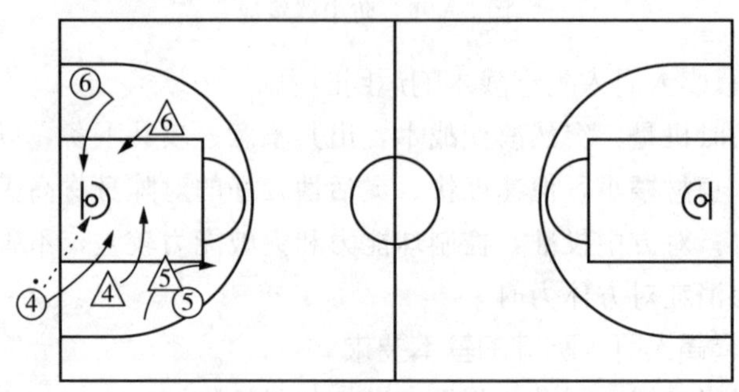

图 3－101　掷端线界外球紧逼防守（2）

练习三：如图 3－102 所示，△4放弃④，当“游击队员”与同伴配合夹击接球可能性大的进攻队员，争取断球或造成对方 5s 违例。球掷进场后，防守队员

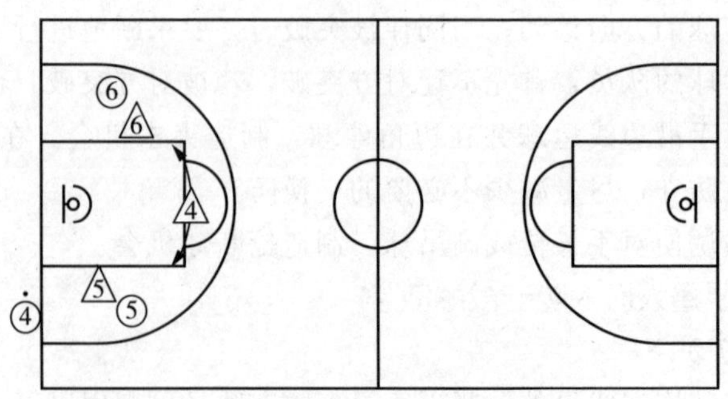

图 3－102　掷端线界外球紧逼防守（3）

要及时调整位置，利用紧逼、换防、抢前防守等方法破坏对方的配合。球过中线换下一组练习。

（2）对方抢获后场篮板球的紧逼练习，如图 3－103 所示，④罚球未中，△5抢获篮板球。⑤迅速紧逼△5，④紧逼△4，⑥紧逼△6。练习数次后交换练习。

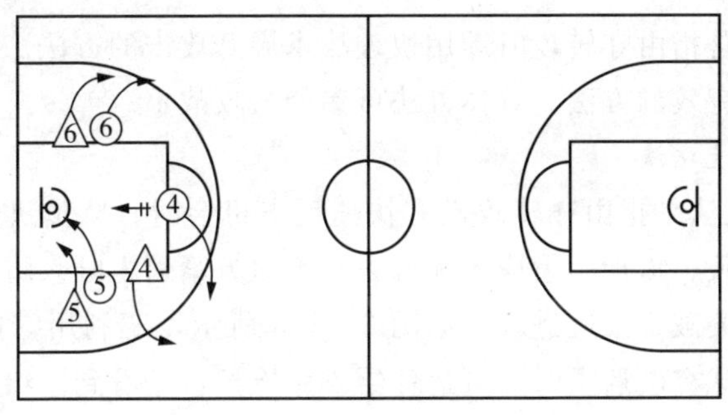

图 3－103　抢后场篮板球后紧逼

（3）中场夹击轮转补防练习。如图 3－104 所示，④运球，△4堵中放边，迫使④沿边线运球。当④运球刚过中线时，△7迎前阻截，迫使④在边角停球，△7与△4夹击④。△6迅速向⑦方向移动，△5向⑥方向移动，△8兼防守⑤和⑧，防守按顺时针方向换位练习。

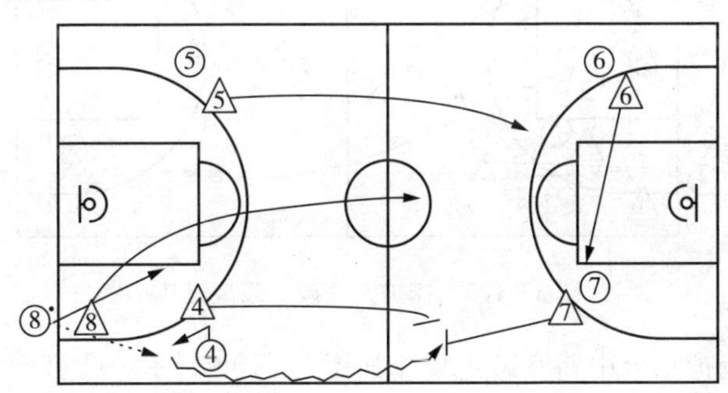

图 3－104　中场夹击轮转补防

四、进攻全场紧逼人盯人防守

进攻全场紧逼人盯人防守，首先要对这种防守战术的特点和规律有充分的了解，并针对个人防守面积大、队员分散、不利于协防的弱点，由守转攻时争取在对方未组成集体防守布局时，迅速发动进攻；要迅速摆脱防守，利用传切、突分、掩护、策应等配合，不断加强对防守的压力，或以进攻半场人盯人防守配合为基础有目的地展开全场攻击，争取比赛的主动权。

（一）进攻全场紧逼人盯人防守的方法

进攻全场人盯人防守的方法很多，从进攻的形式上可归为两类：一是快速进攻法，二是“逐步”进攻法。

1. 快速进攻法

快速进攻法是指由守转攻时动用快攻战术展开攻击的方法。它是破坏全场紧逼人盯人防守最有效的方法。具体方法可参阅快攻战术。

2. “逐步”进攻法

“逐步”进攻法是指由守转攻没有快速反击机会时，队员迅速落位，有目的地运用传切、突破、掩护、策应等配合去突破对方紧逼人盯人防守的方法。

(1) 掩护、突破、策应进攻。如图 3－105 所示，⑥利用⑤的掩护摆脱△6接④的传球，⑥运球突破遇阻时，可运球给④做掩护，④看到⑥给自己做掩护应及时反跑，并利用⑥的掩护摆脱接⑥的传球后，从中路突破，如遇阻，⑦及时上提做策应接④的传球。⑦策应后转身可传球给两侧快下的⑤或⑥进攻，如机会不好，把球传给组织后卫，迅速部署半场进攻阵型展开攻击。

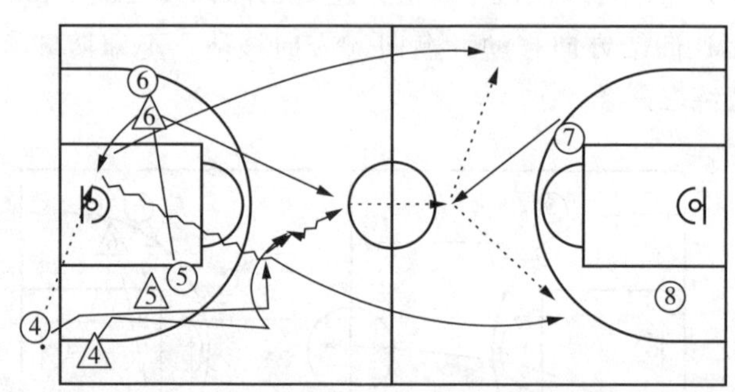

图 3－105　掩护、突破、策应进攻

(2) 两侧掩护结合中路突破进攻。如图 3－106 所示，⑧掷端线界外球，⑥、⑦在罚球线两侧接应一传，④、⑤分别站在距⑥、⑦3～4m 处。配合开始时，④、⑤同时给⑥、⑦做掩护，⑥、⑦摆脱快下。⑤掩护后转身摆脱防守接⑧的传球，④斜插中路接⑤的传球，并从中路运球突破到前场。④如不能直接突破投篮，可传球给两侧快下的⑥、⑦进攻。如机会不好，④把进攻节奏减慢，把球传给组织后卫组织半场进攻。

运用“逐步”进攻法，要根据当时防守情况采用不同的进攻配合，要求队员及时观察场上的情况，保持合理的进攻阵型；同伴之间要前后、左右呼应，要随时注意相互间的配合，确保在 8s 内使球进入前场。

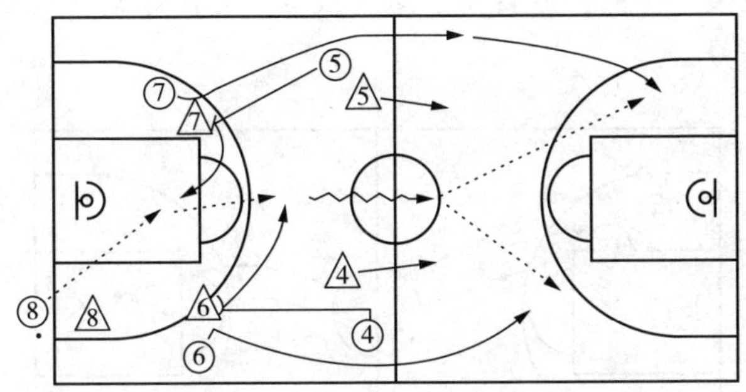

图 3-106　两侧掩护结合中路突破进攻

（二）进攻全场紧逼人盯人防守的基本要求

（1）当对方采用全场紧逼人盯人防守时，首先要沉着、冷静，按原部署战术有目的地组织进攻。

（2）抓住战机，力争组织快速反击，把球推进到前场。

（3）运球时要选好突破方向，不能在边角停球，以免对手夹击。接球队员要迎前接球，同时观察场上情况，及时把球传给进攻机会最好的同伴。

（4）进攻队员在场上的落位要保持一定的距离，拉大防守区域，避免对方协防和夹击。掌握好进攻节奏，无球队员要多穿插，连续进行传切、空切、掩护、策应等配合，制造对方防守上的漏洞，创造突破和以多打少的机会。

（5）如遇夹击，持球队员要抢在被夹击之前把球传出，若来不及传球，要注意保护好球，尽可能利用跨步、转身等动作扩大活动范围，力争把球传出。邻近的同伴应及时迎上接应，帮助持球同伴摆脱夹击。

（6）进攻传球要短而快，避免横向传球，尽量少用高吊球和长传球。

（三）进攻全场紧逼人盯人防守战术教学

1. 练习方法

（1）全场一攻一守运球突破结合传切练习。如图 3-107 所示，④运球突破△4到中线附近传球给在圈顶策应的(△)，然后摆脱△4空切篮下接(△)的回传球投篮。

（2）二攻二守对抗性练习。

练习一：如图 3-108 所示，④掷端线界外球，△4与△5夹击⑤。④必须在 5s 内发出界外球，8s 内把球传给中圈内的(△)，或运球突破过中线，练习数次后攻守交换。此练习如(△)站在前场罚球线做策应，变成全场三攻二守练习。要求进攻者在一定时间完成进攻。

练习二：二攻二守后场掷边线界外球练习。如图 3-109 所示，(△)掷边线界外球，△4防④，△5防⑤。△4摆脱接(△)的传球后运球给⑤做掩护，⑤摆脱接④的传球，并从中路突破，④掩护后转身沿边线快下，④传球给⑤投篮。每练习一轮后，攻守交换练习。

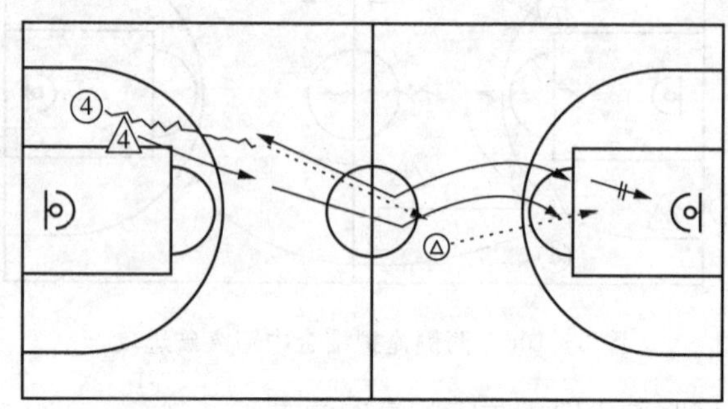

图 3－107　全场一攻一守运球突破结合传切练习

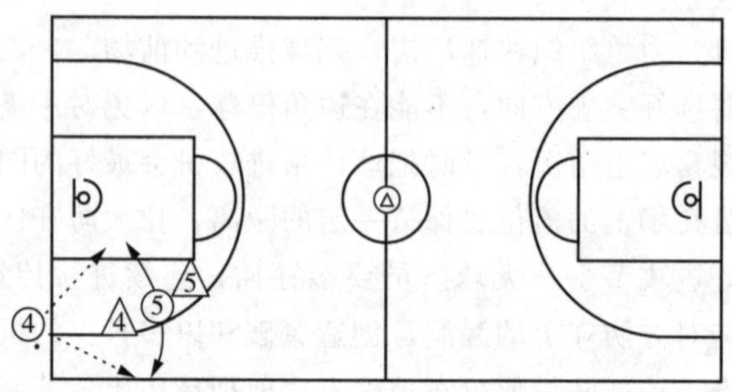

图 3－108　二攻二守对抗性练习

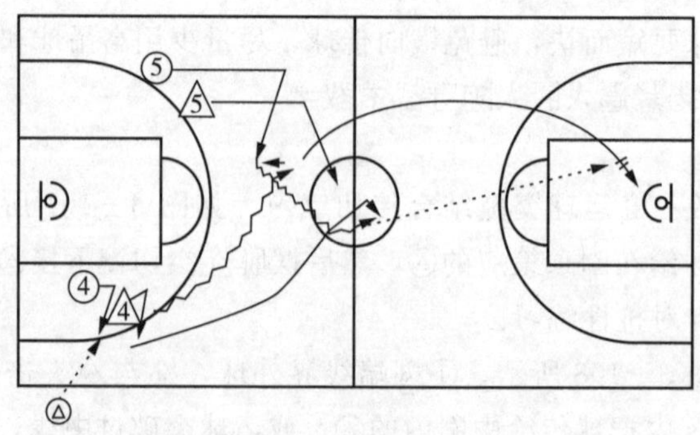

图 3－109　二攻二守后场掷连线界外球练习

练习三：二攻二守全场运球突破、策应练习。如图 3－110 所示，ⓐ掷端线界外球，④在后场摆脱△4接ⓐ的传球后快速突破，过中线后传球给策应的⑤，然后空切篮下接⑤的传球投篮，⑤跟进冲抢篮板球传给场外的ⓐ，④快下做策应，

⑤摆脱接球突破练习。练习几次后，攻防交换，依次进行练习。

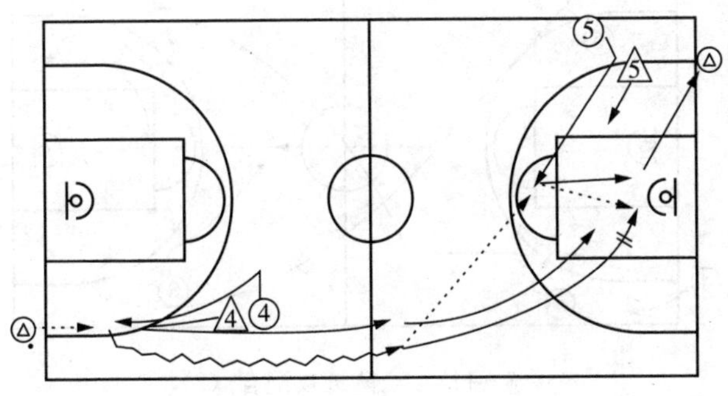

图 3－110　二攻二守全场运球突破、策应练习

(3) 全场三攻三守攻守转换练习。进攻队从中圈发球开始进攻，另一队进行紧逼防守。进攻队投中篮后，由防守队掷端线界外球，进攻队立即进行全场紧逼防守。若进攻队投篮未中，进攻队抢获篮板球继续进攻，防守队抢获篮板球快速进行反击，快攻成功后，仍由进攻队在中圈发球进攻。此练习要求攻防转换速度要快，防守要积极。由守转攻的队力争快速进攻，若快攻失败，则运用“逐步”进攻法展开攻击。

(4) 全场四攻四守练习。练习从中圈跳球开始，练习方法和要求同练习三。

(5) 全队进攻配合练习。先在无防守下练习战术落位、移动路线、配合方法和时机。然后增加难度，最后在实战中练习。如图 3－111 所示，④发端线界外球，⑥、⑧同时为⑦、⑤做掩护，④传球给⑦，⑦传球给掩护后插中的⑧，⑧直接将球传给或运球突破传给⑤或⑥。④传球后沿边线快下；如图 3－112 所示，④发端线界外球，⑤摆脱防守接④的传球再将球传给空切的⑥，⑥将球传给插上策应的⑧，⑤和⑥交叉绕过⑧切入准备接球，⑦向篮下切入或上提罚球线接球后继续策应，④传球后沿边线快下。

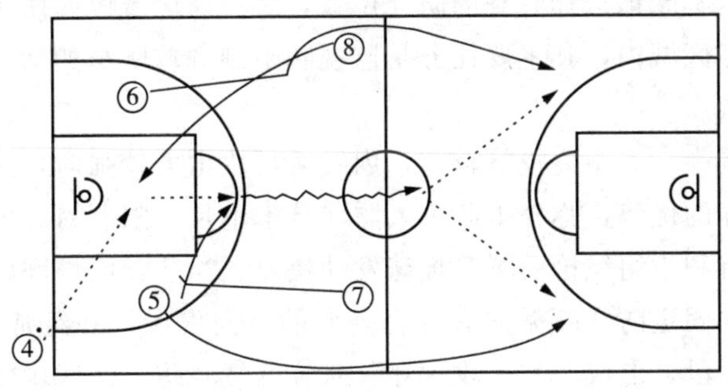

图 3－111　全队进攻配合 (1)

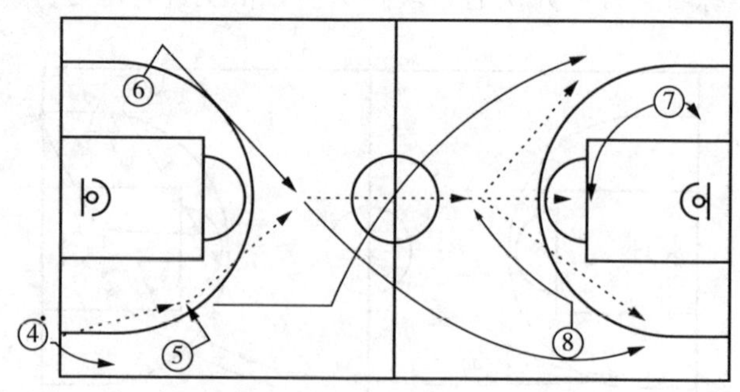

图 3－112　全队进攻配合（2）

第五节　区域联防与进攻区域联防

区域联防是由攻转守时，防守队员迅速退回后场，每一个队员分工负责协同防守一定的区域，随着球的转移而积极地调整自己的位置，形成一定的阵型，把每一个防区的同伴有机地结合在一起所组成的全队防守战术。进攻区域联防是针对区域联防的阵型和变化特点，结合本队的实际情况，组织相应的落位阵型，有目的地通过传球及队员的穿插，破坏对方整体防御部署，创造良好的内外线进攻机会的阵地进攻战术。区域联防与进攻区域联防是一种篮球实战攻防战术体系，是在个人与两三人配合攻防策略与方法基础之上更为高级与强悍的全队攻防战术手段，其中蕴含着丰富的理论与实践内容。

一、区域联防

现代联防防守战术的特点是，防守队员以防人为主，随着球的转移和进攻队员的穿插移动，不断地选择有利的防守位置，对有球区域以多防少，无球区域以少防多。在防守区域内，其主要任务是监视和限制进攻队员的活动，做到防人为主，人球兼顾。

当对方外围中、远距离投篮较差，内线队员攻击力较强时，运用区域联防能够发挥集体防守的优势，弥补本队个人防守技术不足，限制对方的内线进攻，减少本方犯规，有利于组织抢后场篮板球发动快攻。当前，区域联防战术已扩大了防区，从单一的固定防守阵型向着综合多变的方向发展，并经常采用轮转换位、紧逼、夹击等手段，形成了“一攻一守”对位区域联防，使区域联防战术更具有针对性、攻击性、综合性的特点。

（一）区域联防的站位阵型

区域联防站位阵型有“2—1—2”阵型（图 3-113），“2—3”阵型（图 3-114），“3—2”阵型（图 3-115），“1—3—1”阵型（图 3-116）等，其中“2—1—2”是基本的站位阵型。图中的黑线区为联防共管区，也是联防薄弱区。

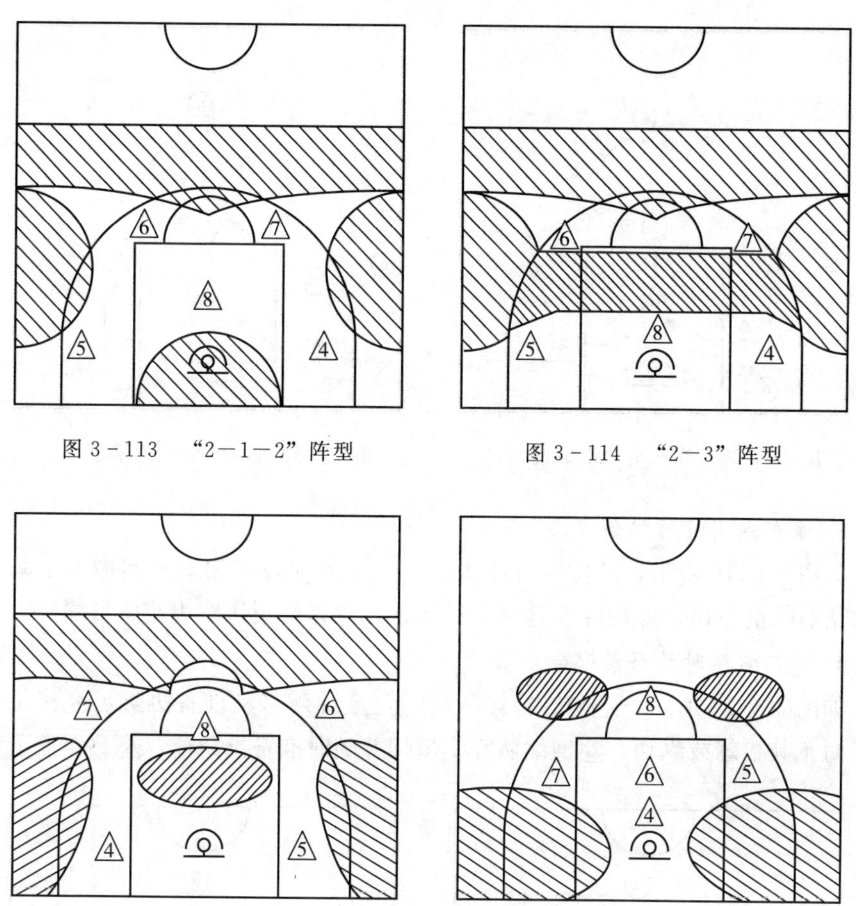

图 3-113　“2—1—2”阵型

图 3-114　“2—3”阵型

图 3-115　“3—2”阵型

图 3-116　“1—3—1”阵型

（二）区域联防的方法

区域联防时，采用“2—1—2”防守站位阵型居多，该方法也是区域联防的基本站位阵型。“2—1—2”阵型，队员分布均衡，移动距离近，有利协防和调整阵型，较适用于防守正面突破和篮下进攻威力较大的对手，但防守两腰共管区域和圈顶的投篮较困难。

1. 球在弧顶时的防守移动配合方法

如图 3-117 所示，△5上前防守持球队员④，△4、△7分别防守⑦和⑥，并随时准备与△5做“关门”配合或抢断④的传球，△6防守⑤，△8错位防守⑧，严防其接球。

2. 防守中锋策应时的配合

如图 3－118 所示，当中锋⑤接球时，△6上前防守，△5、△4回缩协防⑤，△7防堵⑦向篮下空切，△8防堵⑧横切和溜底线。

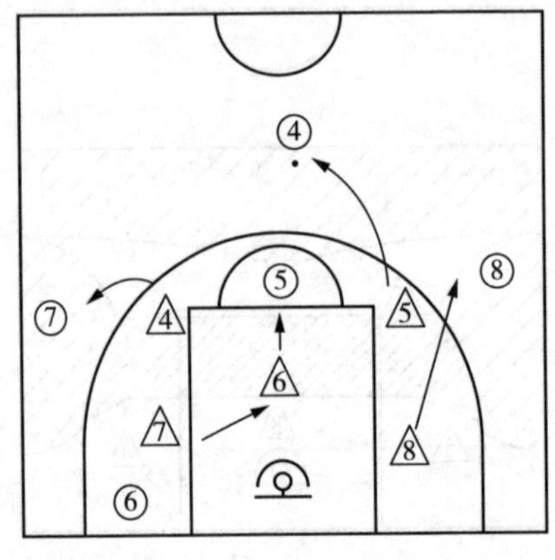

图 3－117 “2—1—2”联防（1）

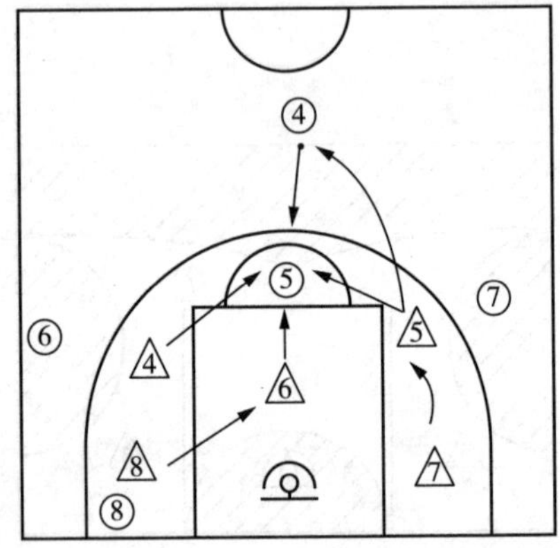

图 3－118 “2—1—2”联防（2）

3. 球在左侧时的配合方法

如图 3－119 所示，△4防守持球队员⑦，△8侧前防守⑧，△7回撤篮下防高吊球和堵截⑥的空切，△6防守⑤接球和纵切，△5移至弧顶协防中锋队员⑤。

4. 球在右侧时的移动配合方法

如图 3－120 所示，△7防守持球队员⑥，△5随球移动准备协防，△6错位防守⑧，防止其接球或纵切，△4回缩防守⑦横切并随时准备抢断球，△8移至篮下防守

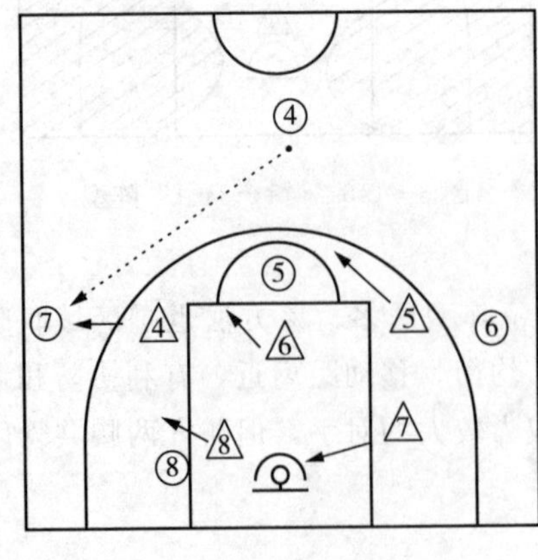

图 3－119 “2—1—2”联防（3）

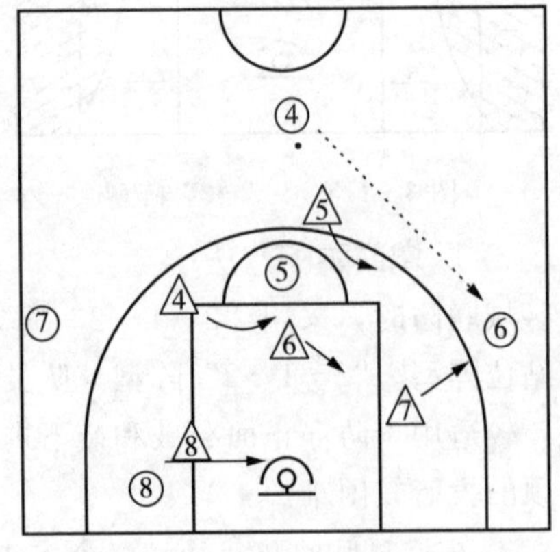

图 3－120 “2—1—2”联防（4）

⑧横切和准备补防。

5. 围守底线中锋的配合方法

如图 3－121 所示，当⑦传球给⑧时，△4立即与△6、△8围夹⑧，迫使其将球传出，△8、△7向限制区内移动，防止⑤、⑥向篮下空切。

6. 底角夹击的配合方法

如图 3－122 所示，当⑥在底角停球时，△5、△7对其夹击，△6防堵⑤，△8篮下空切保护篮下并防守⑧横切，△4准备抢断⑥的传球。

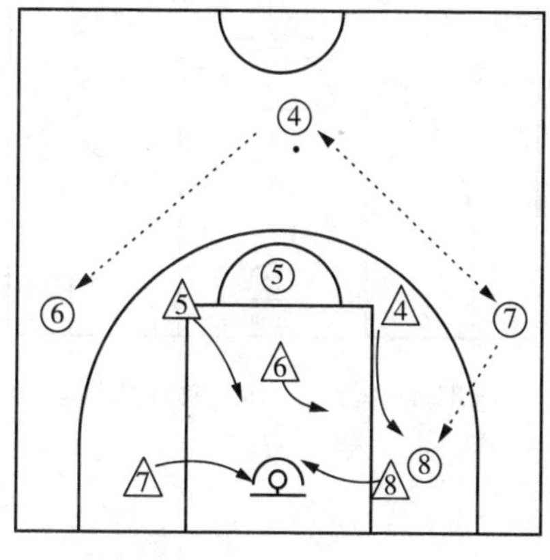

图 3－121　“2—1—2”联防（5）

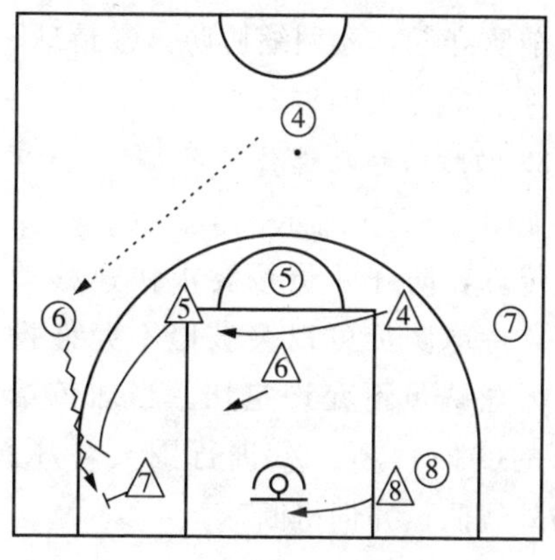

图 3－122　“2—1—2”联防（6）

（三）区域联防的基本要求

（1）由攻转守时，封一传，堵接应，争取时间迅速退回后场，站好区域联防阵型。

（2）根据区域联防的特点和队员的身体、技术特长，合理分配防守区域。把移动速度快的队员放在外线防守，把身材高大补防能力强、善抢篮板球的队员分配在内线防守。

（3）防守持球队员时执行盯人防守的原则，积极干扰和破坏对方的投篮、传球、运球和突破等动作。

（4）对无球区域的防守也要贯彻以防人为主、球区兼顾的要求，当无球队员通过溜底线、背插、纵切等方式进入自己的防守区域时，要先卡位，堵防第一接球点，然后护送出自己的防区交给同伴防守。

（5）防守中，随时准备协助同伴进行“关门”“夹击”“补防”等配合，特别对篮下攻击能力较强的内线队员必须进行围守。

（6）要根据对方的进攻变化，随时准备调整防守阵型。

（四）区域联防战术教学与练习方法

1. 二防二移动选位练习

如图 3－123 所示，④、⑤相互传球，△4、△5快速移动选位，选位熟练后进攻队员可以瞄篮或持球突破。

2. 三防三围守中锋练习

如图 3－124 所示，△5上前紧逼防守持球队员⑤，△6侧前防守⑥，△4回缩协防。④持球，△4上前紧逼防守，△5侧前防守⑥，△6回缩协防。⑥持球，△4、△5、△6三人围夹。

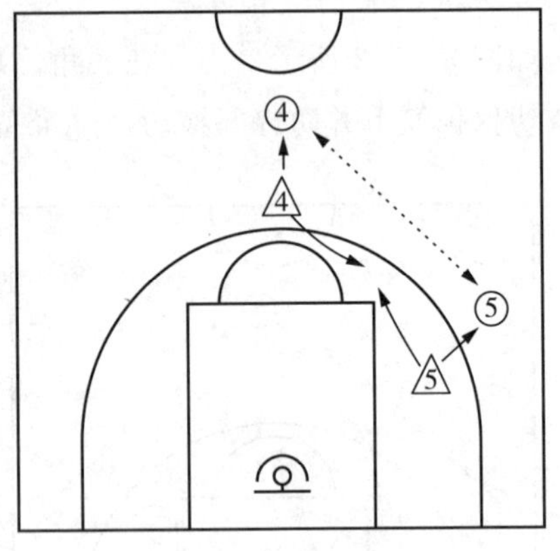

图 3－123　二防二移动选位

3. 四防四移动选位练习

如图 3－125 所示，④、⑤、⑦在外线传球，防守队员按要求快速移动选位，持球队员可以突破但不允许投篮，无球队员不允许空切。当球传给内线的⑥时，△5、△6进行围夹，△4、△7防外线队员并伺机断球。

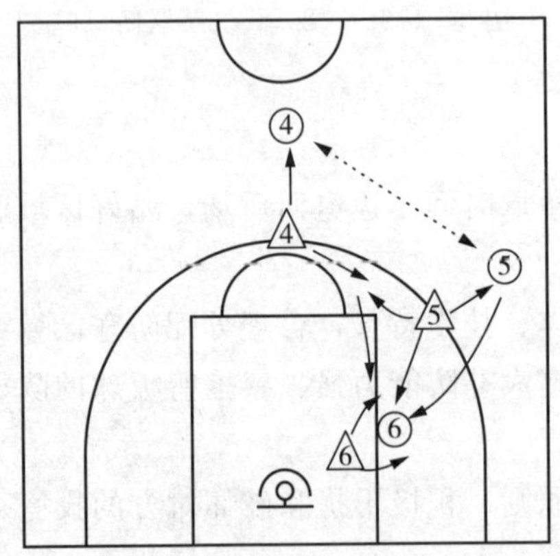

图 3－124　三防三围守中锋

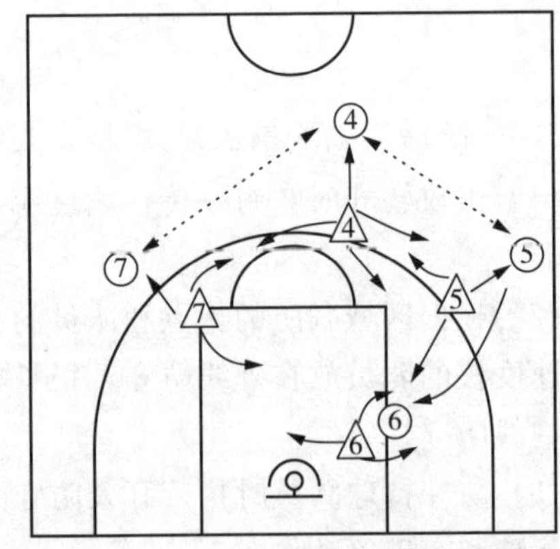

图 3－125　四防四移动选位

4. 半场五对五练习

进攻队员可以做传球、突破、溜底线、背插等动作，但不允许投篮。防守队员要与邻近的同伴做好“送交”与“迎接”配合，避免漏人。

5. 半场五对五对抗练习

进攻时以传球、持球突破、背插、溜底线、中锋进攻为主，以此提高个人防守意识和整体配合质量。在此基础上进行全场的防守对抗练习。

二、进攻区域联防

进攻区域联防是篮球进攻战术体系中的重要组成部分，是篮球比赛中常用的一种防守战术，每个队员负责防守特定区域。进攻区域联防时，关键是要找到防守的薄弱区域，并通过快速传球、空切和移动来调动防守，创造进攻机会。首先，把处理球最好的球员放在中间位置，即使他身高不高也没关系，因为他接球后可以迅速做出反应，选择得分或传球。同时，内线进攻球员也很关键，他们可以利用身体优势在低位得分，或者吸引防守后给外线球员创造空位投篮机会。其次，要利用区域联防的空隙进行进攻。比如，在短角区域安排球员，这个位置常常会被防守方忽视，因此是进攻的好机会。一旦球传到短角，球员可以选择上篮、假动作投篮或传球给空位的队友。再者，精准的传球是破解区域联防的关键。通过不断地传球来调动防守，迫使防守队员不断移动和轮转，从而找到投篮和突破的机会。最后，冲抢前场篮板也是对付区域联防的好方法。通过抢进攻篮板获得第二次进攻的机会，可以增加得分的机会。快速传球、精准投篮、利用空隙和冲抢篮板是破解区域联防的有效方法。

（一）进攻区域联防的阵型

针对区域联防的阵型，而采用相应的进攻阵型。确定阵型的原则是根据进攻的点、面，合理部署队员占据联防的薄弱地区，避免与防守队员形成一对一的站位，在局部区域形成以多打少的优势，并始终保持攻守平衡。常用的落位阵型有“1－2－2”阵型、“1－3－1”阵型、“2－1－2”阵型、“2－3”阵型等。

（二）进攻区域联防的方法

1．“1－3－1”阵型落位特点

如图 3－126 所示，队员分布面广，④、⑤、⑥、⑦都占据防守的薄弱地区，攻击点多，内外结合，在局部形成二对一、三对二的有利局面，有利于组织抢篮板球，保持攻守平衡。

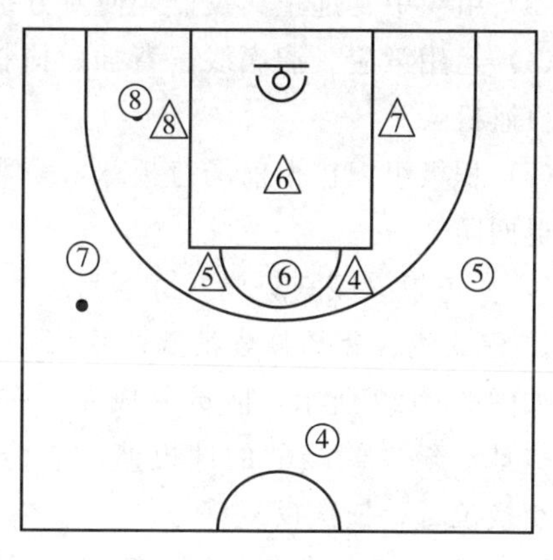

图 3－126　“1－3－1”阵型落位

2．“1－3－1”进攻方法

（1）背插、溜底线进攻。外线队员④、⑤、⑦在传球过程中调动防守，组织中、远距离投篮，迫使对方扩大防区。如果没有机会，当⑤接球时，⑦背插至右侧底角，接⑤的传球后，可传给⑥或⑧。可以远投或回传给⑤重新组织进攻（图 3－127）。

（2）中锋策应进攻。如图3－128所示，外围队员将球传给中锋⑥，⑥接球后，除个人攻击外有三个传球点，第一点传给横切队员⑧，第二点传给空切篮下球员⑦或⑤，第三点传给后卫队员④，在策应过程中也可个人进攻。

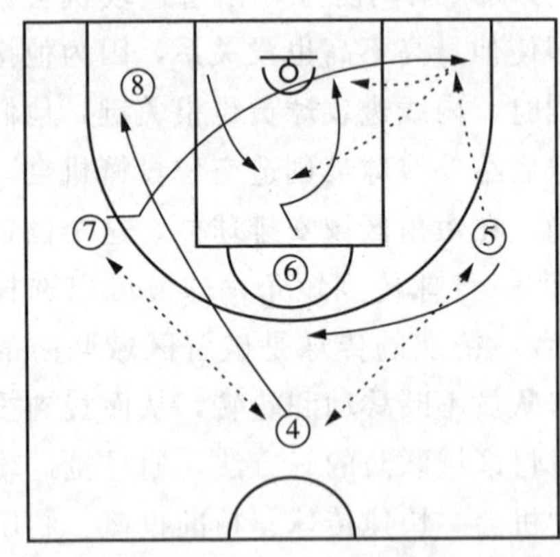

图 3－127　“1－3－1”进攻配合

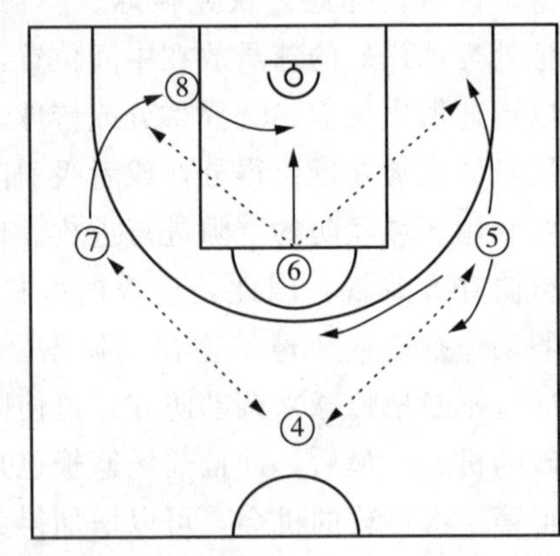

图 3－128　“1－3－1”进攻配合

（三）进攻区域联防的基本要求

（1）提高由守转攻的速度，在防守阵型尚未形成以前，抓住战机发动快攻。

（2）根据区域联防的特点，占据防守薄弱区域，快速转移球和频繁穿插，调动防守，使防守顾此失彼，创造以多打少和连续进攻的机会。

（3）组织中、远距离投篮，使对方扩大防区，给内线进攻创造机会。

（4）运用策应、溜底线、背插、掩护、突分等配合战术破坏防守整体布局，创造投篮机会。

（5）积极组织拼抢前场篮板球，争取补篮和二次进攻。保持攻守平衡，随时准备退回防守。

（四）进攻区域联防战术练习方法

1. 溜底线、背插接球投篮练习

如图 3－129 所示，队员分成左、右两组，④溜底线至右侧接⑥的传球，⑥投篮传球后至左侧接⑤的球投篮，⑤传球后至右边接⑦的球投篮，各自抢篮板球，交换位置，依次反复练习。

2. 三人三球内外线配合练习

如图 3－130 所示，⑤传球给教师Ⓐ，传球给④，④接球的同时⑥横切并接④的传球投篮，④传球后转身接⑦的传球投篮，⑤在⑥横切的同时向下移动接⑨

的球投篮。投篮后各自抢篮板球回原位，练习数次后按顺时针方向交换位置，依次进行练习。

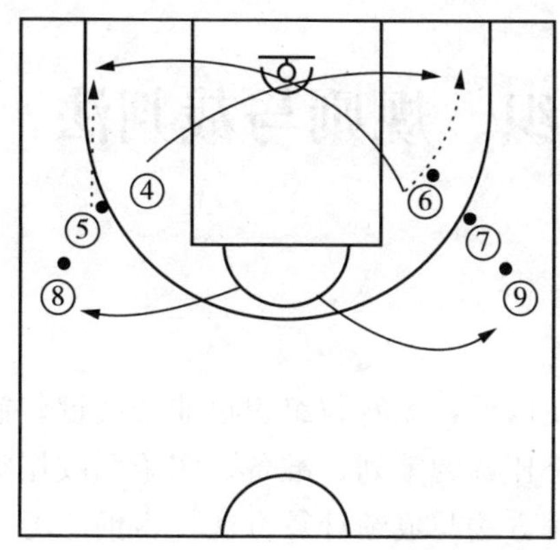

图 3－129　溜底线接球投篮

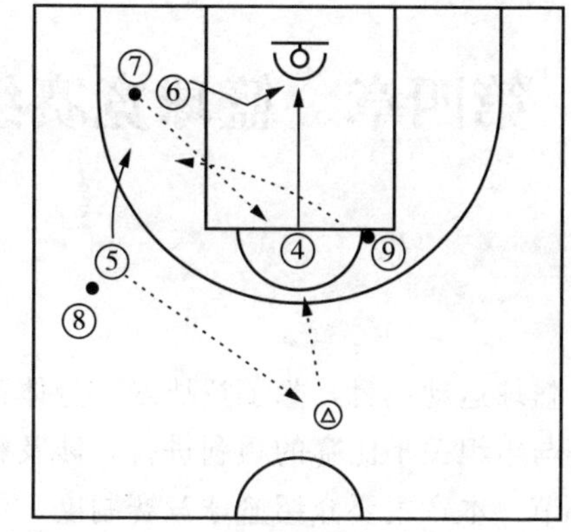

图 3－130　内外线配合多球练习（1）

3. 三人三球，背插、拉角内外线配合练习

如图 3－131 所示，⑥传球给◬时，⑤背插拉到右底角接◬的球，然后传球给纵切队员④投篮。⑤传球后接⑧的球投篮。在④纵切的同时，⑥上提接⑨的传球投篮。投篮后各自抢篮板球，回到原位置，练习数次后，按顺时针方向交换位置，依次进行练习。

4. 半场无防守情况下的五人练习

熟练掌握配合的整体结构，明确各攻击点的任务、传球路线及队员穿插移动的配合时机。

在以上练习基础上，可在消极防守情况下练习，最后组织对抗比赛，在实战中发现问题，及时解决，提高进攻区域联防战术的配合质量和运用能力。在攻守对抗过程中，明确战术配合要求，熟悉配合方法和行动路线。

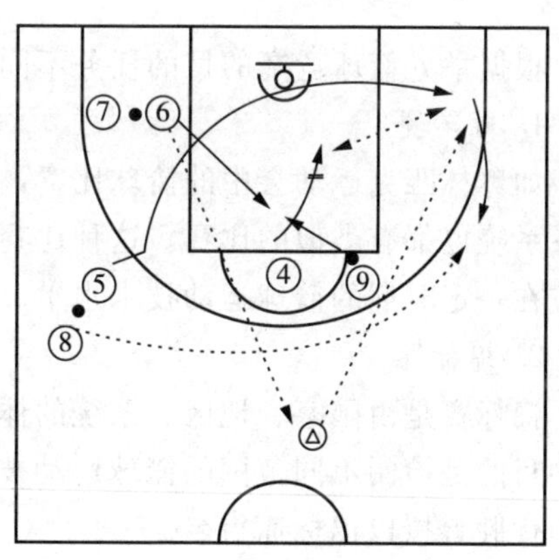

图 3－131　内外线配合多球练习（2）

第四章　篮球竞赛组织、规则与裁判法

篮球运动项目，除了技战术、身体素质以外，竞赛与组织也非常关键。篮球竞赛与组织关乎比赛的顺利进行，涉及整个比赛的策划、准备、实施和收尾等各个环节。本章主要介绍篮球竞赛制度、编排方法与成绩计算方法，帮助练习者了解篮球竞赛基本框架、核心理念以及竞赛组织领域的最新动态，对于提高篮球竞赛水平和推动篮球运动的发展具有重要意义。

第一节　篮球竞赛组织方法

一、竞赛种类

根据举办篮球竞赛的目的任务不同，竞赛可分为以下几种。

1. 冠军赛

如奥林匹克运动会中的篮球比赛，亚运会中的篮球比赛，各省、市、自治区及各系统也都有类似的比赛。这种比赛通常用来衡量某个国家、某个地区、某个单位在一定时期的篮球运动技术水平。

2. 锦标赛

锦标赛是由国家、地区、系统的体育协会或业余篮球联合会举办的。这种比赛的目的是检阅不同范围的篮球运动技术水平，大力推动篮球运动的开展，它是因为优胜者授以锦标而得名。

3. 杯赛

杯赛是以优胜者杯而得名，如“亚俱杯”篮球赛等。

4. 联赛

在国外，尤其美国进行的职业联赛，是跨年度进行的。其商业行为渗透比赛的全过程，主要目的是赢利和推动篮球运动发展，并满足人们业余文化生活需要。在国内，联赛旨在检查训练成果、交流经验、划分运动员和球队等级，如甲级联赛、乙级联赛等，通过比赛成绩调整球队级别，并授予“等级运动员”称号。

5. 邀请赛

邀请赛是国家之间和国内各地区、各单位之间，有组织地举办比赛，目的是互相学习和锻炼提高，促进友谊和团结。

6. 选拔赛

选拔赛是指通过一系列比赛选拔出优秀的篮球运动员或球队的竞赛活动。这种比赛通常由体育组织、学校、俱乐部或地区体育部门举办，旨在发现和培养有潜力的篮球人才。选拔赛的形式多样，可以是青少年篮球选拔赛、高校篮球选拔赛、职业联赛选秀等。

7. 表演赛

表演赛主要是为了宣传和普及篮球运动。一般在节日、假日和参加某个重大比赛的汇报表演而组织的比赛，皆为表演赛。

二、篮球比赛的意义

篮球比赛对抗激烈，攻守转换频繁，局面复杂多变，对运动员注意力、想象力、创造力、思维能力和时空感知觉等心理品质的形成有较好影响。长期参加篮球运动还可以培养运动员勇敢顽强、坚韧不拔、拼搏进取的意志品质，以及团结协作、遵守纪律、公平竞争、积极向上的道德品质。

1. 促进身体健康

运动是维护身体健康的重要手段之一。篮球比赛可以锻炼运动员的身体素质和耐力，有助于保持身体健康。

2. 丰富课余生活

篮球比赛是一种愉悦的活动，学生们可以在比赛中放松身心，丰富课余生活，从而减轻学业压力。

3. 提高个人技能水平

篮球比赛可以让运动员在比赛中展示自己的实力和技巧，同时也可以发现自己的不足之处，在比赛中提高个人技能水平。

4. 增强凝聚力

篮球是互相沟通交流的平台，可以增强团队凝聚力，增强归属感和集体荣誉感。

5. 有利于国际交往

篮球运动是人类文明的结晶，是现代社会文化生活的重要内容，是促进人们相互交往、加深了解的纽带和桥梁。篮球比赛不仅能传播友谊，拓宽交往范围，还能够展示国家和民族的精神风貌。

三、竞赛方式

篮球竞赛方式根据篮球项目的特点和要求，确定比赛的性质、等级、方式及周期，确保比赛系统、有序、有目的地进行。目前广泛采用的有赛会方式和赛季方式两种。

（一）赛会方式

赛会方式是把参加比赛的球队集中在一个或几个地方，用几天或十几天的时间，连续进行比赛的一种竞赛方式。如综合性运动会中的篮球比赛、国际性的篮球锦标赛，采用的都是赛会方式。国内大多数的篮球单项比赛，采用的也是赛会方式。赛会方式的比赛队伍集中、比赛地点固定、时间集中，可以减少参赛队伍旅途奔波导致的疲劳。赛会方式的比赛为观众提供了持续的注视热点，为承办者提供了独有的球市获益机会。但是赛会制比赛在决定比赛名次时存在一定的偶然性。赛会方式的比赛赛期短、场次少，因此运动员的锻炼机会也相对较少。此外，赛会方式的比赛场次连续且强度大，运动员调整、恢复时间短，容易产生疲劳。

（二）赛季方式

赛季方式是一种竞赛时间较长、参赛队伍不集中、分别在参赛队各自的赛地进行比赛，参赛队每赛完一场后有若干天训练、休整的竞赛方式。其特点是采用主客场的形式进行比赛。这种主客场的形式可以使参赛队都能够有机会凭借主场的天时、地利、人和，充分发挥本队的竞技水平，有利于比赛和训练相结合，有利于吸引更多的观众，使赛场的组织经营者都有均等的获益机会。赛季方式的比赛期长，比赛场次多，为运动员的成长、锻炼和发展提供了更多的机会。赛季方式的比赛方法，可以使参赛队伍减少一些偶然性因素的影响，能较客观地体现出各参赛队的实际水平。但赛季方式的比赛期长，易导致疲劳，各队要善于利用每两场之间的间歇时间，进行有针对性的训练，保证队员的体力得到恢复，并为下一场比赛做好准备。主客场比赛方式下比赛队要不停地往返赛地，这需要雄厚经济实力支持，因此赛季方式适用范围有限，通常用于国家顶级联赛，如美国的NBA、中国的CBA等。

四、竞赛方法

竞赛最基本、最直接的目的是要取胜。为了使参赛队能够在比较公平、合理的条件下竞争，采用适当的竞赛方法是创造这种良好条件的前提，也是客观反映参赛队的竞技水平的重要保证，也有利于组织管理。篮球竞赛中通常采用的有淘汰法和循环法两种。

（一）淘汰法

淘汰法就是球队在比赛中失败一次或两次以后，即失去继续参加比赛的资格，连续获胜的球队继续参加比赛，直到最后确定优胜队为止。失败一次即失去比赛资格的方法为单淘汰，失败两次即失去比赛资格的方法为双淘汰，和同一对手以三战两胜、五战三胜或七战四胜的形式进行淘汰的为多次淘汰。

（1）淘汰制的编制方法：首先根据报名参赛的队数确定比赛轮次表，由各队进行抽签，确定在比赛表中的位置，然后把队名填入比赛轮次表中，如果表中的队数恰好是 2 的乘方数（4、8、16、32、64 等），那么在第一轮中所有的队都要参加比赛。例如 8 个队参加比赛，比赛轮次如表 4－1 所示。

表 4－1　8 个队参加比赛的轮次表

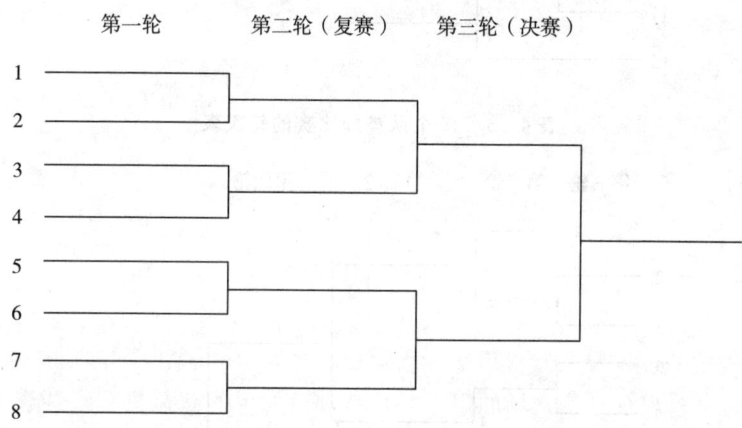

（2）如果参加的队数不是 2 的乘方数，经过第一轮比赛的淘汰，必须使参加第二轮比赛的队数为 2 的乘方数。例如，12 个队参加比赛，比赛轮次如表 4－2所示。经过第一轮比赛，剩下 8 个队参加第二轮比赛。在第一轮中淘汰 4 个队（12—8＝4），就有 8 个队参加第一轮比赛，有 4 个队轮空。编排时要把轮空队分别排到上、下两半区，两半区参加的队数也要尽量相等或接近相等。如果轮空队为奇数，可使下半区的轮空队为偶数，上半区的轮空队为奇数，如表 4－3 所示。

计算第一轮比赛的轮空队数，可以用队数的 2 的乘方数减去参加比赛队数的方法。例如，13 个队参加比赛，第一轮轮空队数为 16—13＝3，第一轮比赛中有 3 个队轮空，10 个队参加比赛，如表 4－3 所示。

表 4－2　12 个队参加比赛的轮次表

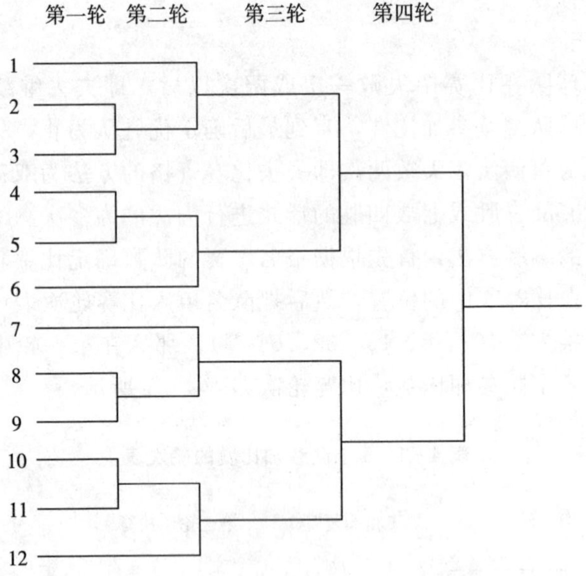

表 4－3　13 个队参加比赛的轮次表

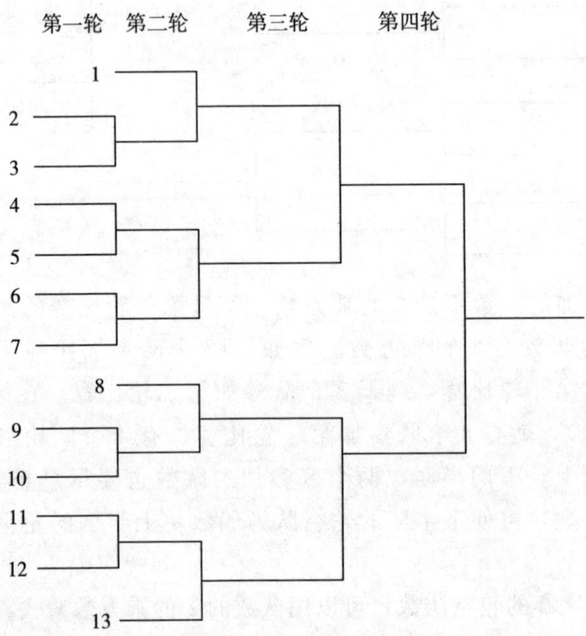

为了避免强队在第一轮比赛中相遇，经常采用“种子队”编排法。种子队的设定应是有根据的，为各队所公认的。一般按照比赛成绩来确定。若无成绩，可

用抽签方式来确定。种子队的排列，一种是按种子队的原来名次依次排定在种子位置号码上（种子位部）；另一种是由种子队抽签，确定在哪个种子位置号码上。在种子队排好后，再由其他非种子队抽签。

单淘汰只能合理地确定第一名，在必须确定其余各队名次时，应当进行补赛（附加赛）。补赛的办法应在竞赛规程中明文规定。常采用的补赛办法如下：决赛中的负队为第二名，复赛中两个负队补赛一次，胜队为第三名，败队为第四名。复赛前 4 个负队进行补赛，争夺第五至第八名，如表 4－4 所示。

表 4－4　单淘汰补赛法轮次表

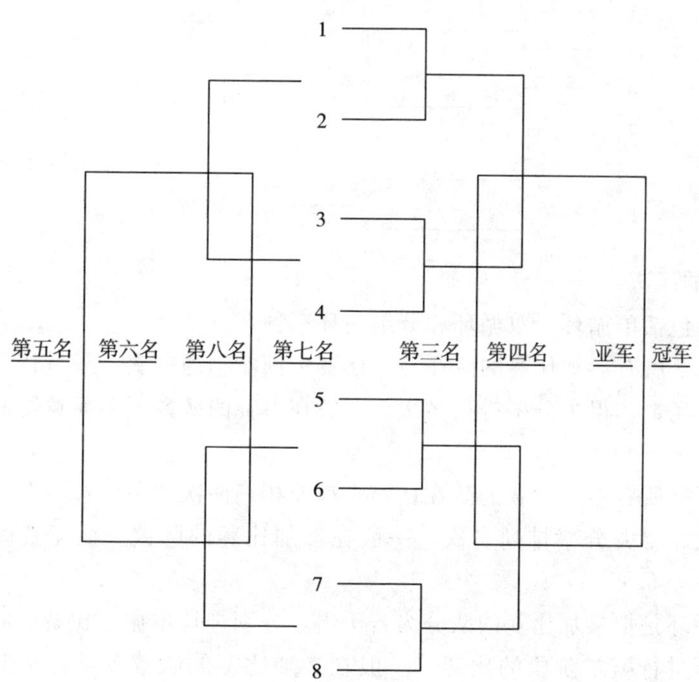

双淘汰制就是在比赛中失败两次才被淘汰。双淘汰制的编排方法基本上和单淘汰制相同，只是进入第二轮后，要把所有负队编排起来再进行比赛，再次失败的则被淘汰，胜队继续与上一轮负队进行比赛，最后一次失败的队还能参加决赛，并有可能夺取冠军。如表 4－5 所示。

多次淘汰的编排方法同单淘汰相同，所区别的是多次淘汰制克服了单淘汰制中两队之间交锋一场论胜负的偶然性，而是采用两队之间三战两胜、五战三胜甚至七战四胜的结果判定胜负，更加客观地反映参赛队的实际水平。多次淘汰制通常是在比赛水平比较高、双方实力相当，或者在一次篮球竞赛最后阶段的比赛中采用的方法。

表 4-5　八个队双淘汰比赛轮次表

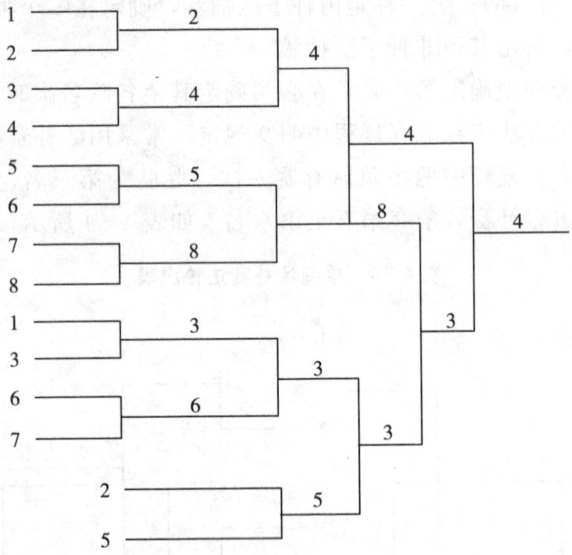

（二）循环法

循环法包括单循环、双循环和分组循环三种。

单循环是所有参加比赛的队在整个比赛中都能相遇一次，最后按各队在全部比赛中胜负场数、得失分率排列名次。一般在参赛的队数不多而竞赛时间较长时采用。

双循环是所有参加比赛的队在比赛中都能相遇两次，最后按各队在全部比赛中胜负场数、得失分率排列名次。一般在参加比赛的队数少而竞赛时间较长时采用。

分组循环是把参加比赛的队分为若干组，分别进行单循环比赛，在小组排定名次后，再进行第二阶段的比赛。一般在参加比赛的队数多且竞赛时间有限时采用。

1. 循环法的编排

(1) 单循环比赛场数和比赛轮次的计算。

比赛场数计算的公式为：

$$\frac{N\ (N-1)}{2}=x$$

即：$\frac{\text{队数（队数}-1\text{）}}{2}=\text{比赛总场数}$

例如：十个队参加比赛，比赛总场数是：

$$\frac{10\ (10-1)}{2}=\frac{10\times 9}{2}=45\text{（场）}$$

如果参加的队数是偶数，则比赛轮数为队数－1。例如：10 个队参加比赛，比赛轮数是 10－1＝9（轮）。如果参加比赛的队数是奇数，则比赛轮数等于队数。例如：5 个队参加比赛，比赛就要进行 5 轮。计算轮数和场数可以做到心中有数，便于更好地安排比赛工作。

(2) 比赛轮次表的编排。把参加比赛的队平均分为两半，前一半号数由 1 号起自上而下地写在左边，后一半号数自下而上地写在右边，然后用横线把相对号数连接起来，就是第一轮的比赛队。如果是奇数，可以加一个“0”号使之成为偶数，碰到 0 的队轮空一次。

6 个队比赛时，第一轮对阵图如图 4-1 所示。

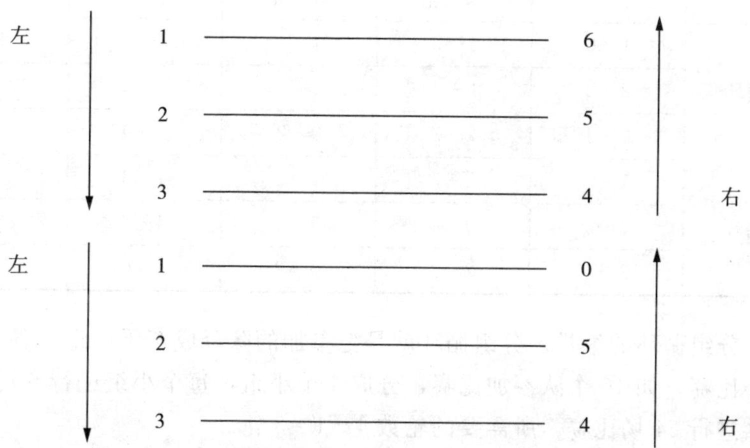

图 4-1　6 个队比赛第一轮

第二至第五轮的排法：保持 1 号位置不变，其余的号码按逆时针方向移动每个位置，再用横线连起来，这就是第二轮的比赛队。依此类推，排出第三、四、五轮的比赛，见表 4-6、4-7。

表 4-6　6 个队参加比赛

第一轮	第二轮	第三轮	第四轮	第五轮
1—6	1—5	1—4	1—3	1—2
2—5	6—4	5—3	4—2	3—6
3—4	2—3	6—2	5—6	4—5

表 4－7　5 个队参加比赛

第一轮	第二轮	第三轮	第四轮	第五轮
1—0	1—5	1—4	1—3	1—2
2—5	0—4	5—3	4—2	3—0
3—4	2—3	0—2	5—0	4—5

轮次表排完后，各队进行抽签，并按抽到的号码将队名填入对应的轮次表里。

(3) 双循环比赛轮次表的编排。双循环比赛轮次表的排法与上述循环的编排相同，只是要排出第一循环和第二循环轮次。例如，5 个队参加比赛的编排见表 4－8。

表 4－8　五个队比赛轮次表

	第一轮	第二轮	第三轮	第四轮	第五轮
第一循环	1—0	1—5	1—4	1—3	1—2
	2—5	0—4	5—3	4—2	3—0
	3—4	2—3	0—2	5—0	4—5
第二循环	1—0	1—5	1—4	1—3	1—2
	2—5	0—4	5—3	4—2	3—0
	3—4	2—3	0—2	5—0	4—5

(4) 分组循环的编排。分组循环就是把参加的队分成若干小组，各小组先进行单循环比赛。如 16 个队参加比赛，分成 4 个小组，每个小组进行 6 场比赛，4 个小组共进行 24 场比赛，所需要的轮数 4－1＝3 轮。

经过小组循环比赛，排出各小组的名次后，再进行第二阶段的比赛。第二阶段的比赛可采用下列方法：

① 仍用单循环比赛方法，各小组第一名编在一组再进行比赛，决出第一至第四名；各小组第二名编在一组再进行比赛，决出第五至第八名；各小组的第三名编在一组再进行比赛，决出第九至第十二名；各小组第四名再编在一组进行比赛，决出第十三至第十六名。

② 可将第一阶段比赛中各组的前两名编在一组再进行比赛，决定第一至第八名。将各小组的第三、第四名编在一组再进行比赛，决定第九至第十六名。

③ 如果时间短，可只将第一阶段各小组的第一、第二名编在一组进行比赛，决出前八名的名次，其他队不再参加第二阶段的比赛。

2. 循环法的抽签排列办法

在比赛前几天，由主办单位召集各领队公开抽签，排好比赛轮次表。使各队明确比赛的次序、日期、时间和地点，以便做好比赛的相应准备工作。

（1）单循环比赛的抽签。按参加比赛的队数排好比赛轮次表，备好签号，进行抽签。然后将队名填入比赛轮次表中。

（2）分组循环比赛的抽签。首先在领队会上协商确定种子队。种子队的数量一般等于分组的组数。如果分 4 个组进行比赛，应有 4 个种子队。为了做到更合理，也可以多选出几个种子队，但必须是组数的倍数。如分 4 个组进行比赛，可确定 8 个种子队，并按下列方法编成小组，如图 4－2 所示。

图 4－2　8 个种子队编组

第一号种子队与第八号种子队编为一组，第二号种子队与第七号种子队编为一组，依次类推。

抽签方法：种子队先抽签，确定各种子队的组别，然后其他各队再抽签确定组别。例如：20 个队分为 4 个小组，除 8 个种子队外，其他 12 个队再抽签。签号分 4 组，每组有相同的 3 个签，由 12 个队抽签确定组别，然后再把各队按组别填入各组的比赛轮次表中。

还有一种方法是按上一届比赛名次进行蛇形排列分组。例如：有 16 个队分成 4 个组时，其排法见表 4－9。

表 4－9　16 队蛇形排列分组

第一组	第二组	第三组	第四组
1	2	3	4
8	7	6	5
9	10	11	12
16	15	14	13

3．循环制的计分方法和名次排列

确定比赛的名次时，以积分多少来计算，即胜一场得 2 分，负一场得 1 分，弃权为 0 分。积分多者名次列前。

如 2 队的积分相等，则仅以两个有关队之间比赛的胜负排列名次，胜队名次列前。如 3 队或 3 队以上的队积分相等，则以这几个积分相等队之间的比赛胜负场次排列名次；如还相等，则按他们之间比赛的得失分率（得分之和/失分之和）排列名次；如仍相等，则按他们的全组内所有比赛的得失分率排列名次。

（三）混合法

同时采用淘汰法和循环法而进行的比赛为混合法。混合法把比赛分为两个阶段，前一阶段采用分组淘汰法，后一阶段采用循环法；或者相反，前一阶段采用循环法，后一阶段采用分组淘汰法。即第一阶段采用分组循环法，第二阶段的比赛按两组相应的名次（即两小组第一名和第二名）首先交叉进行比赛，两个胜队再进行比赛决定第一名和第二名，两个负队再进行比赛决定第三名和第四名；原分组循环产生的第三名和第四名，也用同样的方法决定第五名至第八名。还有一种混合制是在完成两次分组循环赛后，按各队成绩排出复赛的全部名次，然后，按名次从高到低的顺序，把相邻的两个队编组进行决赛，最终决出获奖名次。如 12 个队，先把 12 个队分成 A、B、C 三组，分组循环后，把预赛各组的前两名编成一组，仍采用循环制，进行复赛，按成绩排出第一至第六名；各组的后两名编为一组，进行比赛，排出第七至第十二名。最后，第一名和第二名再进行比赛，决出冠亚军；第三名和第四名进行比赛，决出第三名和第四名，其他队不再进行比赛。

第二节　竞赛规则及裁判法

一、竞赛规则简介

篮球竞赛规则是篮球比赛的法规，是比赛中裁判员行使权力的依据。篮球规则总是在不断地修改和完善，其目的是促进篮球运动的发展，肯定合理的、正确的技战术的存在。1998 年 7 月 25 日—26 日在希腊雅典举行的第 16 届世界大会决定，国际篮联有权在一年两次的会议上对篮球规则做出修改。

二、比赛

1. 篮球比赛

篮球比赛由两个队参加，每队出场 5 名队员。每队的目标是在对方球篮得分，并阻止对方得分。

2. 球篮

被某队进攻的球篮是对方的球篮，由某队防守的球篮是本方的球篮。

3. 主队、客队

秩序册中队名在前的队为主队，球队席位于记录台左侧，它所在的半场篮圈为客队的球篮，也是上半场主队进攻的方向，下半场互换球篮。在开赛前如两队同意，也可互换球队席和球篮。

三、比赛通则

（一）比赛时间、比分相等和决胜期

（1）比赛应由 4 节组成，每节 10min，在第一节和第二节（上半时）之间，第三节和第四节（下半时）以及每一决胜期之间应有 2min 的比赛休息时间，两个半时之间的休息时间应是 15min。

（2）如果第四节的比赛时间结束时比分相等，比赛有必要再进行一个或几个 5min 的决胜期，决胜期是第四节比赛的延续。

（3）如果结束比赛时间的比赛计时钟信号响时，或恰好之前发生了犯规，在比赛时间结束之后应执行最后的罚球。

（4）在每队有至少 5 名有资格参赛的队员在场上并做好比赛准备之前，比赛不应开始。在比赛开始的时间里，某队在场上若少于 5 名队员，且该队能有一个合理并可以接受的解释，比赛最多被延迟 15min。如果该队没有合理的解释，比赛最多被延迟 15min，若队员在 15min 内到达赛场开始比赛，应判该队教练员一次技术犯规（B），如 15min 内未到赛场，则应判该队弃权，比赛以0：20告负。

（二）如何打球

1. 定义

在比赛中，球只能用手来打，且可向任何方向传、投、拍、滚或运，但受比赛规则的限制。

2. 规定

队员不得带球跑，故意踢或用腿的任何部位阻挡球或拳击球。违反该规定是违例。球章外触及腿的任何部位，或腿的任何部位意外触及球是被允许的。

（三）球的状态

1. 球成活球

当：

① 跳球中，球离开裁判员抛球的手时。

② 罚球中，罚球队员可处理球时。

③ 掷球入界中，掷球入界队员可处理球时。

2. 球成死球

当：

① 任何投篮或罚球中篮时。

② 活球中，裁判员鸣哨时。

③ 在一次罚球中球明显不会进入球篮，且该次罚球后接着有：另一次或多次罚球时；进一步的罚则（罚球/或球权）时。

④ 比赛计时钟信号响以结束每节或每个决胜期时。

⑤ 某队控制球，进攻计时钟信号响时。

⑥ 投篮中飞行的球在下述情况后被任一队的队员触及时：裁判员鸣哨；比赛计时钟信号响以结束每节或决胜期；进攻计时钟信号响。

3. 不成死球

当：

① 投篮的球在飞行中：裁判员鸣哨、比赛计时钟信号响以结束每节或决胜期时、进攻计时钟信号响时。

② 罚球的球在飞行中，裁判员除罚球队员之外的任何规则违反而鸣哨时。

③ 进攻队员在做投篮动作并控制球时，判罚了对方任何队员或被允许坐在对方球队席的任何人员的犯规，并且他以连续动作完成犯规前已经开始的投篮。

球不成死球，如中篮得分。

如果：①在裁判员鸣哨后做了一个全新的投篮动作；②一名队员在连续的投篮动作中，结束一节或决胜期的比赛计时钟信号响起或进攻计时钟信号响起。

此规定不适用，并且如中篮不记得分。

(四) 跳球和交替拥有

1. 跳球定义

在第一节开始时，主裁判在中圈、在双方跳球队员之间将球抛起，一次跳球发生（图 4 - 3）。当双方球队各有一名或多名队员单手或双手紧握在球上，相持不下，以致不采用粗野动作任一队员就不能获得控制球时，一次争球发生。

图 4 - 3　跳球

2. 跳球程序

(1) 每一跳球队员的双脚应站立在靠近该队本方球篮的中圈半圆内，一脚靠近中线。

(2) 如果一名对方队员要求占据其中一个位置，同队队员不得围绕圆圈占据相邻的位置。

(3) 裁判员在两名互为对方队员之间将球向上垂直抛起，其高度超过任一队员跳起能达到的高度。

(4) 在球达到它的最高点后，球必须被至少一名或两名跳球队员用手拍击。

(5) 在球被合法拍击前，任一跳球队员都不应该离开他的位置。

(6) 在球触及非跳球队员或地面前，任一跳球队员都不得抓住或拍击球超过两次。

(7) 如果球未被至少一名跳球队员拍击，应重新跳球。

(8) 在球被拍击前，非跳球队员的身体部分不得在圆圈上或圆圈（圆柱体）上方。

3. 跳球情况

当：

(1) 宣判了一次争球时。

(2) 球出界，但是裁判员无法判定谁是最后触球队员或意见不一致时。

(3) 在最后一次或仅有一次不成功的罚球中，双方队员发生违例时。

(4) 一个活球夹在篮圈和篮板之间时（罚球除外）。

(5) 任一队既没有控制球、又没有球权，球成死球时。

(6) 在抵消了双方球队的相等罚则后，没有留下其他要执行的犯规罚则以及在第一次犯规或违例之前，任一队既没有控制球、又没有球权时。

(7) 除第一节外，所有节将开始时。

一次跳球情况发生。

4. 交替拥有定义

(1) 交替拥有是以掷球入界而不是以跳球来使球成活球的一种方法。

(2) 交替拥有开始于：掷球入界队员可处理球时。

(3) 交替拥有结束于：

① 球触及场上队员或被场上队员合法触及时。

② 掷球入界发生违例时。

③ 掷球入界中，活球夹在篮圈和篮板之间时。

5. 交替拥有程序

(1) 在所有跳球情况中，双方球队将交替拥有在靠近发生跳球情况的地点掷球入界权。

(2) 在跳球后未在场上获得控制活球的队应拥有第一次交替拥有球权。

(3) 在任一节结束时，对下一次拥有球权的队应在记录台对侧的中线延长线以掷球入界开始下一节，除非有进一步的罚球和球权罚则要执行。

(4) 应由指向对方球篮的交替拥有箭头来指明对交替拥有掷球入界有权的队。当交替拥有掷球入界结束时，交替拥有箭头的方向立即改变方向。

(5) 某队在交替拥有掷球入界中违例，使该球队失掉交替拥有掷球入界，交替拥有箭头应立即反转。

(6) 在除第一节之外的其他每节开始前，或交替拥有掷球入界中，任一球队的犯规不会导致掷球入界队失去交替拥有掷球入界权。

(五) 控制球

当某队一名队员在控制活球中拿着或运球，或可处理一个活球时，球队控制球开始。

当某队一名队员控制一个活球时，或球在同队队员之间传递时，球队继续控制球。

当一名对方球员获得控制球时，或球成死球时，或在投篮或罚球中，球已经离开队员的手时，球队控制球结束。

(六) 队员正在做投篮动作

1. 投篮动作

开始于：队员通常在球离手前开始做投篮连续动作，根据裁判员的判断，他已经向对方的球篮投、拍或扣球，开始得分尝试时。

结束于：球已离开队员的手时，如果是跳起在空中的投篮队员，他还必须双脚落回地面。

2. 投篮动作中的连续动作

开始于：球已在队员手中停留，并开始投篮动作（通常是向上）时；在投篮尝试中必须包括队员的手臂、身体运动。

结束于：球已离开队员的手时，或者做了一个全新的投篮动作。

(七) 球中篮

1. 定义

当活球从上方进入对方球篮并停留在球篮内或穿过球篮时，是球中篮。

2. 规定

如果队员意外地将球投入本方球篮，中篮计 2 分，登记在对方场上队长名下。

如果队员故意地将球投入本方球篮，这是违例，中篮不计得分。

如果队员使球整体从下方穿过球篮，这是违例。

(八) 掷球入界

1. 定义

由界外掷球入界队员将球传入比赛场地内时，掷球入界发生。

2. 程序

(1) 裁判员必须将球递交给掷球入界的队员或置它于可处理。

(2) 队员应在最靠近违例犯规或被裁判员停止的地点掷球入界，正好在篮板后面的地点除外。

(3) 除第 1 节外，其他节和决胜期的开始，从记录台对面的中线掷球入界。

(4) 第 4 节和决胜期最后 2min 内，有球权队暂停之后可选择前场或后场掷球入界。

3. 规定

(1) 执行掷球入界的队员不应：

① 持球超过 5s。

② 球在手中时进入比赛场地内。

③ 掷球入界的球离手后，使球触及界外。

④ 在球触及另一队员前，在场上触及球。

⑤ 直接使球进入球篮。

(2) 在球离手前，界线外掷球入界地点，左右方向上横向移动不超过 1m (或 1 步)，只要情况允许，纵向可无限后退。

(九) 暂停规定

1. 定义

主教练或第一助理教练请求中断比赛是暂停。

2. 规定

(1) 每次暂停应持续 1min。

(2) 在上半时的任何时间每队可准予 2 次暂停；在下半时的任何时间可准予 3 次暂停，在第 4 节的最后 2min 或者更少时，最多 2 次暂停，每一决胜期的任何时间可准予 1 次暂停。未使用的暂停不得留到下半时或决胜期。

(3) 在暂停机会期间可以给予暂停。

(4) 当 (对于双方球队) 球成死球，比赛计时钟停止以及当裁判员已经结束了与记录台的联系时；(对于双方球队) 在最后一次或仅有一次的罚球成功后，球成死球时；(对于非得分队) 投篮得分时，一次暂停机会开始。

(5) 当队员在掷球入界或第一次的罚球可处理球时，一次暂停机会结束。

(6) 在第 4 节的最后 2min 或每一决胜期的最后 2min，在一次成功的投篮后比赛计时钟停止时，不允许得分队暂停，除非裁判员已停止了比赛。

(十) 替换

1. 定义

替补队员请求中断比赛成为队员是一次替换。

2. 规定

(1) 在替换机会期间球队可以替换队员。

(2) 一次替换机会开始：(对于双方球队) 当球成死球，比赛计时钟停止，以及当裁判员已经结束了与记录台的联系时；(对于双方球队) 在最后一次或仅有一次的罚球成功后，球成死球时；(对于非得分队) 在第 4 节的最后 2min 或每一决胜期的最后 2min 期间，投篮得分时。

(3) 在第 4 节的最后 2min 或每一决胜期的最后 2min 期间，在一次成功的投篮后比赛计时钟停止时，不允许得分队替换，除非裁判员已经停止了比赛。

(4) 如果罚球队员因为受伤、已经发生第 5 次犯规或已被取消比赛资格，他必须被替换。罚球由替换他的队员执行，并且该替补队员在比赛的下一个计时钟运行片段前不能再次被替换。

(十一) 比赛因弃权告负

1. 规定

如果球队在规定的比赛开始时间后 15min，球队不到场或不能使 5 名队员入场准备比赛；或他的行为阻碍比赛继续进行；或在主裁判通知比赛后拒绝比赛，那么，该队由于弃权使比赛结束。

2. 罚则

比分为 0∶20 告负，判对方队获胜。此外，弃权的队在名次排列中应得 0 分。

(十二) 比赛因缺少队员告负

1. 规定

在比赛中，如果某队在比赛场地上准备比赛的队员少于 2 名，该队因缺少队员使比赛告负。

2. 罚则

如判获胜的队领先，则在比赛停止时的比分应有效。如判获胜的队比分不领先，则比分记录为 2∶0，对该队有利。此外，缺少队员的队在名次排列中应得 1 分。

四、违例

1. 定义

违例是违反规则。

2. 罚则

将球判给对方队员在最靠近违例发生的位置掷球入界，正好位于篮板后面的位置除外，除非规则另有规定，如：罚球线延长线、记录台对侧的中线延长线、掷球入界线等。

3. 队员出界和球出界

（1）定义

① 当队员身体的任何部分接触界线上、界线上方或界线外的除队员以外的地面或任何物体时，即是队员出界。

② 当球触及了界外的队员或其他任何人员时，或界线上、界线上方或界线外的地面或任何物体时，或篮板支撑架、篮板背面或比赛场地上方的任何物体时，是球出界。

（2）规定

① 在球出界，甚至球触及了除队员以外的其他物体而出界之前，最后触及球或被球触及的队员是使球出界的队员。

② 如果球出界是由于触及了界线上或界线外的队员或被他所触及，是该队员使球出界。

③ 在争球期间，如果队员移动到界外或他的后场，一次跳球情况发生。

4. 运球

（1）定义

① 运球是指一名队员控制一个活球的一系列动作：掷、拍、在地面上滚动球。

② 当在场上已经获得活球的队员将球掷、拍、滚、运在地面上，并在球触及另一队员之前再次触及球时，视为运球开始。当队员双手同时触及球，或允许球在一只手或双手中停留时是运球结束。

③ 队员意外地失掉并随后在场上恢复控制活球，被认为是漏接球。

④ 下列情况不是运球：

——连续投篮。

——一次运球的开始或结束时的漏接球。

——从其他队员的附近用拍击球来试图获得控制球。

——拍击另一队员控制的球。

——拦截传球并获得控制球。

——只要不发生带球走违例，将球在两手之间抛接并在球触及地面前允许在一手或两手中停留。

——将球掷向篮板并再次获得控制球。

⑤ 在运球的时候球可被掷向空中，只要掷球的队员用手再次触及球之前球触及地面或另一队员。

⑥ 当球不与队员的手接触时，队员可进行的步数不受限制。

（2）规定

队员第一次运球结束后不得再次运球，除非在两次运球之间由于下述原因在场上已失去了控制活球：投篮；球被对方触及；传球或漏接，然后球触及了另一队员或被另一队员触及。

5. 带球走

（1）定义

① 当队员在场上持着一个活球，其一脚或双脚超出本规则所属的限制向任一方向非法移动是带球走。

② 在场上正持着一个活球的队员用同一脚向任一方向踏出一次或多次，而其另一脚（称为中枢脚）不离开与地面的接触点时是旋转（合法移动）。

（2）规定

① 对在场上接住活球的队员确立中枢脚：

——双脚站在地面上时，一脚抬起的瞬间，另一脚成为中枢脚。

——移动时，如果一脚正触及地面，该脚成为中枢脚；如果双脚离地和队员双脚同时落地，一脚抬起的瞬间，另一脚成为中枢脚；如果双脚离地和队员一脚落地，该脚成为中枢脚。

② 对在场上控制了活球并已确定中枢脚的队员的带球行进。

双脚站立在地面上时：

——开始运球，在球出手之前中枢脚不得抬起。

——传球或投篮，队员可跳起中枢脚，但在球出手之前任一脚不得落回地面。

移动时：

——传球或投篮，队员可跳起中枢脚并一脚或双脚同时落地，但一脚或双脚抬起，在球出手之前，任一脚均不得落回地面。

——开始运球时，在球出手之前中枢脚不得抬起。

（3）队员跌倒、躺或坐在地面上

① 当一名队员持球时跌倒和在地面上滑动，或躺，或坐在地面上获得控制球是合法的。

② 如果而后该队员持着球滚动或者试图站起来是违例。

6. 3秒钟

当某队在前场控制活球并且比赛计时钟正在运行时，该队的队员不得停留在对方队的限制区内超过持续的3s。

在下列情况下，队员的行为应被视为合规：

① 试图离开限制区。

② 在限制区内，当该队员的同队队员正在做投篮动作并且球正离开或恰已离开投篮队员的手时。

③ 在限制区内已接近 3s 时运球投篮。

为证实队员位于限制区外，该队员双脚必须完全置于限制区外的地面上。

球进入前场，才会有 3s 违例情况的发生。

7. 5 秒钟

（1）被严密防守的队员被判 5s 违例

被严密防守定义：一名队员在场上正持着活球，这时对方队员处于积极的防守姿势，合法防守距离不超过 1m（或 1 步），该队员被严密防守。

规定：一名被严密防守的队员必须在 5s 钟内传球、运球或投篮。

（2）掷界外球时

裁判员递交球后或球可处理时，队员掷球入界，必须在 5s 钟内将球出手。

（3）罚球时

罚球时，裁判员递交球后，罚球队员必须在 5s 钟内将球投出。

8. 8 秒钟

① 当：

——一名队员在他的后场获得控制球时；

——在掷球入界中，球触及后场的任何队员或者被后场的任何队员合法触及，掷球入界队员所在队仍拥有后场的球权；

该队必须在 8s 钟内使球进入该队的前场。

② 当：

——没有被任何队员控制，球触及前场时；

——球触及或者被双脚在他前场的进攻队员合法触及时；

——球触及或者被有部分身体在他后场的防守队员合法触及时；

——球触及有部分身体在控制球队前场的裁判员时；

——运球队员在后场往前运球的过程中，双脚和球都进入前场时（人球一体）；

球队使球进入该队的前场。

③ 当先前已控制球的同一队由于下列情况的结果被判在后场掷球入界时，8s 钟应从剩余时间开始连续计算：

——球出界；

——一名同队队员受伤；

——一次跳球情况；

——一次双方犯规；

——双方球队的相等罚则抵消；

——该队被判技术犯规。

9. 24秒钟

(1) 规定

一名队员在场上控制一个活球时；或在一次掷球入界中，球触及任何一名场上队员或者任何队员合法触及，且掷球入界队员所在的球队仍然控制球时，该队必须在24s钟内尝试投篮。尝试投篮时，球必须触及篮圈。

① 一次24s钟内投篮的构成：

——在24s计时钟的信号发出前，球必须离开队员的手；

——球离开了队员的手后，球必须触及篮圈或进入球篮。

② 在临近24s钟结束时尝试了一次投篮，并且球在空中时24s计时钟信号响：

——如果球进入球篮，没有违例发生，信号应被忽略并且中篮得分；

——如果球触及篮圈但未进入球篮，没有违例发生，信号应被忽略且比赛继续；

——如果球未碰篮圈，一次违例发生。但是，如果对方球队很清楚地获得了控制球时，信号应被忽略且比赛继续。

(2) 程序

如果裁判员停止了比赛：

——因为不控制球的球队犯规或者违例（不是因为球出界）。

——因为任何与不控制球的球队有关的正当原因以及任何与双方球队都无关的正当原因。

球权应判给原先控制球的球队。

如果掷球入界在其后场执行，进攻计时钟应复位。

(3) 24s的连续计算与14s复位

如果掷球入界在其前场执行，进攻计时钟应按照下述原则复位：

——当比赛被停止时，如果进攻计时钟显示为14s或者更多，进攻计时钟不应复位，而是从被停止时间处连续计算。

——当比赛被停止时，如果进攻计时钟显示为13s或者更少，进攻计时钟应复位到14s。

如果某队已控制球或双方队员都未控制球，进攻计时钟错误地发出信号，此信号应被忽略且比赛继续。然而，根据裁判员的判断，如果控制球队已被置于不利，应停止比赛，进攻计时钟应被纠正并且把球判给该队。

如果判给原先已经控制球的队在前场掷球入界，并且进攻计时钟显示的是14s或者更多时，进攻计时钟应停止，但不复位到24s；如果判给原先已经控制球的队在前场掷球入界，并且进攻计时钟显示的是13s或者更少时，进攻计时钟应停止，并复位到14s。

10. 球回后场

（1）定义

球触及后场时，或球触及或者被有部分身体接触后场的进攻队员合法触及时，或球触及有部分身体接触后场的裁判员时，是球进入某队的后场。

当一个控制球队的队员在他的前场最后触及进入前场的球，随后他的同队队员又首先触及进入后场的球，球已非法回到后场。

当球触及中线前的场地即球进入前场；如果涉及持球队员，必须是人球一体，人和球全部进入前场才算进入前场。即使队员持球骑跨中线，该队员前面的脚仍可以后撤回后场或传球给后场的同队队员。

（2）规定

在前场控制活球的球队不得使球非法回到他的后场。

（3）罚则

球应判给对方在他们的前场最靠近违例的地点掷球入界，在篮板后面的地点除外。

11. 干涉得分和干扰得分

（1）定义

投篮或罚球：开始于球离开正在做投篮动作的队员的手时，结束于球从上方直接进入球篮并且停留其中或穿过球篮；或球不再有进入球篮的可能性时；或球触及篮圈时；或球成为死球时。

（2）规定

① 干涉得分：在一次投篮中，当一名队员触及完全在篮圈水平之上的球时，并且：球是下落飞向球篮中，或在球已碰击篮板后，干涉得分发生。

② 干扰得分：在一次投篮、最后一次或仅有一次的罚球后，当球与篮圈接触时，队员触及球篮或篮板时；或在一次罚球后（随后还有进一步的罚球），球有进入球篮的可能性时，一名队员触及球、球篮或篮板时；或队员从下方伸手穿过球篮并触及球时；或当球在球篮中，防守队员触及球或者球篮从而阻止球穿过球篮时；或队员使篮板震动或者抓球篮，根据裁判员的判定，这种动作已妨碍球中篮或者使球进入球篮时；或队员抓住球篮触及球时，干扰得分发生。

（3）罚则

如果一名进攻队员发生违例，不判得分。将球判给对方队员在罚球线的延长线掷球入界，除非本规则另有规定。

如果一名防守队员发生违例，应判给进攻队，如：当球在罚球中出手时，得1分；当球在2分投篮区域出手时，得2分；当球在3分投篮区域出手时，得3分。

如果防守队员在最后一次或仅有一次的罚球中发生干涉得分违例时，应判给进攻队得1分，随后执行防守队员技术犯规的罚则。

五、犯规

（一）犯规

犯规是对规则的违犯，含有与对方队员的非法身体接触、违反体育道德的举止等。

（二）一般原则

1. 两个原则

（1）圆柱体原则：一名站在地面上的队员占据一个假想的圆柱体内的空间。它包括该队员上面的空间，并受以下限定：前面由手的双掌，后面由臀部，两侧由双臂和双腿的外侧。双手和双臂可在躯干前面伸展，双臂的肘部弯曲不超过双脚的位置，因此两前臂和双手是举起的。他双脚间的距离应依据他的身高而有所不同。

（2）垂直原则：在比赛中，每个队员都可占据场上未被对方队员占据的圆柱体位置，这个原则保护队员所占据的地面空间和他在此空间内垂直跳起时的上方空间。

队员一旦离开他的垂直位置（圆柱体）并与已经建立了垂直位置的对方队员发生身体接触，离开他的垂直位置（圆柱体）的队员对此接触负责。

进攻队员不应用下列方式与处于合法防守位置的防守队员发生接触：

① 用他的双臂为自己获得更多的空间（清除障碍）。

② 在投篮中或紧接着投篮后伸展他的双腿或双臂造成接触。

2. 掩护

掩护是试图延误或阻止一名不持球的对方队员到达他希望到达的场上位置，包括合法的掩护和非法的掩护两种。

当正在掩护对手的队员发生接触时是静止的，或发生接触时双脚着地，是合法的掩护。

当正在掩护对手的队员发生接触时正在移动，或在静止对手的视野之外做掩护，发生接触时，没有给出足够的距离，或发生了接触时，对移动中的对手没有顾及时间和距离的因素，是非法的掩护。

3. 无撞人半圆区

球场上设置无撞人半圆区的目的是指定一个特定的区域，用于解释篮下的撞人、阻挡等情况。无撞人半圆区由与篮板前沿平行的假想线和上述平行线末端连接封闭构成。无撞人半圆区的界线不是无撞人半圆区的一部分。

向无撞人半圆区的任何突破情况中，当：进攻队员腾空并控制球，他试图投篮或者传球，并且防守队员的双脚在无撞人半圆区内时，进攻队员与防守队员在无撞人半圆区内的身体接触不应被宣判为进攻犯规，除非进攻队员非法地使用手、手臂或者身体。

4. 撞人

撞人是持球或不持球队员推开或移动对方队员躯干的非法身体接触。

5. 阻挡

阻挡是阻碍持球或不持球对方队员进行的非法身体接触。

如果试图做掩护的队员在移动中与静止或后退的对方队员发生接触，则判罚掩护队员一起掩护犯规。

如果队员不看球，面对着对方队员并随着对方队员的移动而移动他的位置，除非包含其他因素，该队员对所发生的任何接触负主要责任。

6. 用手或手臂接触对方队员

当防守队员处于防守位置，并且他的手或手臂放在持球或不持球的对方队员身上并保持接触以阻碍对手前进，就发生了非法用手或非法伸展手臂。

当进攻队员为了获得不公正利益，用手臂或肘去“勾住”或缠绕防守队员；或为了阻止防守队员的防守或试图抢球，或为了在他和防守队员之间扩展更大的空间而推开防守队员；或持球进攻队员运球时，用伸展的手臂或手去阻止对方队员获得控制球，都是犯规。

7. 背后非法防守

背后非法防守是防守队员从对方队员的背后与其发生身体接触。防守队员试图抢球的行为，并不构成从背后与对方队员发生接触的正当依据。

8. 拉人

拉人是干扰对方队员移动自由的非法身体接触，这种接触可能发生在身体的任何部位。

9. 推人

推人是队员用身体的任何部位强行移动或试图移动控制球或未控制球的对方队员时发生的非法身体接触。

10. 合法防守位置

当一名防守队员面对对手，并且双脚着地时，他就建立了最初的合法防守位置。

11. 骗取犯规

一名队员采用任何手段假装被侵犯，或采用戏剧性的夸张动作制造“被侵犯了”的假象并从中获利，这种行为被视为骗取犯规。

（三）侵人犯规

1. 定义

侵人犯规是无论在活球或死球的情况下，攻守双方队员发生的身体接触的犯规。

2. 罚则

登记犯规队员一次侵人犯规。

如果对没有做投篮动作的队员发生犯规，则：由非犯规队在最靠近违犯的地点掷球入界重新开始比赛；如果犯规的队处于全队犯规处罚状态，则进行全队犯规的处罚规定。

如果对正在做投篮动作的队员犯规，应按下列所述判给投篮队员若干罚球：如果投篮成功，则应计 2 或 3 分，并追加 1 次罚球；如果在 2 分投篮区投篮没有成功，则 2 次罚球；如果在 3 分投篮区投篮没有成功，则 3 次罚球；在结束一节或决胜期的比赛计时钟信号响时或恰好响之前，或当 24s 计时钟信号响时或恰好响之前，投篮队员被犯规了，此时球仍在该队员的手中，并且随后投篮成功，中篮不记得分，应判给 2 或 3 次罚球。

（四）双方犯规

1. 定义

双方犯规是两名互为对方的队员同时相互发生侵人犯规、违反体育精神犯规或取消比赛资格犯规的情况。

2. 罚则

应给每一犯规队员登记一次侵人犯规或其他两种犯规，不判罚球。比赛应按下列所述重新开始。

在发生双方犯规的同一时间，若投篮得分，或最后一次或仅有一次的罚球得分，应将球判给非得分队从端线的任何地点掷球入界；若某队已控制球或拥有球权，应将球判给该队在最靠近违犯地点的位置掷球入界；若任一队都没有控制球也没有球权，一次跳球情况发生。

（五）违反体育运动精神的犯规

1. 定义

违反体育运动精神的犯规是一起队员身体接触的犯规。根据裁判员的判断，队员不是在规则的精神和意图的范围内合法地试图去直接抢球，发生的接触犯规是违反体育运动精神的犯规。

判断是否违反体育运动精神的犯规应运用如下原则：

① 如果一名队员不努力去抢球并发生身体接触，这是一起违反体育道德的犯规。

② 如果一名队员在努力抢球中造成过分的身体接触（严重犯规），这是一起违反体育道德的犯规。

③ 如果防守队员试图阻止一次快攻，从对方队员身后或侧面与其发生身体接触，并且在进攻队员和对方球篮之间没有防守队员，这是一起违反体育道德的犯规。

④ 如果一名队员正合法地努力抢球（正常的争抢）发生了犯规，这不是违反体育道德的犯规。

2. 罚则

(1) 应给犯规队员登记一次违反体育运动精神的犯规。

(2) 应判给被犯规的队员执行罚球，以及随后的（2、3 罚 1 掷）：

① 如果对没有做投篮动作的队员发生的犯规，2 次罚球；如果对正在做投篮动作的队员发生的犯规，不中篮，则根据犯规地点进行 2 或 3 次罚篮；如果对正在做投篮动作的队员发生的犯规，球中篮，得分有效，并且加 1 次罚篮。

② 掷球入界应该在该的前场，或在中圈跳球开始第 1 节的比赛。

(3) 当队员被登记 2 次违反体育运动精神的犯规，该队员应被取消比赛资格。

（六）取消比赛资格的犯规

1. 定义

队员、替补队员、出局的队员、教练员、助理教练员或随队人员的任何恶劣的违反体育道德的行为是取消比赛资格的犯规。

2. 罚则

(1) 应给犯规者登记一次取消比赛资格的犯规。

(2) 如果是一起非身体接触犯规，由对方教练员指定任一本队队员执行罚球；如果是一起身体接触犯规，则被犯规的队员进行罚球；随后在该队的前场掷球入界或在中圈跳球开始第 1 节比赛。罚球次数则根据被犯规队员是否有投篮动作和投篮出手时的区域进行相应的 1 次、2 次或 3 次罚球，双方有相同罚则可抵消。

（七）技术犯规

1. 定义

技术犯规是没有身体接触的犯规，行为种类包括但不限于：

① 无视裁判员的警告。

② 无礼地触碰裁判员、技术代表、记录台人员或球队席人员。

③ 与裁判员、技术代表、记录台人员或对方队员交流中没有礼貌。

④ 使用很可能冒犯或煽动观众的粗话或肢体语言。

⑤ 戏弄对方队员或在他的面部附近妨碍其视觉。

⑥ 过分挥肘。

⑦ 在球中篮后故意地触及球或阻碍迅速地掷球入界以延误比赛。

⑧ 伪造被犯规。

⑨ 悬吊在篮圈上，致使队员的重量由篮圈支撑，除非扣篮后，队员瞬间抓住篮圈，或者，根据裁判员的判断，他正试图防止自己受伤或使另外一名队员受伤。

⑩ 在最后一次的罚球中防守队员干涉得分，应判给进攻队得 1 分，随后执行登记在该队员名下的技术犯规罚则。

2. 罚则

① 队员技术犯规登记在该队员名下，并计入全队犯规次数；球队席人员犯规登记在教练员名下，不计入全队犯规次数。

② 应判给对方队员 1 次罚球，罚球后宣判技术犯规时，控制球队或拥有球权队在比赛停止时距离球最近的地点掷球入界。

③ 在中圈跳球开始第一节。

（八）宣判犯规时的程序

发生犯规时，裁判员应按照以下程序宣判：

第一，鸣哨的同时，一手臂握拳伸直高举，以此表示犯规停表；另一手臂指向犯规队员。

第二，以手势表明要执行的罚则。

第三，跑至记录台 4～6m 处，面向记录台，做出手势，依次是犯规队员的号码、犯规的性质和相应的罚则。

附　裁判员手势图

Ⅰ. 得分

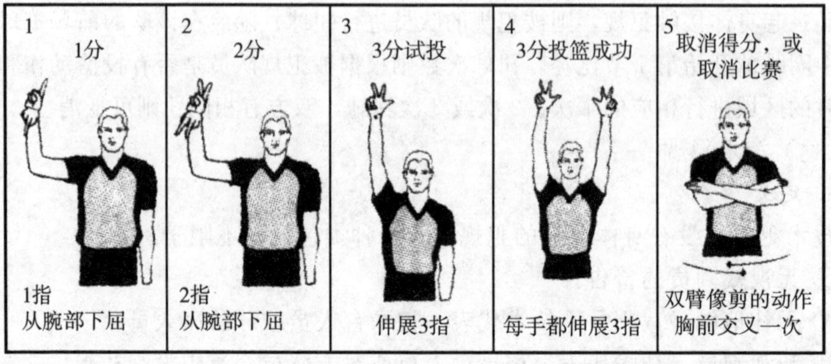

Ⅱ. 有关计时钟

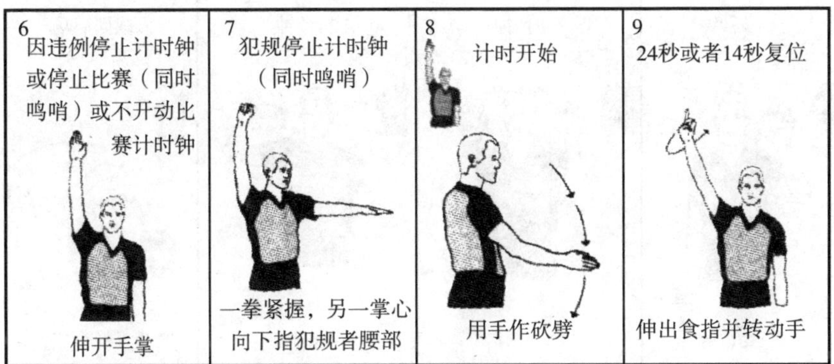

Ⅲ. 管理

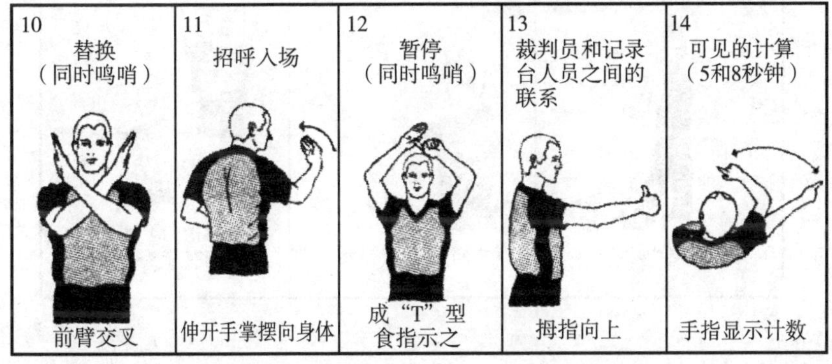

Ⅳ. 违例的类型

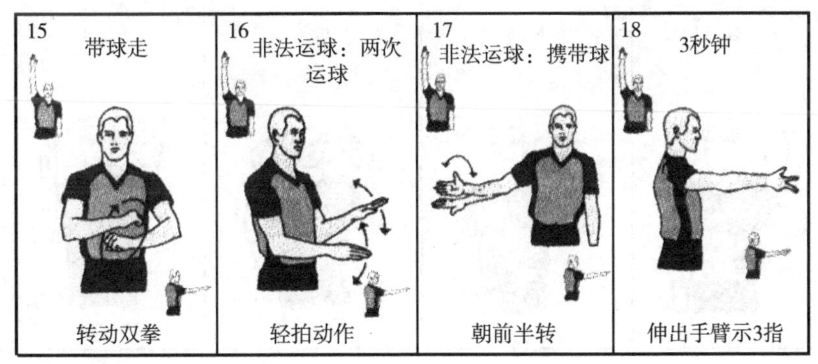

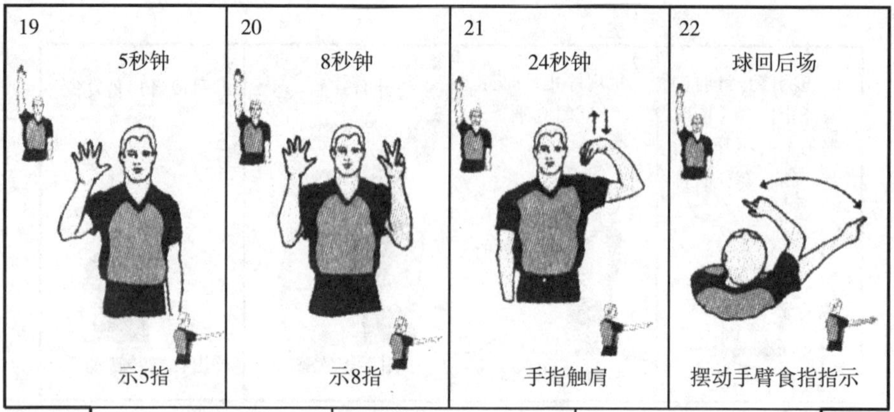

19
5秒钟
示5指
20
8秒钟
示8指
21
24秒钟
手指触肩
22
球回后场
摆动手臂食指指示

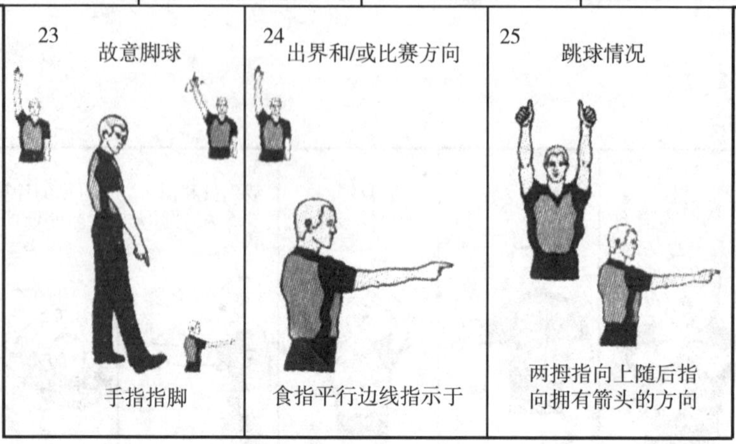

23
故意脚球
手指指脚
24
出界和/或比赛方向
食指平行边线指示于
25
跳球情况
两拇指向上随后指
向拥有箭头的方向

Ⅴ. 向记录台报告一起犯规（3 个步骤）

第 1 步——队员的号码

26
No.4
27
No.5
28
No.6
29
No.7

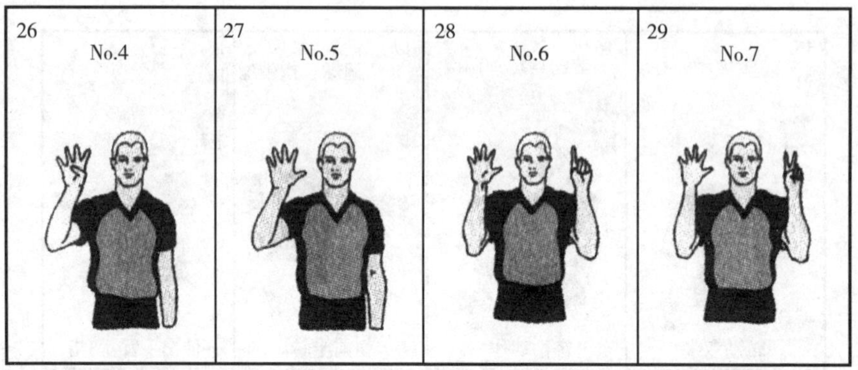

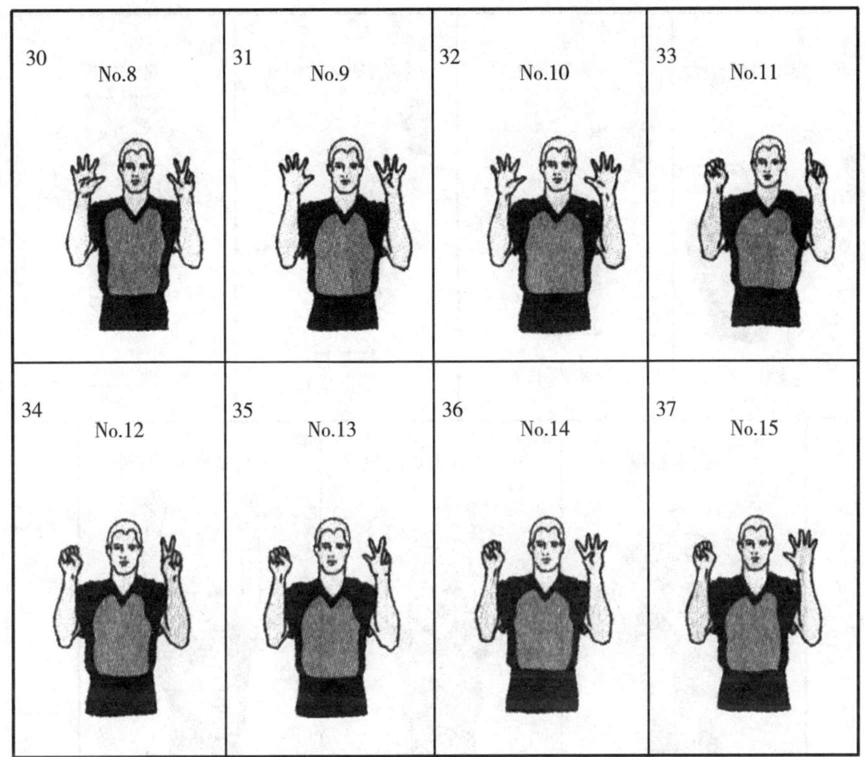
30
No.8
31
No.9
32
No.10
33
No.11
34
No.12
35
No.13
36
No.14
37
No.15

第 2 步——犯规的类型

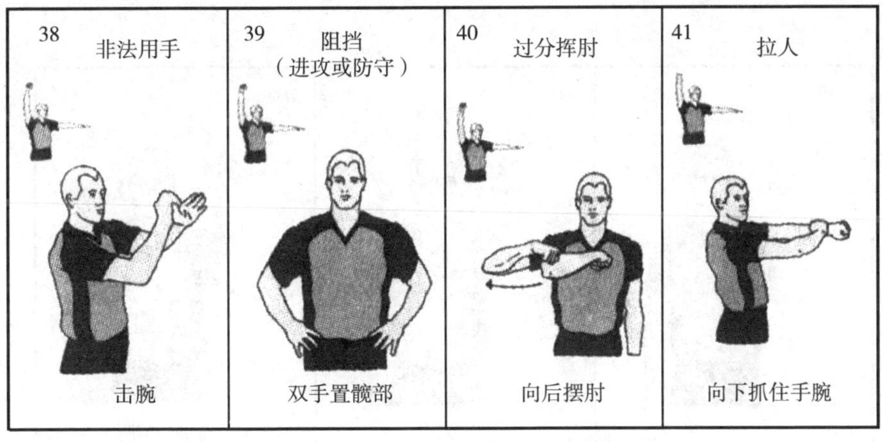
38
非法用手
击腕
39
阻挡
（进攻或防守）
双手置髋部
40
过分挥肘
向后摆肘
41
拉人
向下抓住手腕

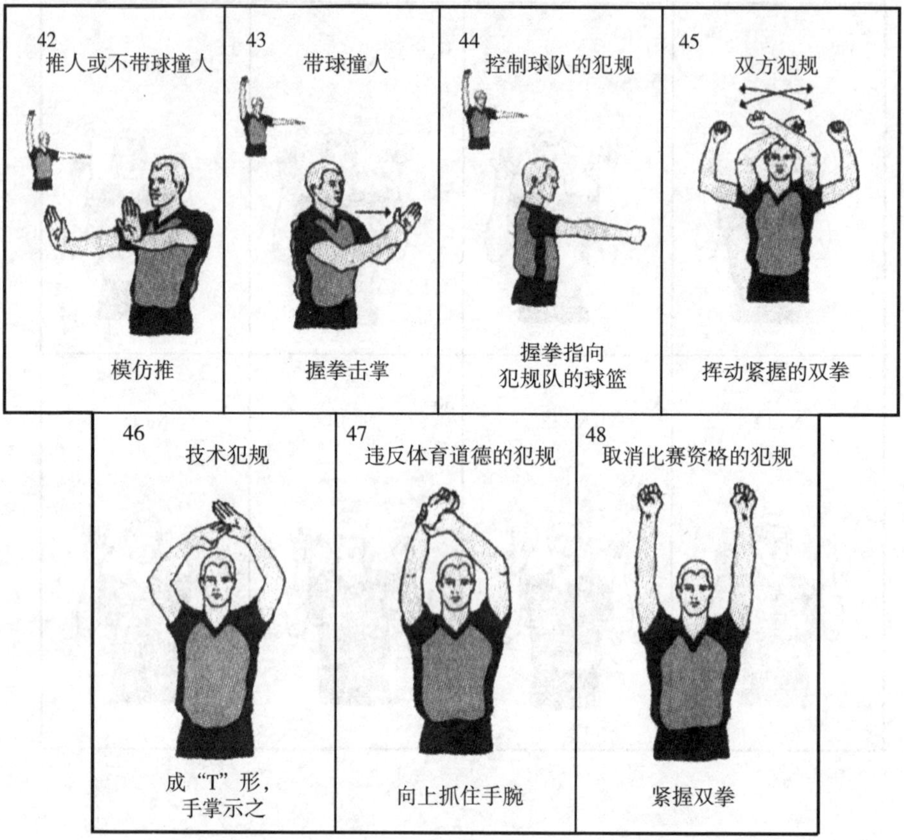

42
推人或不带球撞人
模仿推
43
带球撞人
握拳击掌
44
控制球队的犯规
握拳指向
犯规队的球篮
45
双方犯规
挥动紧握的双拳
46
技术犯规
成“T”形，
手掌示之
47
违反体育道德的犯规
向上抓住手腕
48
取消比赛资格的犯规
紧握双拳

第 3 步——判给罚球的次数

49
1次罚球
举起1指
50
2次罚球
举起2指
51
3次罚球
举起3指

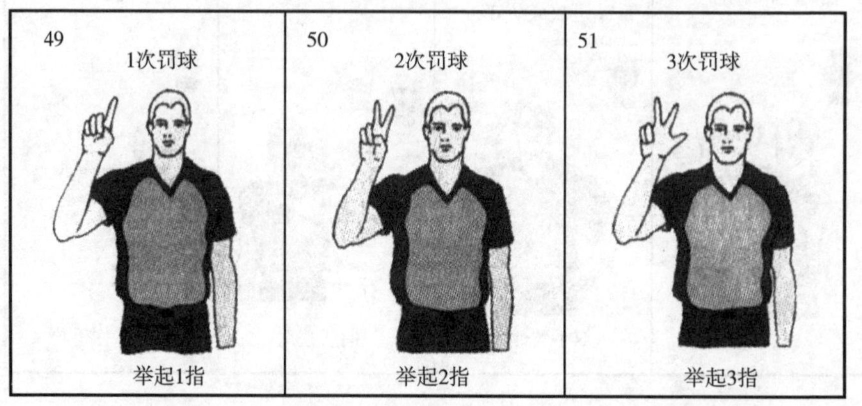

或比赛的方向

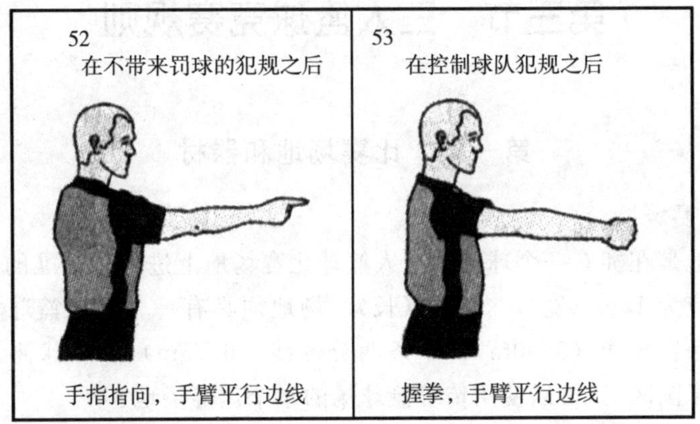

Ⅵ. 罚球管理（2 个步骤）

第 1 步——在限制区内

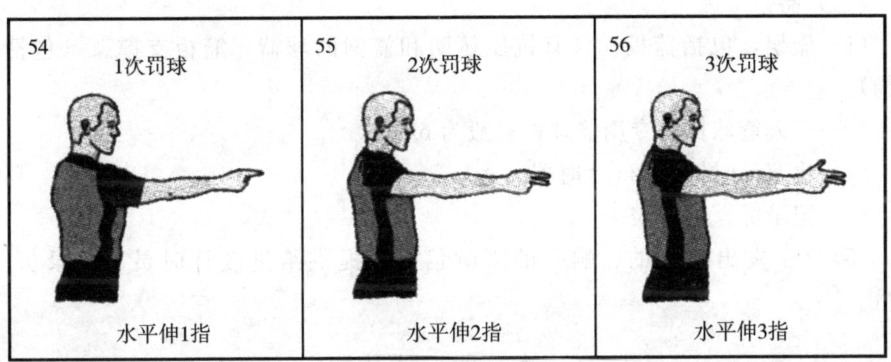

第 2 步——限制区外

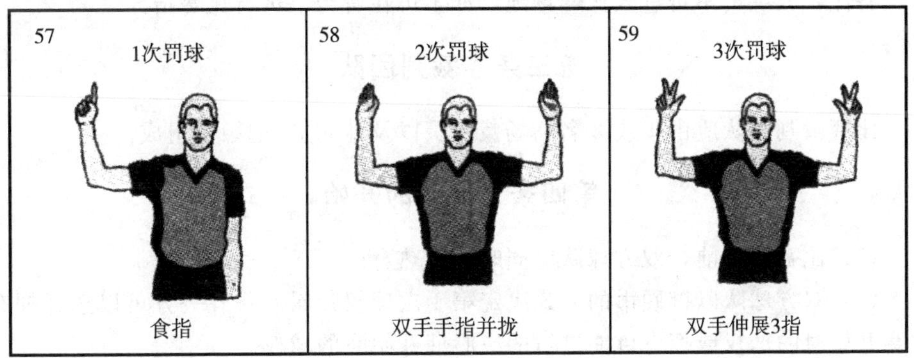

第三节　三人篮球竞赛规则

第一条　比赛场地和器材

（一）比赛场地

比赛场地是在拥有一个球篮的三人篮球比赛场地上进行。标准的三人篮球比赛场地面积应为15m（宽）×11m（长）。场地须具有一个标准篮球场尺寸的区域，包括一条罚球线（5.80m）、一条两分球线（6.75m）以及球篮正下方的一个“无撞人半圆区”。可以使用传统篮球场的半个比赛场地。

备注：基层比赛可以在任意场所中进行；如果场地带有标线，则标线应根据场地条件做相应调整。国际篮联官方三人篮球比赛必须完全依照上述标准执行，包括配备一个可安装进攻计时钟的篮架装置。

（二）器材

(1) 篮架，包括篮板、含有抗压篮圈和篮网的球篮，篮板支撑架（包括包扎物）。

(2) 三人篮球比赛专用篮球，一般为6号球。

(3) 比赛计时钟、12s计时器。

(4) 记录屏、记录表。

(5) 2个发出不同的、响亮的声响信号，提供给进攻计时员、记录员/计时员。

第二条　球队

每支球队应由4名队员组成（其中3名为场上队员，1名为替补队员）。

备注：教练员不可进入比赛场地，亦不可在看台上进行比赛指导。

第三条　裁判团队

比赛裁判团队应由1或2名临场裁判员以及计时员/记录员组成。

第四条　比赛的开始

(1) 比赛开始前，双方球队应同时进行热身。

(2) 双方球队以掷硬币的方式决定第1次球权归属。获胜一方可以选择拥有比赛开始时的球权或拥有可能进行的决胜期开始时的球权。

(3) 每队必须有3名队员在场上才能开始比赛。

备注：国际篮联官方比赛是指奥运会系列赛、3×3世界锦标赛（含U18）、地区锦标赛（含U18）、3×3世界巡回赛和3×3全明星赛等。

第五条　得分

(1) 每次在圆弧线以内区域出手中篮，计1分。

(2) 每次在圆弧线以外区域出手中篮，计2分。

(3) 每次成功的罚球，计1分。

第六条　比赛时间/比赛胜者

(1) 常规的比赛时间为10min，在死球状态下和罚球期间应停止计时钟。在双方完成一次交换球后，当进攻队员获得防守队员的传球时，应立即重新开动计时钟。

(2) 然而，如果在常规比赛时间结束之前，某队率先得到21分或以上则获胜。该规则仅适用于常规的比赛时间（而不适用于可能发生的决胜期）。

(3) 如果常规比赛时间结束时比分相等，则应进行决胜期比赛。决胜期开始前应有1min的休息时间。在决胜期中率先取得2分的球队获胜。

(4) 在预定的比赛开始时间，如果某队在赛场准备开始比赛的队员不足3名，则该队因弃权使比赛告负。在因弃权而使比赛告负的情况下，比赛得分应记录为W—0或0—W（“W”代表胜）。

(5) 如果某队在比赛结束前离开场地，或该队所有的队员都受伤了和/或被取消了比赛资格，则该队因缺少队员告负。在此情况下，胜队可以选择保留该队的得分或视对方弃权，缺少队员告负的球队得分登记为0。

(6) 某队因缺少队员告负或以不正当的方式弃权而告负，将取消该队整个赛事的参赛资格。

备注：在没有比赛计时钟的情况下，组委会可决定比赛时长和/或采用得分制胜的比赛方式。国际篮联建议采取与比赛时长一致的得分限制（10min/10分；15min/15分；20min/21分）。

第七条　犯规/罚球

(1) 球队累计犯规达到6次后处于全队犯规处罚状态。在规则第15条限定之内，队员不因个人犯规的次数被判出局。

(2) 对在圆弧线以内做投篮动作的队员犯规，应判给1次罚球；

对在圆弧线以外做投篮动作的队员犯规，应判给2次罚球。

(3) 对正在做投篮动作的队员犯规，如果球中篮应计得分，并追加 1 次罚球。

(4) 全队累计第 7、第 8 和第 9 次犯规，判给对方 2 次罚球。全队累计第 10 次及随后的犯规，判给对方 2 次罚球和球权。

(5) 所有的技术犯规总是判给对方 1 次罚球以及随后的球权，所有的违反体育运动精神的犯规总是判给对方 2 次罚球以及随后的球权。执行技术犯规或违反运动精神的犯规产生的罚球之后，比赛将以互为对方队员之间在场地顶端圆弧线外交换球的方式继续进行。

注：进攻犯规不产生罚球。

第八条　如何打球

(1) 在每一次投篮中篮或最后一次罚球中篮后（除非某队拥有随后的球权）：

① 非得分队的一名队员在场内球篮下方（而非端线以外），将球运或传至场地圆弧线外的任意位置继续进行比赛。

② 此时，防守队不得在球篮下方的“无撞人半圆区”内抢断球。

(2) 在每一次投篮没有中篮或最后一次罚球没有中篮后（除非某队拥有随后的球权）：

① 如果进攻队抢到篮板球，则可以继续投篮，不必将球转移至圆弧线外。

② 如果防守队抢到篮板球，则必须将球转移出圆弧线外（通过运球或传球的方式）。

(3) 如果防守队通过抢断或者封盖获得控制球，则必须将球转移出圆弧线外（通过运球或传球的方式）。

(4) 死球状态下给予任一队的球权，应以双方在场地顶端的圆弧线外交换球开始。即：一次场地顶端圆弧线外（防守队与进攻队队员之间）的传递球。

(5) 当队员任意一只脚都不在圆弧线以内或踏及圆弧线，就被认为“处于圆弧线外”。

(6) 发生跳球情况时，由此前场上的防守队获得球权。

第九条　拖延比赛

(1) 拖延或消极比赛（即不尝试得分）应判违例。

(2) 如果比赛场地装备了进攻计时钟，则进攻队必须在 12s 钟之内尝试投篮。(在弧顶防守队向进攻队传递球后或在球篮下对方投中篮后）一旦进攻队员持球，12s 计时钟应立刻开启。

(3) 如果进攻队员将球带出圆弧线后，一名进攻队员在圆弧线内背向或侧向球篮运球超过 5s 钟，则将被认为违例。

备注：如果比赛场地没有装备进攻计时钟，并且某队未积极尝试进攻球篮，裁判员应以最后 5s 钟倒计时报数的方式警告该队。

第十条　替换

当球成死球并且双方完成交换球或执行罚球之前，允许任一队替换队员。替补队员在其队友离开场地并与之发生身体接触后，方可进入比赛场地。替换只能在球篮对侧的端线外进行。替换无需临场裁判员或记录台人员发出信号。

第十一条　暂停

（1）每支球队拥有 1 次暂停机会。死球状态下任一队员均可以请求暂停。

（2）若进行媒体转播，主办方可决定是否运用 2 次媒体暂停，在所有比赛中，2 次媒体暂停机会分别为比赛计时钟显示 6：59 和 3：59 后的第一次死球期间。

（3）每次暂停应持续 30s 钟。

备注：暂停和替换只能在死球期间进行，对应规则 8.1，在活球情况下不可暂停和替换。

第十二条　申诉程序

如果某队认为裁判员的某个宣判或在比赛中发生的任何事件已对该队不利，则必须按照以下程序进行申诉：

（1）在比赛结束后、裁判员签字前，该队队员应立即在记录表上签字。

（2）赛后 30min 之内，该队应提交一份申诉的书面确认函，并且交付竞赛主管 200 美元保证金。如果申诉被采纳，则该笔保证金予以退回。

（3）比赛录像仅用于决定最后一次投篮是否于比赛结束前出手，以及/或者该投篮应该得 1 分或 2 分。

第十三条　球队的名次排列

下列原则将适用于小组赛和赛事整体的球队名次排列。如果双方在第一步的比较后依旧持平，则进行下一步的比较，依此类推。

（1）获胜场次最多（或在参赛队伍数量不同的小组之间使用胜率比较）；

（2）相互之间比赛结果（只考虑胜负，仅适用于小组排名）；

（3）场均得分最多（不包括因对方弃权而获胜的得分）。

如果经上述 3 个步骤的比较后，球队间依旧持平，则具有更高种子队排位的球队名次列前。巡回赛球队的名次排列按照巡回赛中积分的总和计算（巡回赛是一系列相关联赛的总称），所有队员（如果队员能够在每一分站建立新的球队）或球队（队员在整个巡回赛中保持在同一支球队）的巡回赛排名原则：

（1）决赛中的排名，或之前决赛资格赛的排名；

（2）在每个分站中为取得决赛资格而获得的排名积分；

（3）巡回赛中累计获胜次数最多（或在比赛场次不同球队之间使用胜率比较）；

（4）巡回赛中场均得分最多（不计因对方弃权而获胜的场次）；

（5）积分持平球队之间种子队排位的比较原则，在分站赛中依然适用。

备注：不论任一球队是否参加后续的比赛，在巡回赛的每一站中所有球队都应进行排名。

第十四条　种子队排位规定

种子队排位依据球队相关排名积分确定（参加比赛前该队最好三名队员个人积分总和即为该队排名积分）。如果排名分数相同，种子队排位将在比赛开始前随机决定。

备注：在国家队比赛中，种子队排位依据三人篮球官方排名确定。

第十五条　取消比赛资格

队员累积两次违反体育运动精神的犯规（不适用于技术犯规），在其被裁判员取消比赛资格的同时也可被比赛组织方取消其在该赛事中的参赛资格。赛事组织方将立即取消一切涉及暴力行为、言语或肢体攻击行为、不正当影响比赛结果、违反国际篮联反兴奋剂条例（国际篮联内部规章第四卷）或国际篮联的体育运动精神的准则（国际篮联内部规章第一卷第二章）队员的比赛资格。竞赛组织方有权根据其他球队成员的参与的程度，包括对上述举动（不作为）而取消全队的参赛资格。

第五章　篮球身体素质教学与训练

篮球运动属于对抗性强攻守转换快的运动项目，对人的身体素质要求很高。篮球身体素质的训练对于运动员技术及综合能力的提升具有重要意义，身体素质训练将贯穿运动员的整个运动生涯，它与运动损伤与治疗、运动医疗监督、心理干预等类似，始终是辅助与执行。

随着篮球运动的盛行，对球员身体素质也提出了更高的要求。因此，增强力量、爆发力，提升弹跳能力，提高速度等，均是篮球运动发展过程中亟待解决的问题。与传统的靠技战术获胜相比，现在的篮球已经发展成为更高水平的竞技项目，技战术差别不断缩小，更多的则是身体素质的比拼。本章介绍了力量、速度、耐力、灵敏性、柔韧性、弹跳的相关概念、训练方法和手段及相关的注意事项，从这六个方面对篮球身体素质训练进行了系统性的阐述。良好的身体素质不仅能增强个人体质和提升技战术水平，还能塑造强壮的关节和肌肉，帮助练习者减少运动损伤。

第一节　力量素质训练与方法

一、力量素质概述

（一）力量的定义

力量是指人体肌肉在工作时克服阻力的能力，包括肌肉在收缩时所发挥的最大力量，以及在特定时间内快速发挥力量的能力。人体在克服阻力时肌肉收缩的速度不同，克服阻力的能力也是不同的。人体运动时克服的阻力一般来自重力、惯性、摩擦力、流体阻力和弹性力等，所有身体素质的提升均建立在力量训练的基础上，篮球运动中的投篮、跑跳、身体对抗等动作，需要强大的力量支撑，若肌肉缺乏力量，不仅会导致动作不到位，还可能引发运动损伤。

（二）力量的分类

1. 根据力量与运动专项的关系，力量分为一般力量与专项力量

一般力量是指身体各部位肌肉在完成一般收缩和伸展时，对抗和克服阻力的能力。一般力量是力量训练计划的基础。如杠铃卧推和自由深蹲时表现出来的力量相对于短距离跑动项目而言，属于一般力量。

专项力量是指在比赛动作技术和战术所要求的时空条件下，动作结构、力量性质、肌肉收缩方式等方面都严格符合专项动作特点的肌肉收缩能力。

一般力量与专项力量相互影响，相互制约。一般力量是专项力量提高的基础，运动员一般力量水平较低，将会限制其专项力量的发展。一般力量和专项力量是相对的，随着项目的变化，同一种力量可能会转化为不同的两种力量，例如，深蹲对于举重运动是专项力量，而对于篮球运动则是一般力量。

2. 根据力量和体重的关系，力量分为相对力量和绝对力量

绝对力量是指在不考虑体重的条件下，所表现出来的最大力量。在此意义上，绝对力量和最大力量的含义相同，可以通过对抗外界负荷的力值表示。

相对力量是指运动员单位体重所具有的最大力量。相对力量是单位体重力量的大小，在一定程度上反映肌肉质量。在篮球等克服自身重力在场上移动的项目中，相对力量具有十分重要的意义。

3. 根据力量在运动中的功能，力量分为稳定性力量和爆发性力量

稳定性力量是指在运动中保持身体姿势或完成动作时的稳定程度。人体某些肌肉有特殊的稳定功能，称作深层稳定肌，它们位于关节附近，在神经系统的精密控制下主要负责关节局部的稳定性。稳定肌群锻炼得越充分，身体的力量发挥就越好，动作更快，最重要的是可以减少这些肌肉的张力性微细损伤。

爆发性力量是指在一个爆发性动作或一组强有力的突然移动过程中发力的能力，主要是指肌肉快速收缩产生力量，表层运动肌实施运动。运动员的最大力量、快速力量、爆发力等都属于爆发性力量，在快速克服阻力运动中起着决定性作用。

稳定性力量是爆发性力量的基础，教练员仅仅提高运动员的稳定性力量是不够的，因为快而有力的收缩是爆发性力量的主要功能。同理，教练员仅仅发展爆发性力量也是不合理的，因为稳定性力量在动作过程中能够充分募集相关肌群、协调收缩、提高用力效率。

二、力量素质的影响因素

肌肉力量的大小取决于肌肉活动时的能量代谢、营养状况、自身的结构特点，还与神经系统的机能、性别、年龄及训练方法等有关。

（一）肌肉的解剖生理特征

肌纤维的类型：肌肉都是由不同类型的肌纤维混合组成，根据肌纤维的收缩速度，肌肉可分为快肌纤维和慢肌纤维。快肌纤维收缩速度快、力量大，但易疲劳；慢肌纤维收缩速度慢、力量小，但耐力强。篮球运动训练采用强度不同的练习时，可以发展不同类型的肌纤维。

肌肉生理横断面积：肌肉生理横断面积是指垂直于肌纤维的所有肌纤维面积的总和，在特定的条件下，肌肉收缩时产生的力量与其生理横断面积成正比。篮球运动员出于对身体形态的要求，不需要追求过大的肌肉体积，也可以结合其他方面的训练来提高力量素质。

肌肉的初长度：肌肉的初长度是指肌肉收缩前的长度，在一定范围内，肌肉收缩前的初长度越长，肌肉收缩产生的张力和缩短的速度越大。例如，在进行各种跳跃动作前，适当下蹲可以显著提升跳跃的推动力。

肌肉的牵拉角度：肌肉对骨骼的牵拉角度不同时，肌肉收缩产生的力量大小是不同的，例如肱二头肌对前臂产生的牵拉力在肘关节屈的角度为115°时最大，膝关节屈的角度为130°～160°时力量最大。

（二）中枢神经系统的机能因素

运动单位动员是指通过调节激活的运动单位数量及其神经放电频率，控制肌肉收缩张力强弱的生理机制。肌肉收缩时兴奋的肌纤维数目愈多，产生的张力越大，运动单位动员也可称为运动单位募集。运动单位的动员数量受外界负荷影响，不同的个体之间动员能力也存在差异。中等训练水平的篮球运动员一般只能募集60％的肌纤维，而训练水平高的篮球运动员可以动员90％的肌纤维。

（三）力量训练因素

篮球运动训练中的方法也会对力量的大小和特性产生很大影响，主要是通过肌肉肥大、改善肌肉神经控制、肌纤维类型转变和增强肌肉代谢能力等多种机制实现的。在篮球运动力量训练中，需要合理设计训练强度、练习组数、重复次数、练习间歇、动作幅度、动作速度等。

三、力量素质训练的基本原则

针对运动专项进行身体素质训练，都要遵循一定的原则和顺序。篮球运动力量训练要遵循人体的生理特点，进行科学训练，这样才能提高篮球运动员的基本身体素质，增强对抗能力，避免伤病。因此，安排力量训练应遵循以下原则。

（一）全面性及顺序性原则

篮球运动动作往往需要身体各个部位肌群协同工作才能完成，无论是大肌群还是小肌群，都应得到全面发展。因此，力量训练不是单一的，应由多种力量练习组成，肌肉力量训练的顺序直接影响训练效果。一般认为，1组练习至少包括6～8个主要运动肌肉的练习，力量训练课中，应先安排大肌肉群力量训练，再安排小肌肉群力量训练；先安排多关节肌训练，再安排单关节肌训练；训练单一肌肉时，先安排大强度练习，再安排小强度练习。

（二）不间断性原则

力量训练间隔时间应符合力量增长规律要求，间隔过短易造成疲劳积累，间隔过长则前期训练引起的肌肉力量增加逐渐消退，影响肌肉力量增长。因此，肌肉力量训练应遵循不间断性原则。篮球运动员应合理制订训练计划，以巩固并提高已有训练水平，使机体产生的一系列适应性良好变化获得长期的效果。

（三）专门性原则

专门性原则是指被训练肌肉对不同练习模式的力量训练能产生特定反应或者适应的生理学现象，即不同的专项训练对身体各肌群参与活动的要求不同、活动部位不同、动作结构不同，神经系统协调能力、运动单位募集及局部肌肉代谢的影响不同。这就要求教练员训练时要有针对性，应尽量选择与技术要求及动作技术结构相一致的训练。

四、力量素质训练的基本技术和方法

（一）篮球力量分类

肌肉力量有多种表现形式，根据不同的分类标准可划分为不同的类型。肌肉力量根据肌肉收缩形式分为静力性力量和动力性力量；根据表现方法分为绝对力量和相对力量；根据表现形式和结构特点可分为最大肌肉力量、速度力量和力量耐力。而在篮球运动和训练过程中，有着激烈的对抗和稳定性要求，要求篮球运动员在高强度对抗中具有得分能力，因此根据篮球运动的实际需要将力量分为一般力量和专项力量。

（二）篮球力量训练基本技术

抗阻力量训练是指机体对抗外界负荷、提高肌肉力量的训练。抗阻训练通常包括杠铃、哑铃等选择器械不同、动作轨迹不固定的自由重量练习以及动作轨迹固定的组合力量器械练习。自由重量以及组合力量器械练习须掌握握哑铃、握杠、握把手的技巧，最佳的身体姿势，以及关节活动范围、呼吸方法、运动速度、辅助带的使用及辅助监护的基本技术。

1. 抓握技术

抗阻训练中有两种最常用的抓握方式：①正握：掌心向下，指关节向上，也称上手握法。②反握：掌心向上，指关节向下，也叫下手握法。还有两种使用较少的握法：①变化型握法：一手正握，一手反握。②钩子握法：与正握类似，只是拇指压在食指和中指之下。钩子握法是进行爆发力练习时的常用握法，可以握得更紧。在所介绍的握法中，拇指都是紧包着杠杆的，这种情况统称为闭合握法。

2. 身体和肢体姿势的稳定性

稳定的身体姿态有助于运动员在训练过程中保持良好的动作姿态，这样可以使肌肉和关节得到正确的刺激和锻炼，所以抗阻力量训练必须重视身体姿态。

“五点”接触训练是坐着或者仰卧在练习凳上进行的练习，运动员的身体姿态要有五点与练习凳及地面接触，以保证最大稳定性和脊柱支撑。“五点”分别为：后脑、肩背、腰臀、右脚和左脚。

3. 运动的范围和速度

练习时，运动的范围覆盖了整个关节的活动范围，关节的柔韧性可以得到保持和提高。最理想的练习方法应包含所有运动所涉及关节的最大活动范围，但有的练习是不可能达到此要求的，有的练习是不允许的（如在深蹲时弯腰等）。

慢速、有控制地重复练习，有助于增加运动的范围，但当练习爆发力和进行快速力量练习时，强调的是在保持控制的条件下尽量加速，使杠铃的移动达到最大速度。

（三）练习中的呼吸技巧

一个重复练习中最艰难的部分通常发生在离心收缩向向心收缩转换后的一段时间，这个时段被称为粘点。大部分抗阻的呼吸技巧是在整个粘点过程中呼气，在相对较轻松的时段吸气。例如，在利用哑铃向心屈肘的重复练习中，粘点发生在屈肘的中途时段，运动员应呼气；在将哑铃放下至起始位置时，运动员应吸气。

（四）辅助带的使用

使用辅助带有助于防止损伤。辅助带的使用因运动员的类型和负荷大小而变化。当练习负荷施加在腰部且负荷接近最大力量时，要佩戴辅助带。合理的技术、有效的监护，再加上正确使用辅助带，有助于减少运动损伤的发生。但过分频繁地使用辅助带会降低对腰腹肌的锻炼，因而在没有腰腹负荷的练习中或在腰部负荷不大的练习中不要使用辅助带。

（五）监护自由重量训练

监护者的主要职责是保护运动员的安全，监护者必须意识到，监护工作实施不当有可能造成运动员的严重损伤，甚至造成监护者本人的严重损伤。监护者还可以激发运动员的训练热情，帮助其完成强制性重复练习。强制性重复练习有助于运动员提高能力，但安全保护不可忽视。

1. 练习的类型和所需的设备

杠铃在头顶上方（如高翻）、杠铃在背上（如深蹲）、杠铃架在肩上或者锁骨上（如前蹲）、杠铃在脸上方（如卧推）等部位进行的自由重量练习相比杠铃或哑铃在体侧、体前（如侧平举）等部位进行的自由重量练习，有更大的难度和危险性，因而一定要有监护者在场。

2. 运动员和监护者之间的沟通

监护者和运动员必须有效沟通。监护者必须主动了解抓握杠铃技术、实施保护动作、运动员的练习次数、杠铃复位时机等信息，否则监护者就不能实施及时有效的保护，可能出现因保护动作过早而打乱运动员的练习节奏，甚至造成运动员受伤。

（六）一般力量训练

篮球运动具有特殊性，但是也存在其普遍性，可以在胸部、腹部、下肢、上肢、肩部等部位进行一般力量训练。以下是篮球项目进行一般力量训练的常用方法。

1. 卧推（图 5－1）

锻炼肌肉：胸大肌。

起始姿势：运动员仰卧在卧推凳上，身体与推凳及地面“五点”接触，正握杠铃，握距略宽于肩，将杠铃由架上取下时，肘关节伸直，保持杠铃位于胸部上方，每次重复都由此位置开始。

运动过程：向下移动杠铃，触到胸部为止，手腕要紧张，正对着肘关节，保持身体也与器械和地面的“五点”接触；向上推杠，直至肘关节完全伸直，手腕紧张、稳定，正对肘关节，避免挺胸迎杠或者拱腰，完成一组练习后，示意监护者帮助其将杠铃放回原处，直到杠铃放稳才能松手。

呼吸方式：向上发力时呼气，向下运动时吸气。

图 5－1　卧推

2. 卷腹（图 5－2）

锻炼肌肉：腹直肌。

起始姿势：仰卧在垫上，屈膝，双臂胸前交叉。

运动过程：屈颈使下颌靠近胸部，双手放置于胸前，双脚、臀部及腰部保持平稳地贴在瑜伽垫上，上体向大腿方向靠近直到上背离开垫子；伸展躯干，然后颈部伸展，回到起始姿势，保持脚、臀、臂姿势不变。

呼吸方式：向上离开垫子时呼气，向下回到垫子时吸气。

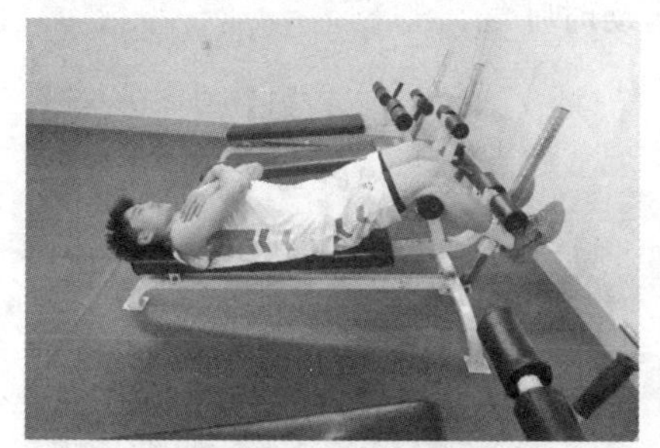

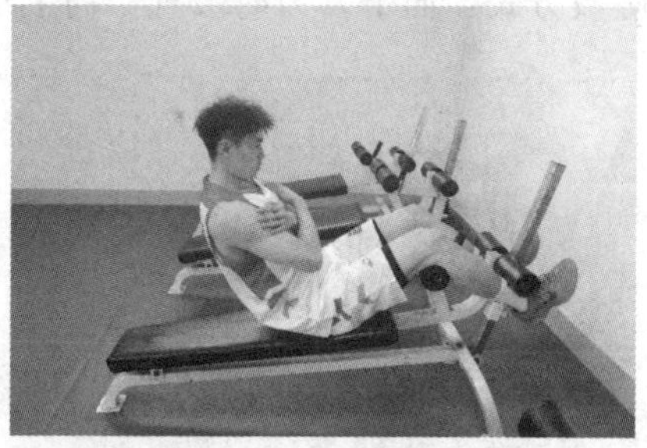

图 5－2　卷腹

3. 杠铃俯身划船（图 5－3）

锻炼肌肉：背阔肌、大圆肌、斜方肌中部、菱形肌、三角肌后部。

起始姿势：运动员双脚开立与肩同宽或略比肩宽，屈髋，屈膝。上身前屈略高于地面平行，背部挺直，双眼目视前下方，双手正握杠铃、握距略比肩宽。手臂伸展悬吊杠铃于小腿前面位置。

运动过程：运动员将杠铃向躯干方向上提，后背挺直，膝关节微屈，躯干保持不动，上提至上腹部，肩胛骨夹紧，上提过程中手臂靠近身体；运动员慢慢伸展肘关节，降低杠铃回到起始姿势，膝关节微屈。重复练习，结束后屈膝、屈髋，将杠铃放至地面。

呼吸方式：向上发力时呼气，向下运动时吸气。

图 5－3　杠铃俯身划船

4. 坐位下拉（图 5－4）

锻炼肌肉：背阔肌、大圆肌、斜方肌、菱形肌。

起始姿势：双手正握力量练习器手柄，握距较肩略宽，面对器械坐下，两脚平放于地板上，躯干微后仰，肘关节充分伸展，每次下拉的开始姿势都是如此。

运动过程：朝着胸部上方，向下拉动手柄，不得利用身体来增加拉功，手柄要触到胸部；肘关节缓慢伸直，回到起始姿势，躯干姿势保持不变，完成一组练习后站起来，将手柄放回原来的位置。

呼吸方式：向下发力时吸气，向上运动时呼气。

图 5－4　坐位下拉

5. 杠铃深蹲（图 5－5）

锻炼肌肉：臀大肌、股二头肌、股外侧肌、股内侧肌、股中肌、股直肌。

起始姿势：运动员将杠铃放至斜方肌和三角肌后束承担杠铃重量，双脚开立与肩同宽或略比肩宽，双手闭锁式握住杠铃，握距稍宽于肩。

运动过程：保持背挺直，肘关节要抬高，挺胸并充分打开，保持躯干与地面角度的相对固定，缓慢屈髋、屈膝，保持脚跟着地，膝关节在脚的正上方，不要超过膝关节，上体不要前倾，继续屈髋、屈膝，直到大腿与地面平行，在下降过程的最后阶段不要加速，也不要放松躯干；上升过程中，保持背部挺直，同步伸髋、伸膝，保持躯干与地面角度的相对固定，保持高肘、挺胸的姿势，保持脚跟着地，膝关节在脚的正上方，不要前屈躯干或驼背，继续伸髋、伸膝，直到起始姿势。一组练习完成后，向前移动到支架，将杠铃在架上放好后下蹲退出。

呼吸方式：向上发力时呼气，向下运动时吸气。

6. 肩上推举（图 5－6）

锻炼肌肉：三角肌前部和中部。

起始姿势（运动员）：在垂直的凳子上坐下，保持身体五点接触姿势，正握杠铃，握距大于肩宽，示意监护者将杠铃移出支架，推举杠铃过头部，直至手肘完全伸直。

图 5－5 杠铃深蹲

起始姿势（监护者）：监护者两脚分开，与肩同宽，微屈膝，以正反握的方式抓住杠铃，在运动员示意后，帮助其将杠铃移出支架。

运动过程：（运动员）：肘关节缓慢弯曲，降低杠铃，保持腕关节紧张，双臂平行，当杠铃接触到锁骨和三角肌前束时，头部微微伸展，使杠铃通过面部，始终保持五点接触；通过伸展肘关节，直至肘关节完全伸直，保持腕关节紧张，双臂平行，保持五点接触，不要弓背或者离开座椅，完成一组练习后，示意监护者协助将杠铃放于支架上。

运动过程（监护者）：在杠铃下降过程中，以正反握方式接近但不要接触到杠铃，随着杠铃的运动，监护者保持稍微弯曲，背部挺直；在杠铃上升过程中，以正反方式接近但不要接触到杠铃，随着杠铃的运动，膝关节、髋关节和躯干稍微伸直，保持背部平直，在运动员示意完成一组练习后，协助将杠铃放于支架上。

呼吸方式：向上发力时呼气，向下运动时吸气。

图 5－6 肩上推举

7. 哑铃手臂前屈（图 5－7）

锻炼肌肉：三角肌前部和中部

起始姿势：身体呈直立状态，两脚开立，与肩同宽，正握哑铃，肘部弯曲，放于身体前侧。

运动过程：手臂用力前屈向上推哑铃，直到肘关节完全伸直，手腕要紧张、稳定，保持直立；手臂缓慢向下，放低哑铃至起始姿势，始终保持手腕紧张、稳定和身体直立，两手臂交替进行。

呼吸方式：向上运动时呼气，向下运动时吸气。

图 5-7　哑铃手臂前屈

上述的力量训练手段是所有训练方法中应用较为广泛、影响较为深远的动作，也适用于篮球运动的力量训练。运动员在发展专项力量之前需要先进行一般力量训练，一般训练是专项力量的基础，上述动作不包含所有一般训练手段，教练员需要根据运动员的实际情况选择更多的训练手段。

（七）专项力量训练

篮球专项力量训练是指针对运动员在实战过程中，所需要的对抗、抗旋、核心稳定性以及投篮稳定性等方面进行的力量训练。常见的训练内容有下肢力量训练、核心力量训练、上肢力量训练、爆发力训练、耐力训练、平衡与稳定性训练等。

1. 仰卧双腿悬吊（图 5-8）

锻炼部位：腰背、臀部、大腿后群等背侧肌群。

起始姿势：仰卧，双手抱于胸前，双脚悬吊，双肩支撑。

动作过程：向上伸展髋部，身体正直，躯干中立位，保持一定时间。回到起始位置或完全放松，休息后进行下一组训练。

进阶练习：单腿悬吊，增加气枕，可变换悬吊绳高度，双腿外展。

2. 单腿悬吊侧向支撑外展（图 5-9）

锻炼部位：悬吊侧的腹、臀、大腿外侧肌群。

起始姿势：侧卧，双手环抱，靠近地面一侧下肢悬吊，肩部支撑。

动作过程：向上伸展髋部，身体呈一条直线，缓慢外展未悬吊一侧腿，保持5～8s。回到起始位置或完全放松，休息后进行下一组训练。

图 5-8　仰卧双腿悬吊

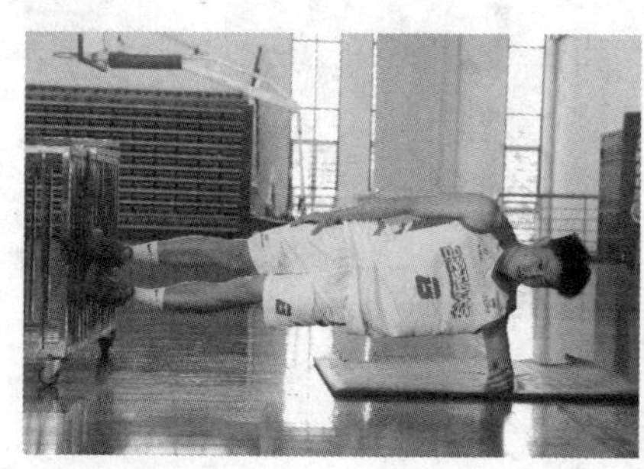

图 5-9　单腿悬吊侧向支撑外展

3. 瑞士球—药球—俄罗斯旋转（图 5-10）

锻炼部位：腹内斜肌、腹外斜肌等核心肌群，臀肌。

起始姿势：仰卧于瑞士球上，将球置于肩胛骨下方，臀部收紧，髋部伸直。

动作过程：腹肌收紧，伸髋并保持躯干、大腿与地面平行，向一侧转体直至双手与地面平行。回到起始姿势，换至对侧，重复以上步骤。

进阶训练：旋转侧向抛球。

图 5-10　瑞士球—药球—俄罗斯旋转

4. 瑞士球一站姿单腿平衡旋转（图 5－11）

锻炼部位：腹内斜肌、腹外斜肌、臀肌、股四头肌。

起始姿势：单腿站立准备，双手持瑞士球置于胸前。

运动过程：腹部收紧，保持身体稳定，将瑞士球向身体左右两侧转动。规定时间内持续以上步骤。

注意事项：腹部收紧，挺胸直背。控制运动的速度，保持动作匀速，不允许髋部扭转。

图 5－11　瑞士球一站姿单腿平衡旋转

5. 瑞士球一俯卧夹球转髋（图 5－12）

锻炼部位：下肢、核心肌群。

起始姿势：双侧小腿置于瑞士球上两侧，双手支撑于肩部下方，身体呈俯卧姿态，保持身体从头到脚一条直线。

动作过程：通过转动髋关节约 45°，带动球转向旁侧，注意双腿伸直，不要弯曲，躯干保持平直，中立位。结束动作是在身体旋转以后，保持 5～8s，然后再转向另外一侧。

动作要点：腹部收紧，挺胸直背，动作缓慢而克制。

图 5－12　瑞士球一俯卧夹球转髋

6. 瑞士球—拉力器—坐姿旋转推举（图 5－13）

锻炼部位：腹内斜肌、腹外斜肌等核心肌群，臀肌，三角肌。

起始姿势：正坐于瑞士球上，转体至拉力器一侧，双手向侧伸直抓住拉力器。

动作过程：双臂提举绳索至胸部，同时胸部快速转向正面，双臂向左肩上方提举绳索至头顶左上方，双臂伸直，同时胸部快速转向左侧。回到起始姿势，重复规定次数。换至对侧，重复以上步骤。

注意事项：腹部收紧，挺胸直背。

图 5－13　瑞士球—拉力器—坐姿旋转推举

7. 哑铃飞鸟（图 5－14）

锻炼肌肉：胸大肌。

起始姿势：闭锁式抓握哑铃，仰卧，身体“五点”接触，示意监护者帮助其将哑铃移至起始位，两手同时向上推，肘关节伸直，哑铃位于胸部上方，转动哑铃成中间型抓握法，微微屈肘，肘关节指向外侧，每次重复练习都由此开始。

运动过程：哑铃沿大弧形向下运动，直到肩或胸的水平高度，在肘关节向下运动时，两只哑铃柄要保持平行，手腕保持紧张，肘关节略屈，保持哑铃与肘、肩在一条直线上（俯视），保持身体的“五点”接触；向上运动时，沿弧线向上

图 5－14　哑铃飞鸟

拉哑铃至起始姿势，保持手腕紧张、肘关节微屈，使哑铃与肘、肩在一条直线上(俯视)，保持身体的“五点”接触。

呼吸方式：哑铃向下时呼气，向中间合并时吸气。

8. 屈腕（图 5-15）

锻炼肌肉：桡侧腕屈肌、尺侧腕屈肌。

起始姿势：坐在练习凳一端，双脚着地，躯干前倾，肘和前臂放在大腿上，手腕略超过膝关节，双手放平伸，相距 20～30cm，手指反握住杠铃。

图 5-15　屈腕

运动过程：手指、手腕用力，将杠铃向上牵拉，保持肘和前臂不动，手腕尽量屈。手指、手腕缓慢伸开，回到起始姿势，躯干、两臂保持原位不动，不要通过杠铃的摆动来辅助用力，也不要利用身体其他部位用力。

9. 伸腕（图 5-16）

锻炼肌肉：桡侧伸腕肌、尺侧伸腕肌。

起始姿势：坐在练习凳一端，双脚着地，上体前倾，肘和前臂放在大腿上，手腕略超过膝关节，双手手腕伸，相距 20～30cm，正握杠铃，手腕朝地面弯曲。

运动过程：手指、手腕伸展，将杠铃向上提，保持肘和前臂不动，手腕下伸。不能借助身体用力或摆动杠铃上提；手腕和手指缓慢屈曲回到起始姿势，保持躯干和手臂位置的固定。

图 5-16　伸腕

10. 哈克杠铃深蹲（图 5-17）

锻炼肌肉：臀大肌、股二头肌、股外侧肌、股中肌、股内侧肌、股直肌。

起始姿势：两脚开立，脚尖朝前，略微外八字，下蹲，两手抓住杠铃，杠铃离地面 3cm 左右时，背部挺直或略呈弧形，挺胸，头与躯干呈一条直线或微后伸，目视前方或前上方。

运动过程：伸膝、伸髋将杠铃提起，保持躯干和地面固定的角度，背部平直，尽可能靠近小腿后侧拉起杠铃，当膝关节和髋关节完全伸展后，形成一个垂直的站立姿势。膝关节和髋关节缓慢屈曲，将杠铃放于地面上，保持背部平直，躯干不能前屈。

呼吸方式：向上发力时呼气，向下运动时吸气。

图 5－17　哈克杠铃深蹲

11. 杠铃弓箭步（图 5－18）

锻炼肌肉：臀大肌、股二头肌、股外侧肌、股中肌、股内侧肌、股直肌。

起始姿势（运动员）：运动员站在杠铃下，双脚开立，与肩同宽或略比肩宽，将杠铃放至斜方肌与三角肌后束，挺胸抬头，双手正握杠铃，略比肩宽，示意监护者将其杠铃移出支架。

起始姿势（监护者）：靠近运动员站立，两脚开立与肩同宽，微微屈膝，在运动员示意后，协助运动员平衡举起杠铃、离开支架。监护者和运动员应同步，当运动员准备好时，监护者保持站立与髋同宽，膝部微屈，躯干挺直，两手接近运动员臀部、腰部或躯干处。

运动过程（运动员）：运动员向前迈一步，迈出的这一步不能太大，保持身体的平衡和稳定。运动员弯曲膝关节和髋关节直到大腿与地面保持平行，当先导脚掌完全踏地，保持躯干挺直，保持固定腿在起始姿势，允许固定腿的膝关节微屈，膝关节与地面距离为 2～3cm，两腿平分重量；靠伸展的前导脚的髋关节和膝关节，用力推离地面，继续保持躯干挺直的姿势，向后带动前导脚回到固定脚的旁边。当这一组练习完成后，把杠铃放在支架上。

运动过程（监护者）：与运动员一样同脚前跨，保持前导膝和脚与运动员前导脚呈一条直线，前导脚位于运动员脚后后方 30～40cm，随着运动员的前导膝屈曲而屈曲，保持躯干垂直；与运动员同时将前导脚后推，向后带动前导脚回到固定脚的旁边，必要时协助运动员保持平衡，当这一组练习完成后，协助把杠铃放在支架上。

图 5-18　杠铃弓箭步

12. 单腿罗马尼亚硬拉（图 5-19）

锻炼肌肉：臀大肌、半膜肌、半腱肌、股二头肌。

起始姿势：两脚开立，与肩同宽，脚尖朝前，一只手抓握哑铃于身体外侧，肘伸直。

图 5-19　单腿罗马尼亚硬拉

运动过程：保持单腿站立，躯干挺直，然后躯干在髋部前屈将壶铃朝地轻放，壶铃同侧腿随着躯干的下降向后伸展，在下降过程中，保持膝关节轻度或中度的弯曲，背部平直，肘关节完全伸直；躯干缓慢向前屈，保持膝关节微屈，背部挺直，肩部在整个动作过程中处于杠铃的上方或前上方，伸髋、伸膝，拉起壶铃。

13. 快速上举

快速上举是快速有力地将杠铃由肩前部推至头顶上方，整个上举过程是一个连续的、不间断的过程。该练习可以在爆发力练习架中由支架上取下杠铃置于肩部，或者通过高翻练习动作将杠铃由地面举至肩部开始。

起始姿势：正握杠铃，握距较肩略宽，身体移到杠铃杆下方，两脚开立，与肩同宽，向上移动到杠铃杆位置，将杠铃杆放在三角肌前部和锁骨上，伸髋、伸膝，将杠铃抬离支架向后退一步，两脚开立与肩同宽，每一次重复都由此位置开始。

运动过程：下蹲后，快速有力地伸髋、伸膝，接着推肘将杠铃举至头顶上方；逐步减小臂部肌肉的紧张度，使杠铃有控制地下移至肩部，同时屈髋、屈膝，以缓冲杠铃对肩部的冲击力。

14. 哑铃片旋转上举（图 5 - 20）

锻炼部位：上肢、核心肌群

起始姿势：两腿呈弓箭步，左腿和地面平行，右腿微展，目光向前注视，上身向左转，保持直立，将杠铃片放置腹部或髋关节处。

运动过程：身体向右转动，左腿伸膝、伸髋，右腿向前蹬伸，同时屈膝、屈髋，将杠铃片推举至身体右前上方；身体向左转，同时左腿屈膝、屈髋，右腿向后伸膝、伸髋，直至回到起始姿势。

图 5 - 20 哑铃片旋转上举

第二节 速度素质训练与方法

一、速度概述

（一）速度的定义

速度是指人体快速运动的能力。竞技运动中，速度主要体现在人体快速完成动作的能力，对外界信号刺激快速反应的能力，以及快速位移的能力。

（二）速度的主要组成部分

速度包括反应速度、动作速度和移动速度。反应速度是指人体对各种信号刺激（声、光、触等）快速应答的能力。

动作速度是指人体或人体某一部分快速完成某一动作的能力。动作速度是技术动作不可缺少的要素，表现为人体完成某一技术动作时的挥摆速度、击打速度、蹬伸速度、踢踹速度等，此外还包含在连续完成单个动作时单位时间的重复次数，即动作频率。

移动速度是指人体在特定方向上位移的速度。移动速度能力概括为机体的速度提高率、最大速度和保持最大速度的能力。

这三种速度类型在运动实践中既有区别又有联系，移动速度是由各单个动作速度组成；反应速度实际上是反应动作过程中的第一个运动速度；而反应速度往往是移动速度的开始（如起跑）。但它们又不能画等号，反应速度快，动作速度和移动速度不一定快；同样，动作速度和移动速度快，反应速度并不一定快。

二、发展移动速度的途径和方法

在众多的运动项目中，运动员在静止或者相对移动的状态下起动时，总是试图尽可能快地达到最高速度，这就要求运动员具有较强的加速能力。最大速度是指运动员不能再作加速运动的那个速度点，并且达到个人运动的最高值。在这个速度点上，运动员试图尽可能长时间地保持速度，同时克服疲劳、摩擦和空气阻力等致使速度下降的因素，把速度下降的可能性降到最低。因此，速度训练主要包括加速能力、最大速度和速度耐力三大部分。

（一）发展移动速度的基本途径

移动速度受到动作频率、动作幅度、加速能力、技术和速度耐力等因素的影响，因此，提高以上因素是发展移动速度的基本途径。本部分主要介绍步频、步幅、起动能力、速度耐力等常用的速度训练方法。

1. 起动能力训练

起动能力训练的目的是为运动员提供最大的加速能力。起动训练包括各种姿势下的起动跑练习、负重短距离加速跑练习和短跑辅助技术练习。以下是一些常用的起动能力训练方法。

（1）登山者转加速（图 5－21）

该练习主要用来发展运动员加速时保持身体前倾的能力。该练习采用的距离较短，一般安排 5～30m。

图 5－21　登山者转加速

（2）下跌起动（图 5－22）

该练习主要用来发展加速技术，特别是身体的前倾能力。直立，目视前方，身体逐渐前倾，到不能控制时向前加速，冲过特定的距离，如 10m。

图 5－22　下跌起动

（3）前抛篮球起动（图 5－23）

该练习主要用来发展加速最开始阶段的爆发式用力。练习者胸前持球呈半蹲姿势，迅速伸展髋、膝、踝，将球朝正前方爆发式地推出尽可能远的距离。一旦将球抛出，运动员便开始迅速加速跑 10～20m。

图 5－23　前抛篮球起动

2. 助力速度训练

助力速度训练也称最大速度训练，是指利用器材或场地，进行超最大速度的练习，有利于突破已有的速度上限。如短跑的下坡跑，自行车的摩托车牵引等练习。在助力速度跑中，步频加快、收缩肌肉的肌电加强、蹬地反作用力加大、肌肉紧张度加大、肌肉内储存的弹性能增加，而且肌肉收缩的效率以及跑的技术都得到改善。以下介绍两种基本的助力速度训练方法，分别是下坡跑和助力牵引跑。

（1）下坡跑

场地要求：理想的下坡跑场地是 20m 平坦的地面冲刺（加速获得接近最大的速度），接着在 15m 倾斜角度在 3°～7°的下坡冲刺（产生比正常条件下更大的步长、步频和速度），最后接 15m 的平地冲刺（使运动员在没有助力的情况下，保持较高的速度)。

技术要求：强调技术的合理性，避免下坡跑而造成技术的变形。

训练强度：开始进行训练时，可以用较低速度进行适应。适应后，必须全力跑。

训练量：训练重复次数和跑动距离随着训练的进行逐步加大。

(2) 助力牵引跑

助力牵引使运动员获得较快的速度。在阻力带和滑轮装置应用前，汽车、摩托车已经在应用。与下坡跑相比，助力牵引比下坡跑产生更快的步频和更大的步长。用一条 8～12m 的弹力带将运动员和其同伴连接起来，两者相距 10～15m，进入准备姿势，发令后进行辅助的弹力带加速跑练习。

3. 阻力速度训练

阻力速度训练是通过加大跑动的阻力以提高运动员下肢力量的训练形式。包括正面阻力、背面阻力、特殊地形等方式。

(1) 正面阻力

运动员与同伴在前 6～8 步保持对抗，感受同伴阻力。同伴双手放于运动员肩上，运动员用力向前（维持收紧的身体姿势），同伴在没有提示的情况下快速向边上移动，运动员继续加速 5～7m。随后结束训练。

(2) 背面阻力

同伴在后侧抓住运动员的腰部，向运动员前进的反方向做运动，运动员向前发力 8～10m 后，同伴放开手，运动员继续加速。

(3) 面对面追逐

同伴双手放于运动员肩上，运动员用力向前（维持收紧的身体姿势）对抗 8～10m，同伴在没有提示的情况下后撤步，180°转身，再冲刺 10m，运动员目标是在 15m 之内抓住同伴。

(4) 拉安全带

同伴佩戴阻力带和手柄套装，当运动员加速 10～15m 时，同伴提供小阻力。

(5) 沙地跑

在松软的沙地上练习冲刺更加困难，但能提供更好的阻力训练，它还可以在运动环境中提供更强的肌肉本体感觉。

为了使加速跑阶段和高速跑阶段的水平速度达到最大限度，阻力训练的目标必须放在大伸髋肌群的力量上面。阻力训练的另一个目标是减小着地时身体重心下降的幅度。下肢关节的弯曲度越小，引起的伸肌伸张反射越强烈，从而使每一步后蹬阶段的力量越大。

（二）速度耐力训练

无氧代谢在任何练习的开始时都会出现，它为机体提供快速的能源渠道，直到循环系统和呼吸系统的供能系统出现调整。低于6s的所有快速跑，几乎完全依赖磷酸原供能系统。在接下来的6s中，机体开始以糖酵解供能系统供能。

速度耐力训练就是要提升这两个供能系统的效率。快速跑一般在缺氧的情况下进行，在这种情况下，骨骼肌只能维持较短的时间。当需氧量超过机体的吸氧量时，丙酮酸将进一步参与无氧代谢，最终形成乳酸。这个过程只有在缺氧的情况下发生，产生能量（ATP）实现肌肉的持续收缩。大约8s，最大用力的快速跑将耗尽这些快速能源物质的储备。

速度耐力训练可以预防运动员在比赛后期、长距离冲刺的后半程及较短比赛间歇的几次重复快速跑的情况下的速度下降。高水平速度耐力为运动员提供在每一次短距离冲刺时保持充沛有力的起动的可能。

速度耐力训练一般每周不超过两次，在比赛期将减少到每周一次。因为，速度耐力训练对运动员机体有着严格的要求，运动员必须进行20～30min的最大强度。间歇活动方式应该是积极性休息，如步行和慢跑。

速度耐力训练的持续时间应该在30s甚至2～3min，速度耐力训练的间歇时间一般较短。

（三）移动速度训练的基本要求

速度训练应结合运动员所从事的专项运动进行。

速度训练应在运动员兴奋、情绪饱满、运动欲望强的情况下进行，一般应安排在训练课的前半部。

速度训练手段单一，容易形成速度障碍。

产生速度障碍的客观原因：由于技能动力定型的形成，运动员技术动作的空间、时间特征都趋于稳定；随着运动水平的提高，运动员神经过程灵活性的改进和肌肉收缩所需能量的提供会遇到更大的困难，而运动员向前移动所需克服的阻力更大。产生速度障碍的主观原因：过早地片面发展绝对速度；基础训练不够；技术动作不合理；训练手段单调、片面，不能引起新异刺激；负荷过度、恢复不好等。出现速度障碍时，可采用牵引跑、变速跑、下坡跑、带领跑、顺风跑等手段予以克服。

在移动速度训练中，应加强放松能力训练。通过提高肌肉的放松能力，可以有效克服肌肉粘滞性、关节摩擦力以及对抗肌阻力。因此，放松能力对速度运动项目成绩的提升作用正日益凸显。

第三节　耐力素质训练与方法

一、耐力的释义

耐力是指个人在持续时间内完成一定强度活动的能力，是体育运动的基本素质之一。在所有的体能组成因素中，耐力应该被优先发展。

二、耐力的分类

耐力主要分为两大类，即有氧耐力和无氧耐力。有氧耐力是指肌肉工作过程中氧供应充足，代谢底物完全氧化产生能量持续运动的能力。无氧耐力是指机体在相对缺氧状态下，仍能长时间为肌肉收缩提供能量的能力。

三、耐力表质的影响因素

（一）有氧耐力的影响因素

1. 最大有氧能力

最大有氧能力（VO_2max）代表机体氧化能力的最高水平，不仅与心肺功能有关，而且与氧运输能力、肌肉（包括慢肌纤维、氧化型以及酵解型快肌纤维）摄取和利用氧的能力密切相关。

2. 乳酸阈

乳酸阈（LactateThreshold，LT）指递增负荷运动过程中，乳酸水平达到一定浓度后，乳酸含量明显上升时的运动速度或 VO_2max 百分比。乳酸越高，则运动员在较高 VO_2max 下运动时，仍然以有氧代谢供能为主，肌肉和血液中没有乳酸的大量堆积，表明有氧工作能力较强。

3. 运动经济性

运动经济性，也称跑步经济性，主要是指在次极限负荷的特定速度下跑步，摄氧量达到稳定状态时每单位体重的耗氧量。运动经济性越好，在一定速度下的 VO_2max 百分比越小、乳酸值越低，有氧耐力也就越好。

4. 能量利用方式

优秀的有氧耐力运动员在规定强度运动时脂肪供能的比例较高，即脂肪的利用率较高，这可以节约糖原的消耗。而在长时间运动中，体内糖原贮备量与运动能力密切相关。

5. 肌纤维类型

肌纤维是肌肉的组成部分。高水平耐力性运动员骨骼肌中以Ⅰ型肌纤维为主。Ⅰ型肌纤维百分比与有氧耐力项目成绩高度相关。Ⅰ型肌纤维线粒体密度和氧化酶的活性较高，单位时间内可以通过有氧代谢产生更多的能量。

6. 其他因素

运动时间长短、膳食、补液、对热和潮湿天气条件的适应程度都会影响到运动员的最终的耐力。此外，年龄因素也非常重要。随着运动员年龄的增长，有氧耐力呈下降趋势。

（二）无氧耐力的影响因素

1. 能源物质储备

ATP—CP 的含量水平对 10s 以内的短时间、高强度的运动表现至关重要。而糖原含量及其糖酵解活性是糖无氧酵解能力的物质基础，因而能源物质储备对无氧耐力具有重要的影响。

2. 代谢过程的调节能力

代谢过程的调节能力包括参与代谢过程的酶活性、神经与激素对代谢的调节、内环变化时酸碱平衡的调节，以及各器官活动的协调。糖酵解代谢产生的乳酸进入血液后，对血液 pH 值产生影响。

四、有氧耐力训练

只有在运动强度和运动量适宜，即在最大限度动用机体有氧代谢系统使运动员在最大应激状态下进行训练，才有可能有效地提高其有氧运动能力。目前，常用的发展有氧耐力的训练方法主要有持续训练法和间歇训练法。篮球运动是有氧耐力和无氧耐力相结合的运动，运动员在场上的加速和冲刺为无氧运动，脚步移动等为有氧运动，所以要求运动员同时拥有有氧耐力和无氧耐力两种能力。

（一）持续训练法

持续训练法通常用于提高运动员基础耐力、VO_2max 和组织呼吸能力。但其缺乏专项性，长时间以较慢速度训练无法发展比赛所需的速度和节奏感，且运动员可能会出现过劳性损伤。一般性的持续训练最常见的为持续性慢跑，比如坚持每天跑步，也是一种耐力训练。每天不断改进训练方式和能力，一段时间后，耐力就会得到提升。

针对篮球项目的持续训练法的主要练习手段有长时间、慢速度的长距离训练和法特莱克训练。

1. 长时间、慢速度的长距离训练

长时间、慢速度的长距离训练的强度约相当于 70% VO_2max（或大约 80%

HRmax)，训练的距离超过比赛距离，或者训练时间为30min～2h。

但是，长期采用长距离训练法，会引起运动肌肉代谢性质的变化。此外，如果过度采用此训练方法，由于运动强度低于比赛需求，训练时没有刺激到肌纤维在比赛时的神经模式，训练所产生的适应性结果无法在比赛中发挥作用。

2. 法特莱克训练

长期以来，法特莱克训练是耐力训练的一个主要方法，该训练组织形式比较宽松，通常是进行越野跑。运动方式在有一定强度的快跑和恢复性慢跑之间交替进行，包括多个在斜坡上的轻松跑（70% VO_2 max），以及短时间快速冲刺（85%～90% VO_2max），如以慢跑的方式爬小山，然后交替进行全速奔跑、慢跑减速、以比赛的速度跑几分钟等。

（二）间歇训练法

虽然持续训练法能够很好地提高运动员的基础耐力，但对发展无氧代谢能力、提高 VO_2max 和比赛速度能力不具有优势，而间歇训练法能够很好地解决这些问题。因此在当前，间歇训练法被认为是提高耐力水平的最好方法，即使是对于马拉松或是其他有氧代谢运动项目的运动员来说，短时间高强度的间歇训练也是提高耐力的方法。

间歇训练法要求多次力竭性的运动，合理有效的间歇训练能够提高单位时间内身体的整体工作能力。以间歇训练法进行有氧耐力的训练，训练方案需要考虑的因素：单次运动量、强度、间歇时间、重复次数和重复组数。

一次练习的负荷时间至少在5min以上，负荷强度中等（平均心率控制在160次/分钟），当每组间歇时要求在身体尚未完全恢复时就进入下一次练习，一般心率下降至120次/分钟即可进行下一组练习。整个训练的持续时间至少30min以上。

比如进行1公里的慢跑后，进行短时间的休整，但不需身体完全放松，一般以心率下降至120次/分钟（可以理解为呼吸调整到不喘、心跳相对平缓状态），即可进行下一组有氧训练，重复这个训练过程。

五、无氧耐力训练

（一）发展ATP－CP供能系统的训练方法

从能量系统来看，快速运动能力和爆发力要求增强磷酸原（ATP－CP）的贮备和代谢过程，而非过度依赖肌糖原产生乳酸的糖酵解代谢过程。在进行训练时，要使ATP－CP达到最大的消耗，同时确保肌肉中乳酸的生产速率很低，血乳酸基本维持在安静值范围或略高于安静值。这种训练方法就是“无氧－低乳酸训练”。在超极量强度运动10s时，肌肉中被消耗的能源物质主要是ATP和CPP

量达存量的90%以上。所以，无氧—低乳酸训练法的最适宜负荷时间为10s以内。

（二）糖酵解供能系统的训练方法

一般而言，最大强度运动30s～15min时，糖酵解供能系统起主导或重要作用。提高糖酵解供能系统能力的最有效方法是高强度持续运动，保证运动中主要由糖酵解供能，运动机体内有明显的乳酸积累。另外，发展糖酵解系统的能力要求反复刺激机体以维持所需的乳酸值，而不是血乳酸达到目标值后就停止该项练习，这一点对于高强度、间歇性为特征的球类项目尤为重要。

六、耐力训练的基本要求

1. 加深呼吸深度

练习者在训练中应该培养以加深呼吸深度为主要方式的供氧能力。同时，还要注意呼吸节奏与动作节奏配合的一致性。

2. 以有氧耐力为基础

无氧耐力的提高是建立在有氧耐力发展的基础上的，这是因为有氧耐力的训练能够促进心脏容积的增大，从而提高每搏输出量，为无氧耐力发展奠定基础，所以在进行无氧耐力训练之前或同时，应适当安排有氧耐力的训练。

3. 注重专项特点

不同项目对耐力素质的要求不同，在训练时必须根据项目的特点和需要，选择合适的训练内容、方法和手段。

4. 有意识地培养意志品质

意志品质在耐力训练和耐力素质的提高中起到十分重要的作用。因此，在耐力训练中既要注意练习者承受的生理负荷，同时又要重视对意志品质的培养。

5. 适当控制体重

人体肌肉中脂肪过多，会增加肌肉阻力，摄氧量的相对值也会因体重的增加而下降。体重的增加还会造成能量消耗的增加，影响耐力素质的发展。因此，提高耐力素质须适当控制体重。

6. 正确的饮食结构

耐力项目运动员除了需要摄入必要的营养物质保持健康外，还必须确保摄入充足的能量满足训练和恢复的需要。因此，正确饮食结构的要点包括：高碳水化合物、低脂肪、足够的蛋白质、大量的纤维素、低盐、足够的维生素和矿物质以及多饮水等。

第四节　灵敏素质训练与方法

一、灵敏素质的定义

灵敏素质是指快速变速、变向的能力。灵敏性被认为是“机体的智商”，它是平衡、协调、爆发力、速度等素质的综合反映。平衡能力能够保持身体在静止或运动时身体重心的稳定，协调是保证身体运动与感受器协调配合的能力，爆发力是保障肌肉或肌肉群快速克服阻力的能力，速度体现在快速的移动或跑动通过一定距离的时间。灵敏素质在竞技体育运动中具体表现为加速、急停、变向再加速的能力，在对抗性运动中占有重要地位，尤其是球类对抗项目。

二、灵敏素质的分类

根据灵敏素质与专项运动的关系，灵敏素质可分为一般灵敏和专项灵敏两类。一般灵敏素质是指在完成各种复杂动作时所表现出来的应变能力；专项灵敏素质是指各专项运动所需要的，与专项技术有密切关系的应变能力。

根据运动员对运动的预知性，灵敏素质分为程序化灵敏和随机灵敏。运动员在预先设计好的情景下练习，发展的是程序化灵敏，如 T 形折返跑或六边形跳等都属于程序化灵敏。运动员在随机变化的情景下练习，发展的是随机灵敏。在随机灵敏素质训练中，运动员不知道接下来的动作是什么，而是根据突如其来的信号，做出相应的动作。喊号追逐跑、抛接不规则弹性球等都属于随机灵敏训练。

三、灵敏性训练的意义

（一）灵敏训练可以改善神经肌肉调节

灵敏训练是满足专项运动神经肌肉需求最为有效的训练形式。灵敏训练的要素（强度、持续时间、间歇时间及技术）可以根据专项比赛的需求及特征进行设计。因此，灵敏训练和比赛非常相似，运动员能够得到专门性的神经肌肉适应。同时，它还可以把其他体能要素进行特定的整合以更加适合专项的需求。

（二）提高运动感知觉

灵敏训练可以通过提高运动感知能力，进而增强身体控制能力。换句话说，灵敏训练强调细微动作的精细控制，包括颈部、肩部、背部、臀部、膝部和踝部，以期获得较佳的中立位姿态。运动知觉的改善有助于获得更快速的运动以及更高的运动效率。

（三）提高运动效益

良好的灵敏素质可以确保运动员形成最佳的进攻和防守技巧，减少不必要的动作，进而提高运动效益。

（四）避免不必要的伤害

良好的灵敏素质能够使肌纤维被合理地激活，有效地控制踝关节、膝关节、髋关节、背部、肩关节和颈部的细微运动。因此，在遇到突如其来的冲击时，肌肉能够协调运动，进而减少不必要的损伤。

四、篮球运动基本灵敏素质训练方法

篮球运动不仅需要运动员向前、向后、向侧以及向对角线方向移动，还需要运力员快速变向，在快速运动中急停以及从静止状态变为全速移动。脚步的快速移动是篮球运动取胜的关键，所有这些能力对获取比赛的胜利具有明确而深刻的影响。

锥桶训练与其他反应灵敏训练相结合的训练是一项很好的热身训练，它可以构成更有难度的灵敏训练。教练员可以改变训练模式和动作来增加训练难度，因为这要求运动员掌握更好的技术。当使用球时，教练员可以对下列动作和练习进行组合和改编，从而使训练更适合篮球专项运动。

交叉：在锥桶处急转弯时，运动员运用交叉运球技巧，从而使训练更具专项针对性。

转体：当运动员在锥桶急转弯后，运动员通过转体改变方向。

进进出出：运动员带球跑到锥桶，然后停下，减速并返回。接着，运动员重复这一模式跑到下一个锥桶。

两腿之间：运动员在两腿之间运球，在一个锥桶处改变方向，再移到另一个锥桶。

背后运球：此训练和两腿之间的训练类似，不过这项训练是运动员改变方向并用后背运球来改变球的移动方向和手的位置。

摆脱双人组队夹击移动：与进进出出训练相似，在此训练中运动员需要后退许多步来练习摆脱双人夹击所需的移动。

（1）在禁区里训练。由于要求在内线或篮筐周围活动，所以这种训练适合在小场地进行。教练员可以改编传统的锥桶训练，创造不同形式的禁区训练。

（2）四锥桶训练。在这一训练中，为了更具有针对性，运动员可以运球完成此项练习。运动员应该在每个方向上重复练习 5 次，然后增加练习次数到 10 次。

（3）X 形训练。在这一训练中，为了更具专项针对性，运动员可以运球完成此项练习。运动员应该在每个方向上重复练习 5 次，然后增加练习次数到 10 次。

(4) 五锥桶的训练。锥桶之间的距离越大，运动员改变方向的速度就会越慢，所以可以将锥桶摆成不同边长的正方形。运动员需要以顺时针和逆时针方向通过正方形来保证训练的平衡，每个运动员应在规定时间内完成这项训练。在进行训练时，应该强调以下内容：运动员必须跑到每个锥桶，快速急转弯；运动员必须运用合理的技术。运动员必须快速移动脚步；随着运动员越来越适应该训练方法，他们可以运球完成所有练习，这样更具有专项针对性。

(6) 附加训练。将两个锥桶间隔 4～5 步放置。两个运动员在锥桶 1 处面对面站立。运用不同的运球方法，进攻队员越过防守队员到达锥桶 2 处。防守队员面向进攻队员的胸部，保持良好的防守姿势。一旦两个运动员都到达对面的锥桶，双方就互换角色并继续练习，运动员可以来回做 10 次，也可以进行计时训练（每组训练最多 2min）。此练习可以作为独立训练单独使用，也可在循环训练中使用。

更好的灵敏性与发展运动时机、节奏及对抗之间有着直接的关系。灵敏性训练可以有效增强运动员的动态反应能力，比如神经肌肉适应、更好的运动能力、预防伤病以及康复时间变短。

第五节　柔韧素质训练与方法

一、柔韧素质的概念

柔韧性是指人体关节活动幅度的大小以及跨过关节的韧带、肌腱、肌肉、皮肤及其他组织的弹性和牵拉能力。柔韧性包括两个方面的含义：一是关节活动幅度的大小；二是肌肉、肌腱、韧带等软组织的伸展性。柔韧性通过关节运动的幅度，也就是按一定的运动轴产生转动的活动范围而表现出来。关节的活动幅度主要取决于关节本身的结构，不同的关节轴直接制约着关节的活动度。此外，跨过关节的肌肉、肌腱、韧带等软组织的伸展性也影响着关节运动幅度，其中影响关节柔韧性的主要因素是肌肉，所占比率为 40%。因此，提高关节运动幅度主要是通过拉伸肌肉，提高其伸展性来实现的。人体与机器不同，机器是在预先设计的固定模式下，力臂通过各式各样不可移动的支点运动，而人体的运动是通过骨骼、肌肉、关节、肌腱、结缔组织和皮肤共同完成的。因此，柔韧性和灵活性是人体运动所必须的，特别是当身体需要进行大幅度运动来发挥最大力量时。

二、柔韧素质的影响因素

柔韧素质的影响因素有很多，有些因素不能通过训练来改善提高，如关节结构、年龄、性别等，而其他因素则可以通过训练来改善，如体内温度、肌肉、结缔组织延展性等。

（一）关节结构

限制关节活动范围的主要因素就是关节本身，不同的关节由于其解剖特点不同，活动范围也不同。例如，肘关节只能做屈曲运动，其活动范围明显小于肩关节，所承担的功能作用也不同。

（二）肌肉和结缔组织

关节周围附着的结缔组织，包括韧带、关节囊、肌腱、筋膜、腱鞘等，是影响关节活动范围的重要因素。松弛状态下的肌肉能被拉长到自身长度，而韧带、筋膜等结缔组织的延展能力要比肌肉差。要增大关节的活动度，首先要使结缔组织产生适应。结缔组织的主要成分是胶原纤维和弹力纤维，若后者比例大，则组织延展性较好。

（三）年龄

儿童的柔韧性通常都比较好，但随着年龄的增长，柔韧性逐渐下降。所以，儿童时期是柔韧性训练的最佳时期，这个阶段应针对全身各个关节进行系统的柔韧训练。进入成年后，人的骨骼、肌肉、韧带等发育基本趋于成熟，给柔韧性练习带来困难。

（四）性别

女性的柔韧性通常好于男性，这种差异会从儿童时期一直延续到成人阶段。

（五）温度

关节活动范围会受到体内温度和环境温度的影响，这是由于温度升高可以降低肌肉的粘滞性，从而减少牵拉时的阻力。因此，在寒冷天气下进行赛前热身练习可以有效提高柔韧性，并防止损伤。

（六）时间周期

柔韧性在一天之中会随时间发生变化。柔韧性最佳的时间段是在上午 8－12 点，因此在进行柔韧性测试对比时，应将受试者安排在一天中的同一时间段。

（七）力量训练

不恰当的力量训练，如练习力量过大、练习活动范围过小或者练习后没有注意恢复等都会降低柔韧性。肌肉变得过于发达就会失去弹性，进而限制了关节的活动范围。因此，精心设计力量练习动作对柔韧性的发展也至关重要。

三、柔韧性的作用

(一) 对技术的掌握和提高有促进作用

柔韧性可以保证专项技术动作的完成，使技术动作显得轻巧灵活、更加协调和准确。提高关节的灵活性，增加动作的协调性和优美感，有助于运动员获得最佳的身体机能水平。如竞技体操、艺术体操、跳水等项目，不仅对肩、腰、胸、胯、腿等部位有较高的柔韧要求，甚至对脚面的柔韧也有较高的要求。以上项目因专项技术的需要对全身各关节的柔韧要求都很高。由此可以看出，柔韧性对各项运动技术的掌握和发挥具有重要的作用。身体柔韧性高有助于完成复杂的技巧，特别是灵敏性起决定作用的技巧。对短跑运动员来说，膝、髋关节的柔韧性不仅能保证正确跑步时的动作幅度，对步长和步频也都会产生较大的影响。如果缺乏柔韧性，身体的运动就会受到限制。如果大腿后侧肌群的柔韧性差导致动作受限时，往往身体的其他部分，如腰部会产生一种补偿动作，这种补偿动作，无论从短期或长远来看，对身体都是有害的。运动员应该提高全面的柔韧性，使身体的各个部分在运动时都不需要相邻部位补偿动作来改变技术。

(二) 有利于力量和速度的发挥

如果踝关节、髋关节、肩关节等部位周围的柔韧性得到改善，那么身体各部位活动的幅度加大，根据加速度的原理，这样就能产生更大的力量和速度。快速的运动需要具备力量和协调性，而良好的柔韧性能提高这种能力，使训练者更好地控制身体的运动。

(三) 防止、减少运动损伤的发生

身体内的结缔组织如韧带或肌腱，如果经常处于缩短状态，它们会变得更短；相反的，经常做拉伸动作，它们会变得更长。肌腱和韧带过紧会妨碍肌肉和关节的活动范围，运动无法流畅地进行，运动能力就会受到影响。如果此时过快过大地进行了与组织牵拉能力不相符的运动，此处组织就会产生损伤，严重的会导致撕裂。

在运动开始前，一系列提高柔韧性的牵拉训练能帮助运动员提高体能和速度，缩短肌肉恢复时间，提高肌肉紧张度。为热身而进行的牵拉运动能使运动员在生理和心理上做好准备。激烈运动后进行牵拉运动，能减轻肌肉酸痛和痉挛。因为牵拉不但可以配合训练，还可以减少因为训练周围软组织可能造成的不良影响，促进运动后身体的恢复。而长期系统的牵拉练习，可以大大减少肌肉拉伤、肌腱扭伤或肌肉疲劳引起的其他损伤。例如，运动员经常出现的腰背痛，大多是由于大腿、骨盆和背部肌肉过紧造成的。

（四）促进身体适应、保持姿态和对称性

通过把个体化的柔韧性计划结合总体的健身计划，不仅可以促进身体健康和肌肉适应性，而且能改进身体的外观。例如，圆肩可能与胸肌的柔韧性不好以及肩带内收肌群力量不足有关，通过拉长已经短缩的结缔组织和肌肉，或通过增强薄弱肌肉的力量可以减轻圆肩症状。

四、柔韧素质训练的基本方法

（一）主动形式与被动形式相结合

篮球的柔韧练习分为主动形式和被动形式两种类型。主动形式是指在自抗力的情况下完成的动作形式，如踢腿；被动形式是指在外力的情况下完成的动作形式，如在别人帮助下做的扳腿、压腿、拉肩等动作。在训练时，两者应交替结合进行，才能提高训练效果。

（二）动力练习与静力练习相结合

动力练习指人体肌肉收缩时长度发生变化，对抗肌交替放松和收缩，使身体在空间发生位移，从而带动全身或部分肢体运动的练习，如踢腿、摆腿等。静力练习指人体肌肉在保持长度不变的条件下产生张力对抗阻力的训练方法，参加活动的肌肉群处于持续紧张状态。这种训练方法可以提高关节稳定性，增强小肌肉群的力量。在训练中，如果只重视静力性练习，而忽视动力性练习，尽管增强了肌肉韧带的伸展能力，但不利于提高肌肉的快速收缩能力，其结果只会产生柔软有余，刚劲不足，反之动作也会僵化而不灵活。因此，在进行柔韧练习时，一定要注意动力练习与静力练习相结合。

（三）柔韧性与灵活性、协调性相结合

在进行柔韧性练习时同时进行灵活性和协调性的练习，效果会更好。

发展柔韧素质练习的基本方法包括动力拉伸和静力拉伸两种方法。动力拉伸法是指有节奏的多次重复某一动作的拉伸方法。静力拉伸法是指通过缓慢的动力拉伸，将肌肉、肌腱、韧带等软组织拉长，并停留一定时间的练习方法。这两种方法均可采用主动的拉伸和被动的拉伸。主动的动力性拉伸方法是借助自身的重力或力量拉伸，被动的动力性拉伸方法是依靠外力的拉伸。在训练过程中，通常是把动力拉伸法和静力拉伸法、主动练习法和被动练习法结合起来运用。根据不同关节活动范围的技术需求，确定发展柔韧性和保持柔韧性阶段练习的重复次数，每组练习持续时间 10s 钟。静力拉伸练习，停留在关节最大伸展程度的位置上，保持 30s。为保证运动员在完全恢复的状态下进行下一组柔韧练习，可以在间隙休息时做一些肌肉放松练习或按摩，如体后屈练习后做体前屈放松练习，劈叉练习后做并腿团身动作等。

（四）静态牵拉

静态牵拉，是在一定时间内并局限在一定活动范围内缓慢牵拉的活动。静态牵拉的主要特征是动作缓慢，固定的时间应大于6s，然后肌肉可以在不超过牵拉极限的情况下，较轻松地进行牵拉。当肌肉被牵拉，并保持到不再感到有张力时，肌肉可以进一步地被牵拉，促使它出现反牵拉反射。

静态牵拉有两种形式，即主动牵拉和被动牵拉两种形式。主动牵拉要求运动员自己完成牵拉练习，并保持一定时间。被动牵拉是指运动员借助外力，或者在别人的帮助下完成的静态牵拉。静态牵拉一般维持牵拉姿势停留 20～30s，重复2～3 次效果最佳。

静态牵拉能够有效提高关节活动度，降低肌肉紧张，改善姿态，加速局部血液循环，降低迟发性肌肉酸痛的程度。但进行大量的静态牵拉可能因降低肌肉张力、引发神经抑制效应，导致爆发力、反应速度等短期下降，因此一般不建议在比赛前使用。当然，如果运动损伤及肌肉紧张等导致关节活动范围不足，进而影响技术动作时，可以在运动前进行适度静态牵拉来增加关节活动范围，避免损伤并提高动作质量。

（五）动态牵拉

动态牵拉是指有节奏的、速度较快的、幅度逐渐加大的多次重复一个动作的拉伸。动态牵拉通常由一整套大幅度的动作组成，比静态牵拉运动强度要大，可为训练或比赛做准备。动态牵拉能够刺激某些特殊关节神经系统活动，使这些肌肉和关节为接下来的剧烈运动做好准备。动态牵拉的目的，是通过与专项运动相关的动作来增加肢体活动范围，可以说是介于静态牵拉和竞技运动之间的过渡阶段。

五、柔韧素质训练的基本要求

（一）发展柔韧性应循序渐进，持之以恒

柔韧练习本身就是由不适应到适应并逐步提高的过程，一旦停止训练，柔韧效果就会消退。训练要长期化、经常化、系统化，且要循序渐进、逐步提高要求，不能急于求成，以免出现拉伤现象。

（二）发展柔韧性应从小培养

柔韧素质发展的敏感期在 5～10 岁，12 岁之前应把柔韧练习作为训练的重点。发展柔韧能力应多采用“缓慢式”和“主动式”活动，不宜长时间用力扳压，或做过分扭转肌肉骨骼的活动，以免造成关节、韧带的损伤和骨骼变形，不利于促进儿童的健康成长。

（三）发展柔韧性应与专项和个人特点相结合

发展柔韧性训练必须根据篮球项目特点和个人具体情况安排，在全面发展身体各部位柔韧性的基础上，要重点发展髋部、腿部、腰部的动力性和静力性的柔韧能力，达到专项技术要求。另外根据运动员的实际情况，做到区别对待，使训练更具针对性和实效性。

（四）发展柔韧性应与力量、速度能力发展相结合

柔韧的发展是建立在肌肉力量增长基础上的，良好的柔韧能力同时能反映出良好的力量能力。篮球运动是动力性项目，如快速奔跑、空中折叠等，所以速度力量、相对力量与柔韧性等方面的训练应得到同步发展和提高。在力量训练后进行柔韧训练，可以使肌肉、肌腱和韧带保持相应的弹性和伸展性，增强关节的稳固性，保证肌肉韧带柔而不软、韧而不僵，促进身体能力的全面发展。

（五）注意外界温度与练习时间

一般当外界温度在 18℃时，有利于柔韧素质的发展。冬天气温较低时，必需在保暖条件下，先进行慢跑或热身有氧操，当机体到达一定温度和体感（如出汗），再进行柔韧练习。人体的柔韧能力在早晨相对较低，此时只能进行小强度练习，而柔韧能力在下午较高，可进行大强度柔韧训练。

第六节　弹跳素质训练与方法

一、弹跳素质的定义

弹跳素质是全身力量、跑动速度、反应速度、身体协调性、柔韧性、灵活性的综合体现。良好的弹跳能力是投篮、抢篮板球的有力保证，是篮球运动员必备的专项素质。运动员弹跳能力强不仅可以扩大范围的控制权，还能更好地掌握复杂的技术，是全面身体素质的综合体现。

篮球项目的弹跳过程对抗性较强，大部分跳起的方向是垂直向上的，双脚离开地面在滞空的情况下，存在很多不稳定因素，而区别于跳远、跳高、短跑等项目，篮球项目的弹跳在很多情况下不是徒手的，在持球情况下进行弹跳要求更为复杂。篮球项目的弹跳力更考验学生快速反应能力、速度力量以及耐力。

二、弹跳素质训练基本手段

弹跳素质训练主要分为两种类型，第一种是克服自身重力练习，运动员通过一定的方式克服自身重力向上或者向侧方移动，达到锻炼弹跳的效果。第二种是

抗阻训练，克服外部重力做功，主要利用器械进行训练。

（一）克服自身重力练习

该练习主要是由人体四肢的远端支撑完成的，迫使机体的局部来承受体重，促使该部位的力量得到发展。

1. 单腿收腹跳

起始姿势：单腿站立，另一条腿保持屈膝悬空状态。

动作过程：支撑腿微屈膝、屈髋后，双臂摆动并迅速跳起，上提起跳腿的膝关节到胸部，并双手将其抱住。落地呈起始姿势，并立即进行下一次起跳。

2. 立定跳跃小栏架

起始动作：双脚与肩同宽，身体直立。

动作过程：微屈膝后，双臂摆动迅速越过栏杆架，落地呈站立姿势。

进阶要求：连续跳过多个栏杆架。

器材要求：小栏杆架若干。

3. 正面跳箱

起始动作：双脚站立与肩同宽，面对跳箱。

动作过程：屈膝后下肢快速蹬伸起跳，双脚落于箱上，回到原位再次重复。

进阶要求：增加跳箱数量或高度，整体越过跳箱。

器材要求：跳箱若干。

4. 跳深接跳箱

起始动作：站在第一个跳箱上，脚尖贴近跳箱前缘并且两脚分开与肩同宽，面向第二个箱子。

动作过程：从跳箱上跳下，然后跳向第二个跳箱，轻轻落下。落地后的起跳动作尽可能快。

器材要求：跳箱若干。

（二）抗阻训练

抗阻训练主要是肌肉对抗外界负荷，通过一定的强度和练习的重复次数刺激机体发展力量，可作用于机体任何一个部位的肌肉群。抗阻练习的方式多种多样，负荷的重量及练习的重复次数可随时调整，是弹跳练习的一种手段。抗阻练习包括杠铃、壶铃、哑铃和力量训练组合器械等。

1. 杠铃提踵

锻炼肌肉：比目鱼肌、腓肠肌。

起始姿势：双脚与肩同宽，站在台阶边缘，前脚掌着地，将杠铃置于肩部斜方肌位置，挺胸抬头，双手正握杠铃，略比肩宽。

动作过程：身体直立，两腿分开，前脚掌用力点地，尽可能向上抬高身体，保持膝关节伸直；缓慢回到起始动作，身体姿势保持不变。

2. 保加利亚式箭步蹲

锻炼肌肉：股四头肌。

动作过程：站于训练凳前 1～2m 处，屈右膝使右脚背搭于平凳上。身体挺直，左膝弯曲使身体下降直到左膝接近地面，伸左膝站直左腿，则完成一次动作。

三、弹跳素质训练原则

1. 金字塔训练法

金字塔训练法是指从一定强度开始，逐渐增加强度，直到最大强度。一般来说，起始强度不低于 65％，然后逐步提高强度，减少重复次数，直到 100％最大强度。

2. 低强度快速用力法

低强度快速用力法是通过中小重量的快速练习来发展快速力量的方法，它强调了抗阻训练时的动作速度，其目的是兼顾力量和速度因素，使运动员体会最大用力和最大速度感。

3. 复合训练法

该方法是以发展最大力量的抗阻练习和发展爆发性用力超等长练习相结合的方法来发展快速力量。该方法综合使用最大力量训练、中低强度快速训练和爆发性用力练习，可有效提高运动员的快速力量。

第六章　常见运动损伤的预防与处理

大部分坚持运动的人都不同程度地发生过运动损伤，其中男性较女性多，且损伤以踝关节急性损伤发病率最高，其次是膝关节、指关节、腿部肌肉等出现损伤。本章主要介绍运动损伤的概念、分类、发生原因和预防原则，阐述篮球运动中常见运动损伤的损伤原因、症状及诊断，以及损伤的处理方法。

第一节　运动损伤概述

运动损伤是运动过程中发生的与运动项目、技巧、强度、个人素质及装备密切相关的一类人体组织器官伤害。对运动损伤的概念、分类、原因及预防原则进行了解，有助于运动损伤的治疗和康复，同时为伤者安排合理的体育锻炼提供科学依据和实践指导。

一、运动损伤的概念和分类

（一）概念

运动损伤是指人体在体育运动过程中所发生的以软组织损伤为主的各种伤害。其中与运动项目特点有关联的慢性损伤，又称为运动技术病，主要发生在人体运动系统，但也包括血管和神经系统。

（二）分类

1. 按运动损伤的组织结构及皮肤或黏膜是否破损分类

（1）运动损伤的组织结构。常见的运动损伤有肌肉韧带的拉伤及断裂、挫伤、四肢骨折、颅骨及脊椎骨折、关节脱位、脑震荡以及内脏破裂等。临床诊断多采用此种分类方法。

（2）皮肤或黏膜是否破损。

① 开放性损伤：伤处皮肤或黏膜的完整性遭到破坏，有伤口与外界相通。

例如，擦伤、刺伤、撕裂伤及开放性骨折等。

② 闭合性损伤：伤后皮肤或黏膜仍保持完整，无伤口与外界相通。例如，挫伤、肌肉拉伤、关节韧带损伤、闭合性骨折、关节脱位等。

2. 按运动损伤轻重程度及运动能力丧失程度分类

(1) 按运动损伤轻重程度分类。

① 轻度伤：基本不影响生活能力。

② 中度伤：受伤后需要停止工作 24h 以上，且需要在门诊治疗。

③ 重度伤：需要长期住院治疗。

(2) 按运动能力丧失程度分类。

① 轻度伤：受伤后仍能进行体育活动或训练。

② 中度伤：受伤后需要进行门诊治疗，不能按训练计划进行训练，需减少患部活动或停止患部练习。

③ 重度伤：完全不能训练，需要住院治疗。

在运动中发生重度损伤的较少，大部分属于轻度和中度损伤，其中以肌肉、筋膜、肌腱、腱鞘、韧带、关节囊损伤最多，其次是肩袖损伤、半月板撕裂和髌骨软化病。

3. 按运动损伤的病程分类

(1) 急性损伤。急性损伤是瞬间暴力一次作用而致伤，伤后症状迅速出现。其特点为发病急、症状骤起。例如，肌肉拉伤、关节扭伤、肌肉痉挛、骨折等。

(2) 慢性损伤。慢性损伤是由于长时间的局部负荷过大，超出了组织所能承受的能力而导致的组织损伤，其特点为发病缓慢、症状渐起。例如，慢性腱鞘炎、疲劳性骨膜炎、髌骨软骨病、慢性牵拉性骨骺炎等。

(3) 陈旧伤。陈旧伤是急性损伤后，因早期失治或处理不当而导致反复发病出现症状的组织损伤，其特点是病程长，病情绵延。

二、运动损伤的原因和预防原则

(一) 运动损伤的原因

1. 基本原因

(1) 缺乏运动损伤预防常识。运动损伤的发生，常与运动参加者对预防运动损伤的认识不足，思想上麻痹大意及缺乏专业的预防知识有关。他们往往平时忽视安全教育，不注重自我保护，在健身运动、体育教学、运动训练和比赛中没有积极采取各种有效的预防措施，发生运动损伤后不认真分析原因、总结规律和吸取教训，使伤害事故不断发生。

(2) 准备活动不合理。为了提高中枢神经系统的兴奋性和各器官系统的功能活动，使人体从相对静止状态过渡到紧张的运动状态，在体育运动前，都应该进行科学规范的准备活动。缺乏准备活动或准备活动不合理，是造成运动损伤的最重要原因之一。通常存在如下问题：

① 不做准备活动或准备活动不充分：在身体相关系统没有得到充分动员的情况下，就投入高强度的运动，身体不能充分兴奋，肌肉的力量、弹性和伸展性较差，关节的灵活性也不能满足运动的需要，因而容易发生损伤。

② 缺乏专项准备活动：准备活动的内容与正式运动的内容衔接不好，特别是运动中负担较重部位或有运动损伤隐患部位的功能没有得到充分地发挥，因休息而消退的条件反射性联系尚未恢复。

③ 准备活动的强度和负荷量安排不当：开始做准备活动时，过于用力、速度过快，违反了循序渐进的原则和功能活动的规律，容易引起肌肉拉伤和关节扭伤；或身体已经出现疲劳，在参加正式运动时，身体的功能水平已经有所下降，此时完成高难度的动作就容易发生损伤。

④ 准备活动距正式运动的时间过长：准备活动所产生的生理作用已经减弱或消失，失去其活动的生理价值。

（3）技术动作错误。违反人体解剖结构和生理特点，不符合运动时生物力学原理，因而容易发生运动损伤。不仅是初学者和学习新动作时容易因错误动作致伤，已熟练掌握技术动作的运动员在身体疲劳或注意力不够集中的情况下，也会因此致伤。例如，在做篮球接球动作时，手形不正确或者被动接球，容易造成引起食指或中指的挫伤。

（4）运动量过大。安排运动负荷时，没有充分考虑到运动者的解剖和生理特点，运动量安排过大，尤其是局部负担过大，这往往是专项训练中造成慢性损伤的主要原因。篮球竞争和对抗较为激烈，如果长时间进行篮球运动，容易造成疲劳的积累，从而使人体处在不良的运动状态，此时极易造成运动损伤。

（5）组织方法不得当。在教学或训练中，没有遵守循序渐进、系统性和个别对待的原则以及比赛的编排不合理，都可能成为受伤的原因，如因学生人数过多引起的训练课堂组织纪律性较差，比赛日程安排不当以及允许有病或身体不合格的人参加比赛等。

（6）生理功能或心理状态不良。运动者处于患病受伤、伤病初愈阶段或疲劳状态时，会出现肌肉力量、动作的准确性和身体的协调性显著下降，警觉性和注意力减退，反应较迟钝等现象，在上述情况下参加剧烈运动或练习较难的动作，发生运动损伤的概率较大。另外，心理状态与损伤的发生也有密切关系。例如，心情不舒畅、情绪不高、对训练和比赛缺乏自觉性和积极性、注意力不集中，以及急躁、胆怯、犹豫等不良情绪，都容易导致动作失常而引起损伤。对于缺乏锻炼经验的初学者，争强好胜、不顾客观条件、盲目参加有一定危险性的运动，在一定程度上增加运动损伤的概率。

(7) 动作粗野或违反规则。在比赛中不遵守规则，或在教学训练中相互逗闹、动作粗野、故意犯规等，往往是篮球或足球等同场竞技项目中发生损伤的重要原因。

(8) 环境因素。运动场地不平，有小碎石或杂物；跑道太硬或太滑；沙坑没掘松或有小石头，坑沿高出地面，踏跳板与地面不平齐；器械维护不良或年久失修，表面不光滑或有裂缝；器械安装不牢固或安放位置不妥当；器械的高低、大小或重量不符合锻者的年龄、性别特点；光线不足、能见度差；缺乏必要的防护用具（如护腕、护踝、护腰等）；运动时的服装和鞋袜不符合运动卫生要求；气温过高或过低，湿度过大等，都容易引发运动损伤。

2. 潜在因素

运动损伤发生的原因除了以上以外，还与人体某些部位的生理特点和运动项目本身的技战术特点有关。若教学训练安排不当、局部负担过重等，则局部生理特点与专项技战术的要求不相适应，可能导致运动损伤的发生。每个运动项目都有自己的技术动作特点，篮球运动员的膝关节较易受伤是因为篮球运动的一些基本动作都要求膝关节呈半蹲位（130°～150°）进行屈伸、扭转、发力；而膝关节的这个角度又恰是其解剖生理弱点，关节的稳定性相对较弱，易发生内外旋或内外翻，关节间也会发生“不合槽”运动，因而引起膝关节损伤。

（二）运动损伤的预防原则及方法

1. 加强安全教育

平时要注意加强预防运动损伤观念的教育，无论是健身运动还是在体育教学、训练和比赛中，都要认真贯彻“预防为主”的方针。

2. 认真做好准备活动

在正式运动或比赛之前，应做好充分的准备活动。准备活动的目的是提高中枢神经系统的兴奋性和克服自主神经的惰性。全身各关节、肌肉的活动可加速全身的血液循环，使肌肉组织得到充分的血液供应，增强肌肉的力量和弹性，并恢复技术动作的条件反射，为正式活动做好充分的准备。准备活动应注意以下几个方面的要求：

(1) 一般性准备活动要做得充分，使身体明显发热，并微微出汗。

(2) 专项准备活动一定要有针对性，与后面的正式活动建立有机的联系。

(3) 准备活动的内容与负荷应依据正式活动的内容、个人身体机能状况、当时的气象条件等多方面因素而定。

(4) 易伤部位的准备活动要加强，一般需要加大局部活动的比重。

(5) 如身体在损伤康复期，动作要缓慢，幅度、力度、速度要循序渐进。

(6) 在运动中，间歇时间较长时，应在运动前再次做好准备活动。

(7) 准备活动结束与正式活动的间隔时间，一般以1～4min为宜。

(8) 在准备活动中进行适当的肌肉力量练习（针对易伤部位的肌肉），对于提高肌肉温度、改善肌肉功能很有益处。

3. 合理安排运动负荷

若运动负荷安排不足，则不能出现生理性的“超量恢复”，达不到促进人体运动能力提高的目的；若运动负荷安排过大，超出了人体所能承受的能力，则不仅使运动系统的局部负荷过重，还会导致中枢神经系统疲劳，致使全身机能下降，协调能力降低，注意力、警觉反应都减弱，从而容易发生损伤。如果局部的运动负荷长期过大，则会导致一些慢性损伤。因此，体育运动指导者和参加者都应严格遵守体育运动的基本原则，根据年龄、性别、健康状况、训练水平和运动项目的特点，合理安排运动负荷。

4. 正确掌握技术动作

动作技术错误将直接造成运动损伤。错误的动作练习，不但不会提高运动成绩，相反会造成局部过度负荷引起损伤的不断发生。因此，应注意在动作形成阶段，不断调整动作的节奏和结构，使之合理化，避免运动损伤的发生。

5. 加强易伤部位练习

根据运动项目的技战术特点，加强对易伤部位和相对薄弱部位的练习，是预防运动损伤的积极措施。例如，负重蹲起训练（图6－1）可以加强股四头肌力量，提高膝关节的稳定性。

图6－1　负重蹲起训练

为了预防腰部损伤，除应加强腰部肌肉力量练习外，如平板支撑（图6－2），还应加强腹肌的练习，如仰卧起坐（图6－3），因为腰部受伤与其拮抗的腹肌有关，腹肌力量不足，易使脊柱过度后伸而致腰部损伤。

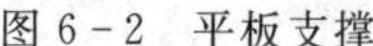

图 6-2 平板支撑

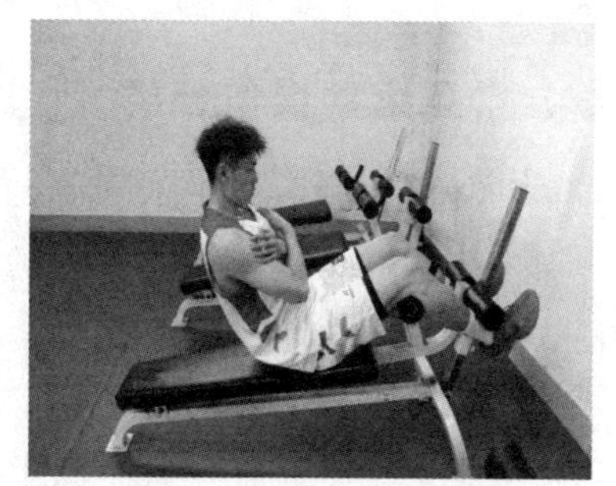

图 6-3 仰卧起坐

为预防股后肌群拉伤，在发展其肌肉力量的同时，还应注意加强肌肉的伸展性练习。另外，对于患有陈旧性损伤的部位也应加强其功能练习，使之能够维持应有的生理功能，预防重复性损伤。

6. 合理安排教学、训练和比赛

教学时，要提前采取相应的预防措施，遵守循序渐进和个别对待的原则。学习技术动作应从易到难，由简单到复杂，从分解动作到整体动作来进行。一次训练课中，难度高、负荷大的动作教学应安排在课的前面或中间进行。

7. 加强运动中保护帮助及合理使用护具

在从事某些容易造成损伤的运动项目时，要根据运动的内容和运动者的具体情况，采取合理的保护和帮助，尤其在学习新技术动作时更应注意。例如，摔倒时，要立即低头、团身、屈肘，以肩背着地，就势滚翻，不可直臂撑地；从高处跳下时，应双膝并拢，以前脚掌着地，以增加人体的缓冲作用。

另外，合理使用运动护具和保护带可以有效减少运动损伤的发生，特别是在对抗性较强的运动项目中显得尤为重要，例如，足球、曲棍球、拳击等运动项目，都需要专业护具的保护。护具的选择一定要符合专项特点，并进行及时的淘汰和更新，以达到最佳的防护效果。

第二节 篮球运动中常见损伤的种类与处理

篮球是一项同场竞技、攻守对抗激烈的运动项目。在有限的 28m 长、15m 宽的篮球场地上，面对高对抗和得分的压力，队员要频繁地跳跃和投篮。在这个运动过程中，踝关节、膝关节和肩关节的使用频率非常高，经常参与篮球训练和比赛的运动者发生运动损伤的概率非常高，这些损伤可能导致身体疼痛、肿胀和功能障碍。

一、常见运动损伤分类

（一）肌肉拉伤

当肌肉剧烈地主动收缩，超过了它的负担能力，或突然被动拉长，超过了其伸展性，均可发生拉伤。

1. 损伤原因

（1）准备活动不充分，身体机能尚未达到适应活动所需要的状态。不当地使用暴力过度牵拉肌肉而导致肌纤维的损伤及部分断裂。

（2）训练水平不够、肌肉弹性、伸展性较差，也是导致肌肉损伤的原因之一。

（3）长时间的训练或连续比赛产生疲劳积累就很容易受伤。

（4）技术动作不正确，动作过大或粗暴，气温太低，湿度太大，场地不良等均会引起肌肉拉伤。肌肉拉伤，轻者是微细损伤，较重者肌纤维部分断裂，严重者则肌肉完全断裂。

2. 症状及诊断

局部功能障碍，肿胀、压痛，触压时有发硬、紧张感。重复受伤动作时，疼痛加剧。做抗阻收缩时，疼痛加剧。若肌肉完全断裂，患者当时即可感到肌肉断裂或听到肌肉断裂声，且肿胀明显、皮下瘀血严重，局部还可能凹陷或一端异常膨大。

3. 处理方法

（1）轻度肌腹拉伤的时候，应即刻加压包扎、冷敷、抬高伤肢，且将受伤肌肉置于放松状态的位置，因为血液会堵塞拉伤部位，且肌肉会过度收缩。这时候可以用冰矿泉水来冰敷患处让患处消肿，促进血液流通。基本上持续冰敷15min，就能够有效缓解疼痛症状。越冰的水效果越好，也可以直接选择用冰块，24 小时后在伤部做轻推拿与按摩。

（2）对肌肉、肌腱完全断裂者，加压包扎伤部，固定患肢后，立即送医院手术缝合。

（3）按摩拉伤部位也是可以有效促进恢复的。但是这种方法只适合症状较轻的拉伤，症状比较重的肌肉拉伤，不要进行按摩，按摩可能导致肌肉拉伤程度加剧。

（4）在身体肌肉拉伤之后，要休息一段时间再恢复运动，否则有可能导致肌肉拉伤复发。在拉伤的恢复期间，根据医嘱适当做一些康复运动，一般采用等长收缩、等张收缩、拉伸肌肉等活动进行康复训练。等长收缩训练指患者在肌肉收缩时肌肉长度保持不变而张力不断增加，不产生关节活动，肌肉收缩力与阻力相等，如站立、悬垂、支撑等活动，等长收缩可以促进肌肉恢复，但须在肌肉疼痛消失后才可进行。等张收缩训练指患者在肌肉收缩时肌纤维长度增加而张力保持不变，如单杠、推举杠铃、屈髋屈膝等运动。做完上述运动后要注意肌肉的拉伸须在无痛范围内轻柔缓慢地进行，一次 8～10s，重复 10 次，拉伸运动有助于松弛周围神经，增强肌肉柔韧性。

（二）关节扭伤

关节扭伤是关节在突然受到外界间接机械力作用下，关节的过度旋转、屈曲或扭转而发生的关节损伤，篮球运动中的关节扭伤多发生于踝关节和膝关节。轻度关节扭伤仅使关节囊和韧带的少量纤维撕裂；严重扭伤则使纤维完全断裂，同时合并关节脱位和滑膜损伤。

1. 损伤原因

运动场地不平、落地时踩到他人脚上、下台阶时踩空等都有可能导致踝关节外侧副韧带损伤（图 6－4）。有些患者还可能合并附骨韧带损伤，损伤严重者可能发生韧带完全断裂，同时可能合并踝关节半脱位或撕脱骨折。

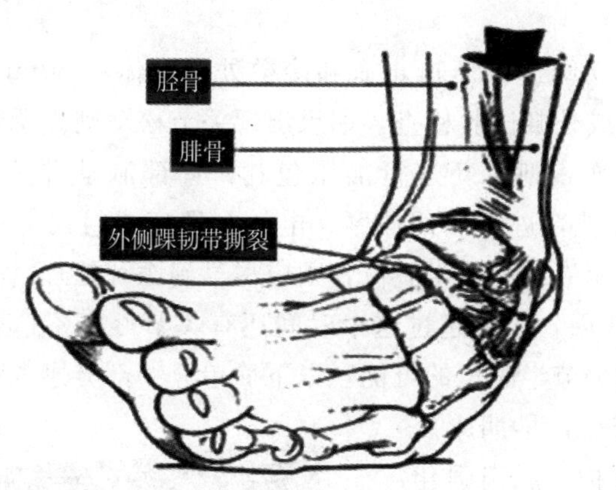

图 6－4　踝关节扭伤

膝关节（图 6－5）扭伤多由于人体重心失稳、冲撞、技术动作错误等导致膝关节内侧韧带损伤，在篮球、足球等对抗运动中容易发生。有些患者可能合并半月板或脂肪垫损伤，损伤严重者可能发生韧带完全断裂，出现膝关节松动。

2. 症状及诊断

（1）有明显的受伤动作。

（2）踝关节损伤后外踝处疼痛、压痛，踝关节活动时疼痛加重，继而出现局部肿胀，距腓前韧带损伤者可合并关节积液，引发踝关节整体肿胀；膝关节损伤

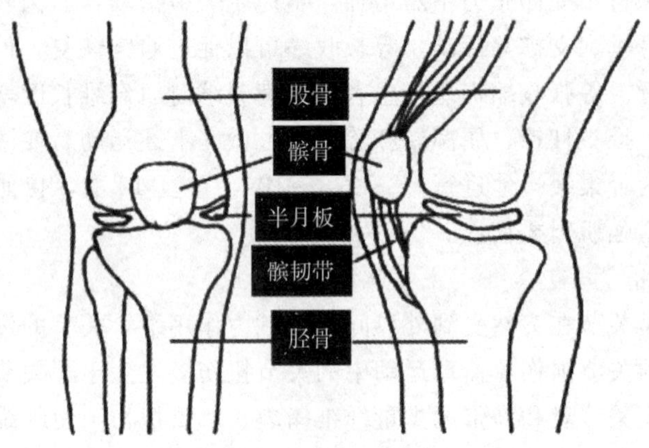

图 6－5　膝关节构造图

后膝关节内侧疼痛、压痛，膝关节活动时疼痛加重，继而出现局部肿胀。损伤严重者合并关节积液，引发膝关节整体肿胀。

（3）如果踝关节内翻或膝关节外翻活动范围明显增大，则考虑韧带完全断裂。

3．处理方法

关节损伤后应立即进行压迫止血和冷敷处理。休息 30min 后，去掉临时包扎，进行强迫内翻或外翻试验检查，如果出现关节松动则提示韧带完全断裂。如果关节韧带轻度损伤，则重新进行加压包扎，局部制动并抬高伤肢进行休息。2～3 天后可拆除包扎，进行局部按摩、电针、理疗或封闭等治疗。如果韧带完全断裂、合并关节积液或关节半脱位，则应尽早到医院处理。关节韧带损伤康复的时间一般为 6～8 周，如果超过这个时间还有关节疼痛不适感，或反复出现关节扭伤，则应考虑关节半脱位的可能。以下简单介绍部分康复训练：

（1）关节损伤后，早期康复锻炼主要有活动保护、肌肉强化和关节活动度恢复。活动保护包括使用助步器或拐杖来减轻受损关节的压力，以及避免过度活动。肌肉强化可通过一些简单的练习，如膝关节康复可用直腿抬高（图 6－6）、桥式运动和小腿抬腿等。

图 6－6　直腿抬高

（2）关节损伤康复后，可以

逐渐增加负荷提高关节的稳定性和力量。例如，可以使用弹力带或举重器材进行肌肉强化锻炼。重要的是逐渐增加负荷，避免过度负荷导致再次关节损伤。

（3）关节损伤后，平衡能力通常会受到影响。平衡训练可以通过单腿站立，或者使用稳定器来进行。此外，平衡板或波纹板也可以用于平衡训练。

（4）关节损伤后，肌肉和软组织往往会紧张和缩短。柔韧性训练可以通过拉伸练习和瑜伽动作进行。这些练习可以帮助恢复受损关节的正常柔韧性，并减少疼痛和不适感。

（5）康复期还应进行功能训练，包括模拟日常生活和工作中的动作，以帮助恢复受损关节的正常功能。例如，膝关节损伤，可以通过下蹲和上楼梯等训练恢复膝关节的功能。

（三）肌肉痉挛

肌肉痉挛俗称抽筋，是指肌肉发生不自主的强直收缩所显示出的一种现象，这是脑或脊髓的运动神经元或神经肌肉的异常兴奋所致。篮球运动中最易发生痉挛的肌肉是小腿腓肠肌，痉挛会伴肌痛、肌强直和不自主运动等症状。

1. 损伤原因

（1）冬季在户外锻炼，受冷空气的刺激可能引起肌肉痉挛。在寒冷环境中运动时，未做准备活动、准备活动不充分或未注意保暖，就更容易发生肌肉痉挛。

（2）运动中大量排汗，特别是长时间的剧烈运动或高温季节运动时大量排汗，或运动员急性减体重导致大量电解质从汗液中丢失，造成电解质含量过低，引起肌肉兴奋性增高，发生肌肉痉挛。

（3）在训练和比赛中，肌肉连续过快地收缩，而放松的时间太短，以至于肌肉收缩与放松的协调性紊乱，引起肌肉痉挛。此现象在训练水平不高、初练者中较多见。

（4）身体疲劳也将直接影响肌肉的生理功能。疲劳的肌肉，往往导致血液循环和能量代谢发生改变，肌肉中有较多的代谢产物堆积，如乳酸不断地对肌肉产生刺激，导致痉挛产生。因而身体疲劳时，特别是在局部肌肉疲劳时进行剧烈运动或做一些突发性的用力动作，容易发生肌肉痉挛。

2. 症状及诊断

发病部位的肌肉出现剧烈挛缩，疼痛难忍，痉挛肌肉所涉及的关节伸屈功能出现障碍，发生肌肉痉挛的运动者无法坚持运动。症状发作常持续数分钟。

3. 处理方法

（1）牵拉和按摩。痉挛缩短的肌肉向收缩的相反方向拉长是解除痉挛最简单有效的方法。一旦发生肌肉痉挛，应缓慢、轻柔、持续牵拉痉挛部位肌肉，以帮助改善痉挛局部的血流状况，减轻痉挛疼痛。

篮球运动中发生腿部、足部痉挛时，要先保持镇静，放松身体，用痉挛肢体对侧手握住痉挛肢体足趾，用力向身体方向拉，使踝关节及足趾充分背伸，拉长痉挛的腓肠肌、跨长屈肌和趾长屈肌，同时伸直膝关节，在受伤腿部的委中、昆仑、承山、涌泉等穴位按摩。穴位位置如图 6－7，图 6－8 所示。

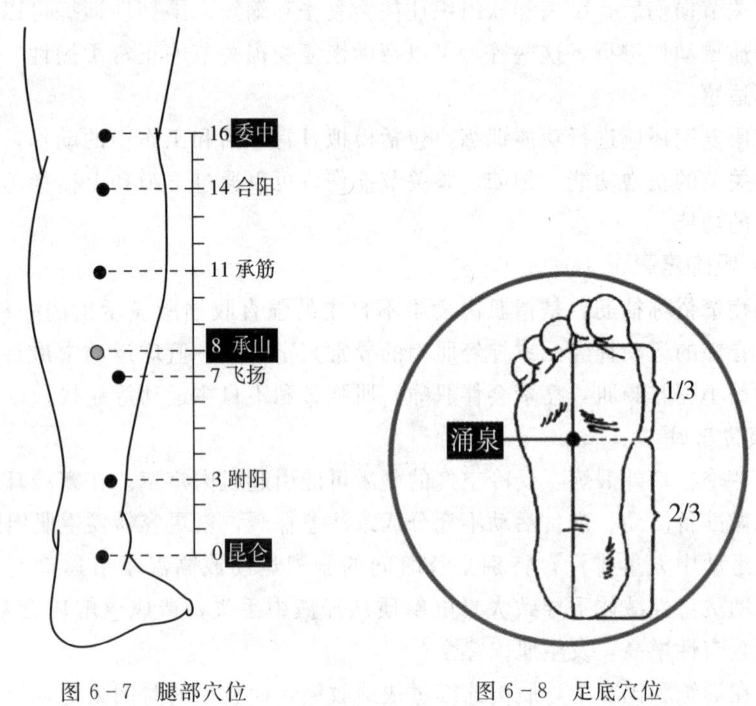

图 6－7 腿部穴位　　图 6－8 足底穴位

很多人发生较轻的肌肉痉挛时会坚持运动，这对肌肉痉挛的恢复是不利的。正确的方法是：发生痉挛应立即停止运动 15min 以上，充分放松痉挛部位，持续运动只会让肌肉痉挛持续时间更长，损伤加深。处理时，要注意保暖，同时，热疗（如热水浸泡、局部热敷）也有一定疗效。

（2）补充水和电解质。治疗腿部和脚部的肌肉痉挛应首先考虑补充水和电解质。人体缺水易发生肌肉痉挛，镁、钙、钾等电解质的缺乏也会引发肌肉痉挛。如果频发肌肉痉挛，应在膳食中添加镁、钙、钾或其他矿物质。例如，吃香蕉或薯片，香蕉往往在咀嚼或含在舌下时就会发挥一定的补钾功效。如果以上方法还不能缓解痉挛，应及时就医。

（四）骨折

骨折主要是指骨头承受的力量超过了自身能承受的最大强度，骨与骨小梁的完整性或连续性中断。根据皮肤黏膜完整性可以分为闭合性骨折和开放性骨折；

根据骨折程度和形态，又能分为不完全性骨折和完全性骨折。

1. 症状及诊断

（1）疼痛。骨折当时疼痛较轻，随后即加重，受伤肢体活动时则疼痛加剧，持续剧痛会引发休克。

（2）肿胀和皮下瘀血。骨折时，骨及周围软组织的血管破裂，发生局部出血和肿胀。若软组织较薄，骨折的部位表浅，则血肿渗入皮下，形成青紫色的皮下瘀斑；血肿也可能随血液沿肌间隙向下流注，在远离骨折处出现瘀斑。

（3）患肢失去功能。疼痛、肌肉痉挛、骨杠杆作用遭受破坏和周围软组织损伤等，使肢体不能站立、行走或活动。

（4）畸形。完全骨折时，暴力作用和肌肉痉挛可能使骨折断端移位，出现伤肢缩短、成角或旋转等畸形。（图 6-9）

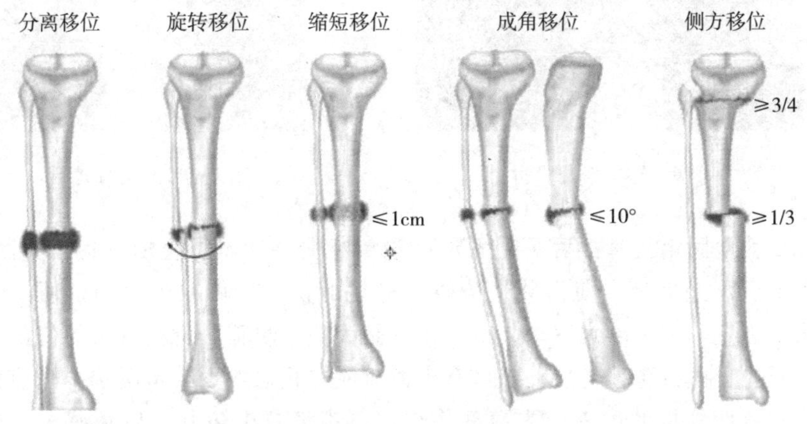

图 6-9　骨折移位图

（5）异常活动或骨摩擦音。四肢长骨完全骨折时，在关节以外的地方出现异常活动；轻微移动肢体时，因断端互相摩擦而出现摩擦音，这是完全骨折的特有征象。检查时，应小心谨慎，以免加重损伤和造成伤员的痛苦。

（6）压痛和震痛。骨折处有敏锐的压痛，轻轻叩击远离骨折的部位，在骨折处也出现震痛。

（7）X 线拍片。骨折裂痕、断裂或粉碎，X 线拍片是最具有权威性的确诊方法，可以清晰地确诊受伤情况，如图 6-10、图 6-11 所示。

2. 处理方法

（1）防治休克。严重骨折、多发性骨折可能会发生休克，急救时应注意预防休克。若有休克必须先抗休克，再处理骨折。吸氧、平卧、保暖是预防休克的简单措施。

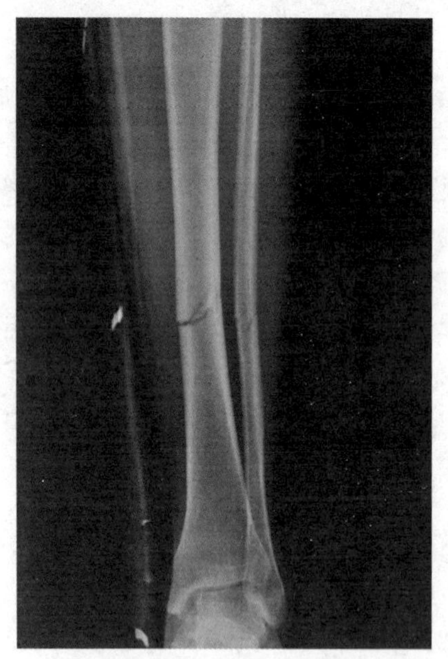

图 6－10　腿骨骨折

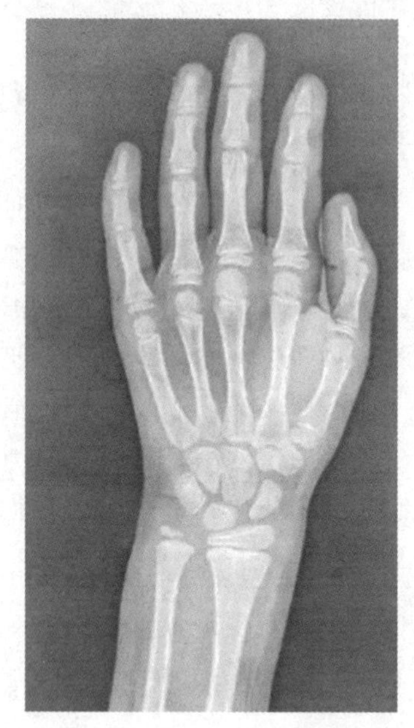

图 6－11　腕骨骨折

（2）就地固定。骨折后及时固定可避免断端移动，防止加重损伤；固定时，必须先牵引再上夹板，使伤肢处于较为稳定的位置，可减少疼痛，便于伤员转运。未经固定，不可随意移动伤员，尤其是大腿、小腿和脊柱骨折的伤员。

（3）先止血再包扎伤口。伤口有出血时应先止血，根据情况选择适宜的止血方法。开放性骨折的患者应先清洗伤口，再用消毒巾包扎，以免感染。争取在6～12h 内送达医院施行手术，并注射破伤风血清以预防破伤风。暴露在伤口外的骨折端，应敷上清洁纱布，包扎固定后急送医院处理。

（五）髌骨软骨慢性损伤

髌骨软骨慢性损伤多发展为髌骨软骨软化症，是较常见的运动创伤，可发生于多种运动项目中，篮球项目尤其突出。

1. 损伤原因

髌骨软骨软化症的主要原因是髌骨的软骨发生退行性病变，有时与髌骨相对的股骨滑车的软骨也有相同的病变。髌骨软骨软化症是直接暴力打击在屈曲的膝关节上，髌骨与股骨滑车的相撞引起的远期结果，也可由反复较轻的创伤累积后引起。髌骨的生理功能除了保护股骨滑车面和作为股四头肌着力的支点外，还可以维持膝关节在半蹲位的稳定性，防止膝关节发生异常的内收、外展和前、后错动。当膝关节半蹲位运动时，膝关节的稳定性主要依靠股四头肌与髌骨来维持，两侧的副韧带肌肉及交叉韧带都处于松弛状态。此时髌骨与股骨的关节面相互挤压、摩擦、扭转、错动和撞击，髌骨关节面承受的压力很大。软骨局部被磨损后，软骨细胞被挤压死亡，失去正常的代谢功能，不能产生硫酸软骨素；或软骨的表层受积累性较轻的创伤，不能正常地交换营养物质，而致软骨细胞变性坏死。

2. 症状及诊断

髌骨软骨软化症的主要临床表现有：膝关节活动时有髌骨下摩擦声，位置不定，处于髌骨后面，深处有疼痛感；髌骨有触痛；由于髌骨软骨粗糙面卡住，产生假性交锁现象；膝关节疼痛、不稳定感和半蹲位痛等。这些症状常与髌骨和股骨间的骨性关节炎合并存在。髌骨软骨软化症也常与膝关节其他严重创伤并存，例如交叉韧带断裂、半月板破裂等。

3. 处理方法

髌骨软骨软化症患者平时应减少运动量，避免频繁下蹲、屈伸等动作，还可以在医生的指导下使用药物治疗。常用药物有硫酸氨基葡萄糖胶囊、盐酸氨基葡萄糖胶囊、阿司匹林片等，这些药物可以起到营养髌骨关节软骨、消炎、镇痛等作用；也可采用中药外敷及超短波治疗。以上治疗无效者可考虑手术切除软骨病变区。以下简单介绍部分康复训练：

（1）直腿抬高：身体平躺，腿伸直抬高，也可以将腿部抬高至最大幅度，然后再慢慢放下。这个方法可以锻炼腿部肌肉，提高膝关节的稳定性。根据身体情况，每天坚持锻炼半小时左右。

（2）股四头肌收缩练习：身体平躺，用力伸腿，然后用力压床，感到大腿肌肉紧张后保持 15s 再放松。这个动作能够增强股四头肌的力量，为膝关节提供更好的支撑。

（3）夹球练习：坐在凳子上，将球夹在两大腿之间，慢慢地用力夹住，直到自己能承受的最大范围，保持 15s 后放松。这个动作能够锻炼大腿内侧肌肉，提高膝关节的稳定性，如图 6－12。

图 6－12　夹球练习

（4）静蹲运动：背靠墙站立，双脚分开，与肩同宽，身体逐渐呈下蹲姿势，要求大腿和小腿之间的夹角要大于 90°。保持这个姿势直到自己无法坚持为止，然后休息 2min 左右再继续。静蹲运动能够增强膝关节周围肌肉的力量，提高关节的稳定性。

(六) 腰背部肌肉筋膜炎

腰背部肌肉筋膜炎是造成腰背部疼痛的重要原因，病因尚未完全明确，因而病的名称较多，有“腰背肌劳损”“腰背部纤维炎”“腰背筋膜疼痛症候群”“风湿症”等，主要是腰背筋膜及其附近组织的慢性炎症或组织变性，因此命名为肌肉筋膜炎。此类伤病在篮球运动员中非常多见，约占运动创伤门诊病例的 10%，占腰痛病例的 60%。

1. 损伤原因

(1) 急性腰肌扭伤后没有得到及时治疗或治疗不彻底；或反复多次受伤，导致扭伤的软组织未能得到充分修复，局部出血和渗出液不能及时被吸收，进而压迫或刺激神经。

(2) 大运动量训练后，在疲劳未消除、肌肉机能未恢复的情况下，参加腰部负荷强度大的训练，造成微细的损伤逐渐积累；在腰肌力量薄弱的情况下，过多地进行大强度的腰部活动，从而导致腰部肌肉筋膜炎的发生。

(3) 习惯性姿势不良或长期处于某种特定姿势的静力性工作，肌肉持续收缩，肌张力增高，局部血液运行不良，肌纤维变性，会逐渐导致肌肉筋膜炎的发生。

(4) 风、寒、湿的侵袭，使腰部肌肉、筋膜、韧带发生痉挛紧张而变性，引起腰痛。

2. 症状及诊断

体征表现为局部有压痛，局部肌张力增强，或下肢有放射痛。腰背部酸或胀痛，休息后减轻，劳累则加重，适当活动或改变体位可减轻该症状。腰背外形多无变化，功能活动范围正常。腰痛常与天气变化有关，阴雨天气、潮湿环境、感受风寒等，疼痛加重。慢性腰肌劳损也有急性发作时，凡急性发作则各种症状明显加重，并有肌痉挛，脊柱侧弯，下肢牵涉痛等症。

3. 处理方法

腰背痛患者十分常见，但大多数患者都可以通过各种非手术疗法治愈或好转，至少可阻止病情的发展。只有少数严重的、非手术治疗无效的、查明确切原因的患者必须选择手术治疗。以下简单介绍部分疗法：

(1) 腰背肌力量练习。如背起练习：俯卧位置，双脚伸直，双臂向前伸直，腰腹用力，手脚同时向臀部收缩。腹部着地，头部、胸部、手臂和脚都离开地面，保持这一姿势 5s 左右，然后恢复。做三组，每组 12 次。

(2) 核心稳定性训练。如桥式支撑练习、瑞士球支撑练习和悬吊训练等（图

6－13，图 6－14，图 6－15）。

图 6－13　桥式支撑练习

图 6－14　瑞士球支撑练习

（3）通过按摩舒筋活血，温经通络。通过按摩来舒筋活血、温经通络，是中医外治法中一种有效的治疗手段，可以帮助缓解运动损伤带来的不适。按摩主要是采用抚摸、揉捏、按压等手法，作用于损伤部位相关的穴位，以达到舒筋活血、温经通络的目的。如，对于肩关节损伤，可以按揉肩髃、肩贞、天宗等穴位，每穴每次按揉 1～2min，每日 2～3 次，以感觉酸胀为宜。对于急性损伤，应避免过度刺激，以轻柔的手法为主；对于慢性损伤，则可以适当加大力度，以达到更好的治疗效果。

图 6－15　悬吊训练

第七章　体育礼仪和体育欣赏

第一节　体育礼仪

中国素有“礼仪之邦”的称号。孔子、孟子、管子等古代先贤都对“礼”进行过重要的阐述，认为没有“礼”就没有国家文明的进步。体育礼仪是人们在体育活动和体育交往过程中展现出的约定俗成的行为方式和行为规范，其所蕴含的精神层面的要求，既是中国传统文化的具体体现，也是体育文化及国家文化的重要组成部分，更是国家物质文明、精神文明和社会进步的重要标志。体育礼仪涵盖体育活动中的服饰礼仪、竞赛物质标识等物质层面的礼仪规范，以及言行举止、行为规范、赛场秩序、制度章程等精神层面的礼仪规范。从党的十六大到党的二十大，国家领导人都强调重视文化建设，党的十九大报告提出要坚定文化自信，推进社会主义文化的繁荣兴盛。

一、体育礼仪的概念

体育礼仪是体育文化的重要组成部分，是运动员、教练、裁判、工作人员和观众等相关人员在体育活动中遵循的行为规范和准则，涵盖不同项目以及赛前、赛中、赛后的礼仪常识，包括服饰着装、见面介绍、通信与馈赠、涉外交流、比赛仪式和体育标识等基本知识，贯穿于体育运动的全过程。对外，体育礼仪主要表现为仪表的规范、服饰的庄重、举止的文明和言语的谦逊；对内，则主要表现为道德修养和文化素养。体育礼仪不仅蕴含体育的育人价值，也包含礼仪的文化价值。

二、体育礼仪的表现形式

1. 体育礼仪在教学活动中的表现形式

学校体育教学活动，不仅是传授各种运动技术和技能的过程，也是学生之间相互切磋、师生之间及生生之间礼仪交往的表现。体育教学活动中，教师的课堂常规就是体育礼仪的渗透。

课堂上要求学生遵守课堂秩序、尊重教师、尊重同伴、爱护体育器材设施、维护场地的卫生清洁等，这些是文明礼仪的表现。

技术讲解时，体育术语的应用，语言的表达，说话的语气语调、表情，手势及动作的示范等都会对学生产生一定的影响。在教学过程中，体态、图表视图、专业术语的应用，以及非语言因素，如点头、眼神的应用、表情的使用、语速语调的调控等，可让师生交往更规范、更有礼节。

运动礼仪在体育教学中，既是传习，又是教学，一举两得。运动传习主要有师生互敬、赛前赛后的礼节等。运动礼仪的教学，能够让学生养成良好运动礼仪习惯，同时也能在无形之中影响学生的社会生活和举止行为。例如，讲解示范时应用文明言语，动作示范时姿势标准优美是尊重学生的表现；学生的反应、表现、行为动作等也会形成反馈。

在课堂教学中，老师和学生都要注意自己的谈吐、行为、举止、气质、风度、仪表、仪态等体育礼仪。

2. 体育礼仪在社会体育活动中的表现

随着互联网信息技术的发展和智能手机的盛行，人与人之间的正面交往逐渐减少，并且随着社会的发展，人们的人际关系变得紧张，而体育作为一种独特的社会实践活动，对人们消除身心疲惫、缓解生活压力具有独特的作用。体育运动作为一种社会实践活动，具有丰富的感情色彩。在体育活动中，礼仪规范可让各个成员对整个团队有较强的集体观念，共同体验运动带来的愉悦感，也能更好地促进人际交往及社会关系的和谐稳定。

在居民区或社区，晨练者及傍晚、晚上活动者较为常见。部分居民通过一人组织多人参与的方式，自行组织成小型社团，开展各类体育锻炼活动。体育礼仪主要体现在社团的规章制度以及成员之间的言语交流、动作示范等，活动者之间相互鼓励、相互约束等。

3. 体育礼仪在竞技体育比赛中的表现

体育能够成为人们和平友好交流的平台，体育礼仪随着体育而生，代表着国家的文明程度。体育礼仪在国与国的交流之中有着不可代替的作用，能够增进国家之间的感情。例如，备受世人瞩目的奥运会，是各个国家都非常重视的大型体育竞技活动，其中的参赛者、观众、裁判等相关人员都具备较高的体育礼仪素养，在无形之中展现了国家的形象与风貌。体育比赛以体育规则约束和指导行为，参与者（包括运动员、教练员、裁判员、技术官员、观众、志愿者等）必须遵守体育礼仪，规范自身体育交往行为。

体育礼仪在竞技体育比赛中直观地表现为以下几个方面：

其一，仪式规范。奥运会、亚运会等大型比赛中，每届比赛都会有独特的奥运火炬、吉祥物、会徽等物质标志，以及运动中庄重的开幕式、闭幕式、颁奖仪式等仪式规范。这些都是竞技运动所特有的体育礼仪（图 7-1，图 7-2）。

图 7-1　北京奥运会会徽（2008 年）　　图 7-2　北京冬奥会会徽和吉祥物（2022 年）

其二，语言。语言是交谈的工具，在竞技运动中，语言的应用是沟通思想与感情的基本手段。参与各种体育赛事，无一能离开语言。语言措辞、语音、语调、语速、语气等都会影响赛事中的人际关系。竞技比赛中，参赛者之间的语言表达、比赛氛围、观众的掌声等，都传递出一种友谊。各国人民在比赛中，通过特定的规则和礼仪传递平等与友善。

其三，服饰礼仪。运动员比赛的着装不仅是服饰礼仪的体现，更是国家的象征，代表着各国的文化与内涵，彰显着民族的审美。此外，不同运动项目的比赛着装各有特色，如中华传统武术服装、太极拳服装、跆拳道服装等，这些独特的服饰也反映了各个运动项目特有的服饰礼仪。

其四，竞赛礼仪。每个运动项目的规则不同，针对各个项目的比赛，都有特定的竞赛规程，要求裁判员、运动员、观众遵守这些规则。运动员的行为举止、裁判员对规则的判罚、每个手势语动作等都是体育礼仪的表现。运动员应树立公众意识，为观众树立榜样；教练员和裁判员要严格规范自己的行为，在训练和比赛中树立威信。正是这些竞赛礼仪的约束，才使得比赛得以顺利开展。姚明、李娜、朱婷等体育明星是很多国人崇拜的精神偶像，他们的一言一行所展现出的体育礼仪，同样是展示国家形象的一张重要名片（图 7-3、图 7-4、图 7-5、图 7-6）。

图 7-3　篮球运动员姚明

图 7-4　网球运动员李娜

图 7-5　排球运动员朱婷

图 7-6　东京奥运会田径男子 4×100m 接力运动员：
谢震业、苏炳添、张培萌、莫有雪

同时根据不同的场景应用，以人为主体的礼仪还包括教练员礼仪、记者礼仪等；体育参赛时段不同可以分为开幕式礼仪、进退场礼仪、闭幕式礼仪、颁奖礼仪；根据体育活动项目不同可以分为球类运动礼仪、格斗型运动礼仪、耐力型运动礼仪、技能型运动礼仪、速度型运动礼仪等，如图 7－7，7－8，7－9，7－10 所示。

图 7－7　排球赛开场礼仪

图 7－8　篮球赛开场礼仪

图 7－9　足球赛开场礼仪

图 7－10　武术抱拳礼

三、体育礼仪的教育作用与意义

体育活动作为一种精神文化活动，广受大众喜爱。作为一种特有的社会实践活动，它通过身体姿势、体育术语、名称、器材工具等手段，实现人与人之间的交流互动。在特定的体育活动情境和体育礼仪的约束规范下，无论是学校体育、社会体育还是竞技体育，都成为社会人际交往的媒介。体育礼仪是一种行为规范，主要表现在体育交往中，如尊重他人、团结合作等。体育礼仪对塑造自身、集体和国家形象，维持社会秩序，改善人际关系、定位社会角色、规范行为意识、促进社会和谐稳定以及践行社会主义核心价值观等具有重要的意义。学习体育礼仪，旨在使学生在体育工作交往中展现出规范的礼仪行为，帮助他们认识到礼仪的重要性，并提升其礼仪素质。

1. 培养大学生的体育合作精神

体育教育是各阶段学校教育中必不可少的组成部分。体育教育不仅能够锻炼学生的体魄，磨炼学生的意志，还能增强学生的身体素质，使学生拥有健康的身体与心灵。团队意识与合作精神是优秀人才必备的品质，而大多数体育教学活动都须依赖团结合作。在体育教学过程中增加礼仪教育，有利于培养学生的体育合作精神。在运动活动中，可以通过模拟练习，例如双方在发生冲突时，如何利用体育礼仪化解矛盾，从而促使双方互相谅解、互相包容。可以说，合作精神不仅是体育礼仪的重要的内容，也是体育精神的核心要素。

2. 培养大学生的积极进取精神和礼让精神

体育活动是最能激发人们积极进取精神的活动。在比赛中，大家释放热血，争夺第一，此时培养的是积极进取的体育精神。同时，体育活动也是身体接触最多的活动，磕磕碰碰在所难免，而礼让精神在此时就显得尤为重要。先进取后礼让，面对比赛，要积极面对、勇于挑战，但也要具备礼让精神，不能把名次看成唯一，否则就失去了真正的体育精神。礼仪教学是为了更好地发挥体育精神。一场真实鲜活的切身体验，胜过无数次口头讲述。运用生活实例，让学生领悟到礼仪教育的重要性，学会以礼待人、以德服人，既培养了学生学习积极进取的态度，又帮助他们理解礼让的意义。在体育活动中，体育礼仪能够赢得对方的尊敬，使双方感情更加和谐，形成和睦关系。

3. 提升社会参与度

学校是精神文明建设的重要阵地。在体育课程中融入体育礼仪教育，能够让大学生在社会中发现所学即所用，将学到的体育礼仪应用于社会实践，从而赢得他人的刮目相看，同时也能感受到他人和社会的温暖。大学生难免会前往一些公共场所，而体育礼仪的学习能够让他们在这些场所中应对自如，提前与社会接触，更早地了解社会、认识社会和服务社会，进而增强社会责任感。此外，这一过程也能不断促进自我完善，让自己受到道德素养的熏陶，提升内在涵养。

第二节　体育欣赏

每个体育项目都有各自的特性。在欣赏体育比赛的过程中，我们可以感受到运动员们精湛的技术、高昂的斗志、静态的身体美，以及团队的协作、战术执行的有效、胜利的狂喜和失败的苦涩等，这些元素为欣赏者带来精神上的愉悦和对美好生活的向往。本节将从不同角度出发，采用多种方式，深化大学生对体育的理解，感受体育文化带来的冲击，培养学生的体育审美情趣，使他们从中领略到体育运动的魅力，将欣赏体育运动变为一种精神享受。

一、体育欣赏的概念与价值

（一）体育欣赏的概念

体育欣赏，主要是对体育之美的欣赏，是人们参与体育活动的一种较为生活化方式，也是我们直观或者间接参与体育活动的另一种表现形式，并从中领略体育运动的乐趣。体育中所展现的美涵盖多个方面，如运动员的身体形态与动作、个人技术、战术配合、心理素质以及在比赛中所表现出来的顽强拼搏的体育精神和风貌。目前，对于评定体育人口或参与体育锻炼的群体，并非仅以直接参与或者融入体育运动为唯一标准。体育赛事的电视转播、体育知识的学习、体育服装的消费以及体育视频的欣赏等都慢慢成为衡量我国体育参与的一些客观指标。

（二）体育欣赏的价值

对体育竞赛价值的欣赏，早在古希腊的宗教习俗和教育体系中就有所体现。特别自 19 世纪英国教育革命以来，尽管人们把体育竞赛引入学校的初衷是培养学生的组织才干，但由于竞赛本身特有的竞争性、娱乐性和艺术表现力，它却越来越多地吸引着广大观众，使他们的情感与运动场上的情景产生共鸣，这让他们在享受生活乐趣、品味体育文化、陶冶道德情操、振奋民族精神和领悟人生真谛等方面获得特殊的教育意义。

同时，体育欣赏具有审美教育功能。作为一种教育手段，体育欣赏对启发学生的道德判断能力、培养学生良好的道德修养、端正学生的道德行为以及树立高度的道德责任感等，均具有积极的引导作用。此外，体育欣赏还兼具德育功能与智力教育功能，对学生的全面发展具有重要意义。

二、体育欣赏的内容与特性

（一）体育欣赏的内容

体育欣赏是观赏者将体育活动进行视觉化审美的一种表现形式。这其中，视觉化的内容主要包括两方面：一是直观可见的体育赛事，运动员技战术表现，裁判员的评判，体育服饰、体育场馆、体育举办地的城市风貌以及运动器材等；二是观赏后升华到精神层面的感受，主要涉及吃苦耐劳的意志力、坚韧拼搏的品质、团队配合的默契及不服输的精神等。

当然，这其中还涵盖许多未详细展开的运动项目、运动员的技战术内容，以及由此延伸出的景观体育赛事所包含的全部要素等。简言之，一是对竞赛本身的欣赏；二是对比赛作风和道德品质的欣赏；三是对公平竞争的欣赏；四是对优雅气质和风度的欣赏。

（二）体育欣赏的特性

体育欣赏的特性主要包括以下几个方面：

一是直观性。欣赏者在参与体育欣赏的过程中能够真切地、直接地反映自己的感官享受。这种感受并非来自他人的描述或间接获得，而是一种“只可意会不可言传”的视觉体验。

二是教育性。通过视觉化的欣赏，主体参与者能够在思想上获得启发和教化。这一教化过程的核心是观赏内容与自身固有观念的碰撞，并促使观赏者进行思考。

三是娱乐性。体育欣赏具备消遣和愉悦身心的功能，参与者在观赏过程中自然能够放松心情。

四是审美性。视觉观赏有别于直接参与，欣赏过程会不自觉地激发观赏者寻找美、发现美的兴致。在观赏过程中，不言而喻地培养观赏者的审美能力，这正是体育欣赏所特有的审美性。

（三）篮球欣赏

一场精彩的篮球比赛，往往会使场上观众爆发出一阵阵热烈的掌声和喝彩声。比赛过程中，一次三分球、一记妙传、一次扣篮，都会给观众留下深刻的印象。势均力敌的比赛更会将观众们的情绪带入紧张的氛围中（图 7－11，7－12，7－13，7－14）。欣赏篮球，不仅仅是观赏运动员精彩的动作，更是感受他们背后付出的汗水和努力。就像乔丹、姚明这些篮球界的传奇人物，他们几乎成了某个时期的杰出代表，感召和影响无数人去认识篮球、感受篮球、参与篮球。（图 7－15，7－16）

图 7－11　2008 年北京奥会运会篮球比赛

图 7－12　2020 年东京奥运会中国女篮比赛

图 7-13　啦啦队

图 7-14　村 BA 比赛现场

图 7-15　乔丹比赛图片

图 7-16　姚明比赛图片

技术美：运动员精湛的比赛技术，如动作的流畅性和投篮准确性。

战术美：运动员在篮球比赛中战术的运用和临场发挥，包括团队的配合、策略的选择等。

精神美：运动员在比赛中所表现出来的尊重对手、尊重规则、勇于拼搏、不怕挫折等优良的体育精神和道德品质。

运动美：运动员的形体美、动作美、行为美同样是篮球欣赏中非常直观的部分。

另外，对裁判员执法水平的赞赏、教练员临场指挥风格的品位，以及对解说员精辟评论的欣赏，共同构成了体育欣赏的多元表现形式。

第三节　篮球重大赛事与联赛

篮球重大赛事通常是指由国际篮球联合会（FIBA）或各国篮球协会组织的具有全球性或地区性影响力的比赛。这些赛事不仅汇集了来自世界各地的顶尖球队和球员，更在推动篮球运动发展、传播篮球文化等方面发挥着举足轻重的作用。

一、FIBA 重大赛事（图 7－17）

（一）篮球世界杯

国际篮联篮球世界杯（英文全称：FIBA Basketball World Cup），简称篮球世界杯，其前身是 1950 年起举办的世界男子篮球锦标赛。该赛事每 4 年一次，从 1986 年起，男子和女子的比赛均在同一年进行，也都按照 4 年一届的举办周期。2012 年 1 月 28 日，国际篮球联合会宣布将男篮世锦赛更名为篮球世界杯。篮球世界杯是由国际篮球联合会（简称“国际篮联”）主办的世界最高水平的国家队级篮球赛事。

图 7－17　国际篮球联合会

（二）奥运会篮球比赛

篮球运动由美国的体育教师詹姆斯·奈史密斯博士于 1892 年发明。1936 年柏林奥运会上，男子篮球被列为奥运会正式比赛项目。女子篮球于 1976 年蒙特利尔奥运会上才被正式纳入。夏季奥运会每 4 年举行一次，男女参赛队各 12 支。作为世界体育的顶级盛会，奥运会篮球赛堪称篮球运动中的巅峰对决。

二、国外著名职业联赛

（一）美国篮球职业联赛

美国职业篮球联盟（英文全称：National Basketball Association，缩写为NBA），简称“美职篮”，是美国四大职业体育联盟之一（图7－18）。NBA不仅是美国第一大职业篮球联赛，也是世界上水平最高的篮球赛事。作为世界篮球的殿堂级联赛，NBA汇聚了全球最顶尖的篮球运动员，其中包括威尔特·张伯伦、迈克尔·乔丹（图7－19）、科比·布莱恩特、勒布朗·詹姆斯、沙奎尔·奥尼尔、蒂姆·邓肯、詹姆斯·哈登、姚明、德怀恩·韦德、斯蒂芬·库里（图7－20）、凯文·杜兰特、尼古拉·约基奇（图7－21）、卢卡·东契奇等篮球巨星。该协会共拥有30支球队，分属两个联盟：东部联盟和西部联盟；每个联盟各由3个赛区组成，每个赛区有5支球队。30支球队当中有29支位于美国本土，另外一支来自加拿大的多伦多。

图7－18　美国职业篮球联盟

图7－19　迈克尔·乔丹（美国）

图7－20　斯提芬·库里（美国）

图 7－21　尼古拉·约基奇（塞尔维亚）

（二）欧洲篮球联赛

欧洲篮球联赛（Euroleague，简称 EL），原名“欧洲篮球冠军杯”（European Champions' Cup），是欧洲规模最大的跨国男子职业篮球联赛，同时也是欧洲最高水平的篮球俱乐部赛事（图 7－22）。该联赛创立于 1957 年，现有来自欧洲 18 个国家的 24 支球队参与。联赛将 24 支球队分为 A、B、C、D 四组，每组 6 支球队进行第一阶段小组赛。每组排名前 4 名的队伍晋级第二阶段小组赛，晋级的 16 支队伍分为 E、F 两组，每组 8 支球队进行比赛。每组前 4 名球队晋级八强赛。八强赛采取五战三胜制，小组赛胜率高的球队获得多一个主场优势。半决赛、三/四名赛和决赛均采取一场定胜负的赛制。

图 7－22　欧洲篮球联赛

三、国内重大篮球赛事

（一）中国男子篮球职业联赛

中国男子篮球职业联赛（英文全称：China Basketball Association，缩写为 CBA）是由中国篮球协会主办的跨年度主客场制篮球联赛，简称“中职篮”（图 7－23）。CBA 设有季前赛、常规赛与季后赛，时间安排为每年的 10 月开始至次年的 5 月。自 2004 年起，CBA 取消了升降级制度，并于 2005 年开始实

图 7－23　中国男子篮球职业联赛

行准入制。2007 年联赛的队伍扩充至 16 支，2008 年扩充到 18 支。2014—2015 赛季起，CBA 球队数量由 18 支增加到 20 支，其中产生了姚明、王治郅、易建联等国内外有影响力的球星。2005 年开始，中国篮球甲级联赛正式更名为中国男子篮球职业联赛，该联赛规模宏大、管理完善、运作高效且备受关注，堪称中国最优秀、最规范的职业联赛，同时也是亚洲地区水平最高的篮球联赛。作为中国篮球最高水平的联赛，CBA 在推动中国篮球运动的发展、培养篮球人才等方面发挥着重要作用。近年来，随着 CBA 联赛水平的不断提升，吸引了越来越多的球迷关注（图 7-24，7-25，7-26）。

图 7-24　北京队 CBA 冠军（2012 年）

图 7-25　广东队 CBA 冠军（2021 年）

图 7-26　辽宁队 CBA 冠军（2022 年）

（二）中国女子篮球联赛

中国女子篮球联赛（Women's Chinese Basketball Association），缩写为 WCBA（图 7-27），是由中国篮球协会主办的跨年度主客场制篮球联赛。该联赛在2014—2015赛季由原中国女子篮球甲级联赛与乙级联赛合并而来。从2017—2018赛季开始，WCBA常规赛参赛球队数量增加至14支，并取消了南北分区赛。联赛分两个阶段进行：常规赛阶段采用主客场双循环赛制，常规赛排名前八的球队晋级季后赛。季后赛采取1VS8、2VS7、3VS6、4VS5的交叉赛制进行对决，在季后赛的赛程安排中，常规赛排名靠前的球队在季后赛中将多获得一个主场作战机会。

图7-27　中国女子篮球联赛

（三）中国大学生篮球联赛

中国大学生篮球联赛（原名英文全称Chinese University Basketball Association，缩写CUBA），是由中国大学生体育协会主办、教育部官方认可的中国大学生五人制篮球联赛，2022年，英文简称更名为CUBAL（图7-28）。联赛于1996年开始酝酿，1997年建立章程，1998年首届正式推行。目前，男女组分设一级联赛（本科高水平组）、二级联赛（本科普通生组）、三级联赛（高职组），经过20多年的发展，三个级别每年总计有1600多支队伍参赛，覆盖中国32个省市自治区。无论从赛事规模、竞赛水平还是人才孵化成效等层面来看，该赛事都处于中国业余联赛的顶尖行列。

图7-28　中国大学生篮球联赛

联赛作为校园体育教育的重要舞台，已成为全国4000多万大学生心目中的篮球殿堂，为所有大学生提供了展示篮球才华的舞台。每年都有超过10亿人次通过电视、网络观看比赛直播，现场观赛的观众也突破了200万人次。这不仅推动中国篮球事业在校园中的普及与发展，更让更多学生热爱并参与到篮球运动中。在赛场上，他们享受篮球，享受挑战，以阳光健康的心态在赛场上拼出实力，不负青春，感受篮球运动带来的积极向上的能量。

中国大学生篮球一级联赛（CUBAL）致力于孵化与培养年轻体育人才，已成为CBA的重要人才储备库。截至2022—2023赛季，由中国大学生篮球联赛输送至中国男子篮球职业联赛（CBA）的球员共计70多人。

参考文献

[1] 于平，王厚民．篮球运动［M］．合肥：合肥工业大学出版社，2014.

[2] 朱晓梅．篮球［M］．合肥：合肥工业大学出版社，2003.

[3] 毕仲春．篮球运动教程［M］．北京：北京体育大学出版社，2022.

[4] 周爱国．体能训练理论与方法［M］．北京：北京体育大学出版社，2016.

[5] 徐艳．大学生课外体育活动指南［M］．合肥：合肥工业大学出版社，2022.

[6] 游战澜．体育礼仪理论与实践［M］．天津：天津科学技术出版社，2020.

[7] 黄岩，焦健，段松．篮球运动身体训练指南［M］．北京：人民邮电出版社，2020.

[8] 孙民治．篮球运动高级教程［M］．北京：人民体育出版社，2000（1）.

[9] 孙民治．球类运动——篮球（第三版）［M］．北京：高等教育出版社，2001.

[10] 孙民治．现代篮球高级教程［M］．北京：人民体育出版社，2004.

[11] 孙民治．篮球纵横［M］．北京：人民体育出版社，1996.

[12] 全国体育院校教材委员会．篮球运动教程［M］．北京：人民体育出版社，2001.

[13] 黄汉升．体育教学训练理论与方法［M］．北京：高等教育出版社，2003.

[14] 中国篮球协会．篮球规则［M］．北京：北京体育大学出版社，2018.

[15] 张霖．篮球竞赛规则教学指导［M］．厦门：厦门大学出版社，2020.

图书在版编目(CIP)数据

篮球教程/徐艳主编．--合肥：合肥工业大学出版社，2024.12．--ISBN 978-7-5650-6672-6

Ⅰ．G841

中国国家版本馆 CIP 数据核字第 2025J5D922 号

篮球教程

徐 艳 主编　　　　责任编辑 孙南洋

出 版	合肥工业大学出版社	版 次	2024 年 12 月第 1 版
地 址	合肥市屯溪路 193 号	印 次	2024 年 12 月第 1 次印刷
邮 编	230009	开 本	710 毫米×1010 毫米 1/16
电 话	人文社科出版中心：0551-62903200 营销与储运管理中心：0551-62903198	印 张	16.25
		字 数	310 千字
网 址	press.hfut.edu.cn	印 刷	安徽联众印刷有限公司
E-mail	hfutpress@163.com	发 行	全国新华书店

ISBN 978-7-5650-6672-6　　　　定价：49.00 元

如果有影响阅读的印装质量问题，请与出版社营销与储运管理中心联系调换